国家出版基金项目
NATIONAL PUBLICATION FOUNDATION

“十二五”国家重点图书出版规划项目

人本会计与财务研究论丛 总主编 徐国君

人本财务管理

邱兆学 著

立信会计出版社
LIXIN ACCOUNTING PUBLISHING HOUSE

图书在版编目(CIP)数据

人本财务管理/邱兆学著. —上海：立信会计出版社,2016.12

（人本会计与财务研究论丛）

ISBN 978-7-5429-4871-7

Ⅰ.①人…　Ⅱ.①邱…　Ⅲ.①财务管理-研究　Ⅳ.①F275

中国版本图书馆 CIP 数据核字(2016)第 317420 号

策划编辑　余　榕

责任编辑　余　榕

封面设计　周崇文

人本财务管理

出版发行	立信会计出版社		
地　　址	上海市中山西路 2230 号	邮政编码	200235
电　　话	(021)64411389	传　　真	(021)64411325
网　　址	www.lixinaph.com	电子邮箱	lxaph@sh163.net
网上书店	www.shlx.net	电　　话	(021)64411071
经　　销	各地新华书店		
印　　刷	上海肖华印务有限公司		
开　　本	787 毫米×1092 毫米	1/16	
印　　张	12.75	插　　页	4
字　　数	205 千字		
版　　次	2016 年 12 月第 1 版		
印　　次	2016 年 12 月第 1 次		
书　　号	ISBN 978-7-5429-4871-7/F·		
定　　价	36.00 元		

总　序
FOREWORD

“人本+”会计·财务·审计

在人类社会悠久的历史进程中，一项重要的科技变革或理论创新总会引起社会相关领域发生从量变到质变的深刻变化。今天，互联网信息技术通过对生产要素配置的优化和集成，深度融合于经济社会各领域之中，形成更广泛的以互联网为基础设施和实现工具的经济发展新形态。与此类似，人本理念通过对会计、财务和审计各要素的创新，对传统会计、财务与审计产生深刻的影响，形成以人为中心、为根本的人本会计、人本财务、人本审计的新兴理论和专业领域。

一、关于“人本+”

自从有了人类以来，人与物的价值关系就相伴而生。只是人类诞生之初，由于物品的短缺贫乏，人类为了自身生存，几乎完全将注意力关注到从自然界获取物产上面。但随着社会生产力的提高，人类逐渐具备了创造物质财富的能力，以至于当今社会人类消费的物品中人造物已占到绝大多数。由此，人与自然、人与物之间便具有了对象性关系，物成为被人利用、认识、改造、制造、控制、保护的对象。物成为人生存和发展的手段，从“自在”的存在，转化为“人为”的存在，自然物不断地转化为人造物。于是，世界的发展就决定于人的创造，进而证明人是创造世界的本原，人造物是人的创造活动的产物。

正是基于上述客观事实，笔者提出会计·财务·审计意义的“人本”理念。其内涵是：第一，人是经济活动或价值创造的主导、本原、中心、根本；第二，把经济活动中所有相关联的人放在至高无上的位置，将其当成目的与责任，而不是当成手段与工具；第三，在企业经营活动中，将人力资源视作最重要的经济资源，物力资源只是条件。

将上述人本理念广泛应用于经济和管理领域，对传统会计、财务、审计的理论与方法进行再造、创新、改进、完善，就是所谓的“人本+”。

二、“人本+”会计

会计基于人类对物的管理而产生，建立了以物为对象取向，以物为中心、以物为根本的会计，我们姑且称之为“物本会计”。物本会计忽略了人在经济活动中的主导性、决定性作用，所以没有抓住经济活动的根本，也不能提供完整的信息。而以“人本+”的思维重新考量会计，将以人为本的原则系统运用于会计领域，在对传统会计进行根本革新的基础上建立的会计系统，即以人及其行为为对象取向、以人为中心、以人为根本的会计，就是人本会计。

人本会计的核心思想可以概括为以下四点：第一，人成为会计的第一要素，即将人及其行为系统纳入会计系统，将人力资源作为会计对象要素中第一位的、决定性的要素。因而，一方面要确认人力资产的价值，将其置于资产的首要地位；另一方面要承认人力资本所有权，保护劳动者的特殊的所有者地位。第二，认为人力资源才是物质财富创造、利用的主体，将其视作最重要的经济资源，离开人的劳动，物质财富就什么也不能做，即使是机器人运行，也离不开人的设计、操作。因此，不仅要给予劳动消耗以必要的补偿，而且更要让人力资本参与企业剩余的分享。第三，重构会计等式为：资产＝行为＝权益。其中，资产是价值的载体，行为是价值的源泉，权益是价值的归属。这种三维会计模式通过三式记账法立体、完整、动态地反映经济活动的主要信息，并通过新的报告体系总括性地进行信息披露，从而向信息使用者提供更有价值的信息。第四，人本会计所体现的会计管理机制，就是对其成员，即每个人的贡献与责任进行清楚地计量和显示，并结合按贡献进行利益分享的规则，则每个人就会自觉地将自己的思想和行为引向价值贡献。并且，在直接的相互合作中，人们可以在互动中直接相互监督，而这种监督并不需要成本，因为它是成员各自利益追求中附带的自然行为。因此，形成一个人就是一个经济实体的自我驱动机制与团队生产的合作共赢机制。这一新的会计模式，是会计对象的增加，会计结构的调整，会计方法的变革，会计理论的探索，会计思想的发展。

三、“人本+”财务

传统财务管理以物为中心展开有关资金、资本及其相关要素的管理，笔者称之为“物本财务管理”。随着知识经济时代的到来，“物本财务管理”暴露出其根本缺陷：一是财务管理的目的过于狭隘。以股东财富最大化为目的，仅站在资本投资者的立场上，不包含其他利害关系集团的利益，就会受到相应的抵触，不能实现共赢的合作。二是“见物不见人”，只重视资金或资本等物力资源的管理，没有抓住价值创造的主要矛盾。三是财务管理方法等没有深入经济活动的根本层面，缺乏实现价值增值的有效方法。

“人本＋”财务，就是将以人为本的原则系统运用于价值管理领域，确立以人为中心、为根本的财务思维与价值观念。人本财务管理，与以物为中心、为根本的现行或传统的“物本财务管理”相对应，是将人本的理念系统运用于财务领域，以人为中心、为根本来组织财务活动、处理财务关系的管理活动与方法。其主要观点是：将人力资源视作最重要的经济资源，认为以企业家为代表的所有员工的人力资源才是价值的源泉；人是价值（经济财富）创造的主体，人及其行为是价值创造的本原与动因，而物力资源只是价值创造的条件；人力资本所有者与物力资本所有者以平等法律地位共同拥有企业终极所有权，但前者同时获得企业经营权，从而应以各自的资本比例与价值贡献分享新创造的价值；财务管理的核心是价值管理，价值管理的核心是价值创造管理，而价值创造管理应以人为本。在此基础上，还可以将人本财务管理提升为人本价值管理，即以人主导下的经济活动的价值形态为主要对象，以人为中心、为根本来组织价值活动、处理价值关系的系统的价值管理活动与方法。

人本财务管理或人本价值管理的内容，可以从管理要素和管理方法两方面来设计：

一方面，按照管理要素来考虑，一是资产要素管理：其核心是解决资源配置效率问题。其重点是核心资产要素——人力资产要素的管理；作为人力资产已经外化形态的专利、品牌、商誉等的管理；人力资产与其他物力资产匹配与结构的管理。二是行为要素管理：其核心是解决行为价值管理的方法问题。其重点是基于价值视角的行为者心理与行为管理成为财务管理的新的重要领域，关键是行为价值增值的品质与效率。具体包括行为增值管理、行为减值管理和行为净值管理。三是权益要素的管理：其核心是解决财务治理与权利分享问题。其重点是人本财务治理，劳动者权益要素管理，劳动者权益要素与其他权益要素结构管理。

另一方面，按照管理方法来考虑，包括：价值发现与策划；价值决策与规划；价值驱动与激发；价值沟通与指导；价值诊断与调控；价值分析与评价；价值分配与分享。

四、“人本+”审计

与传统的会计即物本会计相对应，传统的审计是以物为中心、为根本的审计，我们姑且称之为“物本审计”。在这种审计体系中，账簿及经济活动等“物”在审计系统中占有绝对重要位置，无论从审计对象、审计目标、审计标准，再到审计内容和所提建议，都要围绕“物”来进行，有时虽然也会考虑人及其行为，但只是处于从属的地位。审计的对象完全依托账簿等经济业务的有关资料，没有对人及其行为进行考察；依据的标准也是以物为中心的会计制度等的标准；没有正面回答被审计人的履行责任情况。审计可以发现被审计单位是否有严重的违规问题，但不能很好地评价被审计人的履行责任的能力、决策水平、行为改进的建议，造成审计报告只可以作为不提拔使用管理者的参考，不能作为评价、使用、提拔、调任管理者的依据。

“人本+”审计，就是构建以人及其行为为中心、为根本的审计观，将审计视为一种社会现象，作为人类对自身行为的评价活动。具体来说，人本审计就是审计人对照既定标准，评价被审计人及其行为的可靠性、合法性、有效性，从而确定被审计人的受托责任，提出改进行为的建议并向行为者问责的活动。其核心思想如下：

第一，人本审计要以被审计人及其行为为导向。人本审计观下的审计不再以账项、制度、风险为导向，而是建立起全新的以人及其行为为导向的审计模式。在该种模式下，重视对行为风险的评估；审计思路调整为“由内而外”和“由外而内”相结合；审计方法引入了对行为动机、行为、人格、能力、气质的测评方法，丰富了审计的技术和方法。

第二，人本审计观下的审计要对人及其行为进行评价。人本审计观下的审计不再是以物为中心，而是人评人，不是人评物。审计是透过物去看人，是人类对人及其行为的评价活动。从某种意义上来讲，审计人员也是评判者，只不过评判的是受托经济责任完成情况。这也是人本审计与物本审计的一个最大区别。

第三，人本审计要对人及其行为发表意见并报告。审计人对被审计人及其行为进行审计后，就可以结合分析经济活动的情况，综合分析行为动机、过程和结果，对被审计人行为的可靠性、合法性、有效性发表意见，并将被审计人的行为信息报告给受托人，最终评价被审计人履行受托责任情况，向受托人或被审计人提出改进行为的建议并向反面消极行为问责。

第四，人本审计的目的。人本审计的目的是监督评价受托人及其行为的可靠性、合法性、有效性；分析、揭示人及其行为存在的不足；提出改进人及其行为的建议，促进人及其行为的价值增值。

第五，人本审计模式。人本审计模式以被审计人及其行为为中心开展审计的各项流程，审计以人开始，并以人结束。具体来说，审计的着眼点是人，审计立项由人开始，审计过程中关注人及其行为，结合对经济活动的分析，对照有关行为的标准，得出审计监督、鉴证、评价的结果。审计也由人结束，审计报告的客体是人，最终向人问责，向人提建议，促进人及其行为的改善和提高。

第六，人本审计理论体系。人本审计理论体系包括人本审计基础理论和人本审计应用理论两大部分。人本审计基础理论主要由审计本质、审计假设、审计目标、审计概念等构成。人本审计应用理论是以基础理论为原理运用于审计实践所形成的一系列指导实践的理论，按行为类型划分为行为可靠性审计理论、行为合法性审计理论、行为有效性审计理论；按审计的主体划分为人本国家审计应用理论、人本民间审计应用理论、人本内部审计应用理论；按审计操作规范划分为人本审计准则理论、人本审计程序与方法理论、人本审计报告理论。

五、本论丛的特点

“人本会计与财务研究论丛”包括《人本财务会计》《人本财务管理》《人本审计》《人本财务法律制度》四部著作，是在四位作者攻读博士学位期间研究成果的基础上完成的，是中国海洋大学管理学院会计学系会计学博士点“人本会计与人本价值管理”博士生研究方向的系列研究成果的一部分，此外还经过了三届人本会计论坛的主题研讨交流。本论丛的特点如下：

第一，人本性观念。本论丛中每部著作的研究，都自始至终贯穿“人本＋”观念，对传统会计、财务、审计乃至相关规则进行再造、创新、改进和完善。可以说，人本性观念是本论丛的灵魂，是本研究领域的哲学方法论。无论是从事本领域研究，还是阅读本论丛的理论成果，都特别需要先牢固确立前述人本理念来主导专业认知和思维，切忌用传统的，也即“物本”的专业思维来主导认知和思维，更不可让人本理念和物本理念扰乱了思维。

第二，创新性研究。本论丛中的每项研究，都是突破传统的专业知识、理论与方法体系，在继承的基础上，遵循会计、财务、审计的发展规律，基于社会未来发展的诉求，按照“人本＋”的原则进行基础概念、基本理论和方法的新设计、新构建，同时力求能够自圆其说，并提供可操作的方法和程序。可以说，研究创新是本论丛的学术追求，理论发展是本论丛的学理使命。

第三，开拓性引领。伴随着社会的发展，会计等领域不能原地踏步而需要与时俱进地跟随支持。本论丛的研究正是肩负这份使命责任，去着力开拓、努力引领，即使遭遇探索失败也在所不惜。当然，就像任何其他新生事物一样，本领域的研究也有一个从幼稚到成熟的过程，而本论丛的出版也正是向读者、同行提供一个质疑交流的载体，为明道求真做出的一份坚持。

爱因斯坦说，如果现实不对，那就改变现实！凯恩斯则认为，难的是从旧观念中跳出来。面向未来，而不是以思维定势看待“人本＋”会计·财务·审计，就像不能用单式簿记的思维来看待复式簿记一样。目前，似乎推行的条件并不完全具备，但只要符合人类自身的利益，那就去创造条件以适应理论。美好的未来是靠从现在做起、用心创造出来的。哥白尼说，人的天职在于踊跃探索真理。黑格尔也曾深刻地指出，一个民族有一些关注天空的人，他们才有希望；一个民族只是关心脚下的事情，那是没有未来的。我们非常愿意做这种仰望天空的人，因为我们希望并坚信社会将会有美好的未来。

徐国君

2015 年 10 月

前言

PREFACE

近年来，随着知识经济和现代信息技术的快速发展，“人”在价值创造中的突出作用已成为理论界和实务界的共识。这主要表现为两个方面：一是企业实务界对人才的争夺战屡见不鲜；二是会计学、财务学、经济学和管理学等理论界不断有人提出“以人为本”和“确认人力资本产权”等观点。在会计学和财务学理论界，尤以人力资源会计和人力资本财务管理研究颇为集中，这些研究都具有一定的人本特征，但都没有从“以人为价值创造根本”这个视角展开研究。一直致力于人本会计研究的徐国君教授，在其《行为会计学》《劳动者权益会计》等著作的基础上，于 2003 年出版了第三本专著《三维会计研究》。在该书中，徐教授系统地阐述了“人力资源是价值创造的源泉”“人是价值创造的本原和动因”等创新观点，并据此提出了“以人为价值创造根本”的基本理念。在此理念的引领下，徐教授对现行会计“资产＝权益”的二维特征进行了分析，并指出这是以物为价值创造根本的物本会计。在人力资源是价值创造的源泉、人的价值创造行为是价值创造的本原和动因、行为是引起资产和权益变动的根本等创新观点的基础上，徐教授创造性地提出了“资产＝行为＝权益”的三维会计架构，并对三维会计理论和实务操作进行了全面设计。该书被视为人本会计研究的奠基之作，为会计学、财务学和相关领域明确了“人本”的基本内涵与特征。

值得注意的是，徐教授在其《三维会计研究》中对三维会计进行前景展望时，还明确提出了三维会计对企业评价、管理会计、财务管理等领域的冲击，并认为这些领域也需要进行人本创新。自此之后，徐教授带领的硕士生和博士生分别从行为价值管理、人本审计、人本财务法律制度等领域展开了具有人本内涵和特征的相关研究。2013 年，徐教授将其本人与其博士生和硕士生对行为价值管理进行研究的部分成果进行整合，出版了《行为价值管理研究》一书。在该书中，徐教授进一步系统地阐释了人力资源是价值创造的源泉、人及其价值创造行为是价值创造的本原和动因、行为是引起资产和权益变动的根本因素等观点，进而又提出了行为价值管理是人本财务管理的核心等创新论断。这为本书的研究提供了重要理论基础和思路启发。

本书正是在这样的背景下开始研究的。笔者通过对现有人本财务管理研究的相关文献进行分析发现，虽然不断有人提出财务管理应当以人为本的主张，但尚未从"以人为价值创造根本"这个视角来系统研究财务管理。本书承袭了徐教授系统化的人本思想：第 1 章是导论，系统地介绍了"人"在财务管理中的地位沿革，并对现行财务管理的物本特征所存在的缺陷和财务后果进行分析，在此基础上确定人本财务管理的目的和意义。第 2 章是人本财务管理的研究基础，分别从理论和实践两个层面寻找从"以人为价值创造根本"视角进行财务管理创新的基础。第 3 章是人本财务管理的概念框架，首先阐述人本财务管理概念框架构建的切入点，即以有利于形成内含人本特征的人本财务关系为切入点，并主张将人本特征的基本理念贯穿于人本财务管理概念框架构建的全过程；其次说明构建人本财务管理概念框架关键要解决两个问题：一是人本财务管理概念框架的构成要素，二是人本财务管理概念框架构成要素的内在逻辑，特别是逻辑起点和逻辑终点；再次主张结合财务管理实践，提出以人本财务管理目的为逻辑起点并同时为逻辑终点来构建人本财务管理概念框架；最后分别对构成人本财务管理概念框架的各个要素的内涵进行界定。第 4 章和第 5 章是在人本财务管理概念框架的统领下分别对实现财务管理目的的两个手段——人本财务管理制度和方法进行研究。第 6 章是人本财务管理的内在保障，分别从人本财务管理组织结构模式变革和人本财务管理文化创新两个方面展开研究。第 7 章是人本财务管理的未来展望，首先对人本财务管理研究的创新与局限进行阐述；其次对尚待研究的问题进行罗列，以期与财务同行共同开展研究。

在笔者看来，提出问题需要智慧和魄力，解决问题需要底蕴和毅力。徐教授作为人本财务管理的引路人已经为我们提出了研究课题，由于笔者的底蕴还不够深厚，毅力也不够顽强，投入的时间和精力不够充分，因此本书着重于人本财务管理理论体系的构建，对其中的细节问题还仅处于蜻蜓点水状态，为此笔者颇感不安。由于人本财务管理还是个崭新的研究领域，因此，笔者恳请各位专家同仁对本书能以包容之心并怀呵护之意予以审视和评判。在此，笔者将诚恳接受来自各方的指导、批评和建议，同时也诚邀各位财务同仁共同研究，期望在争鸣和辩驳中推动人本财务管理研究不断得以完善。

邱兆学

2016 年 10 月

目 录
CONTENTS

1 导 论

1.1 选题背景

1.1.1 知识经济时代以前"人"在企业财务管理中没有地位

虽然财务理论界普遍认为企业财务管理源起于20世纪初公司制企业的资金筹集实践①，但事实上人类对理财事务的管理②实践自古已有之。当然，在人类诞生之初的原始社会尚未出现剩余产品之前，理财事务是不存在的，此时也就没有财务管理。在剩余产品产生之后，最基本、最原始的理财事务也就随之产生，一方面要对人类劳动产品这种非货币性资产的安全性和完整性进行看护和保管；另一方面要对剩余产品在氏族部落成员之间进行分配，以维持氏族成员的生命延续与劳动力成长。由于此时尚没有对剩余产品进行交易的行为的产生，财务管理也就不具有现代意义上以保值、增值为目的的实质性特征，因此也就不存在"人"在企业财务管理中是否有地位，更谈不上地位轻重问题。

到了原始社会末期，由于生产力的发展和社会分工的出现，劳动生产率不断提高，剩余产品也越来越多，并且由于氏族部落首领掌握着对剩余产品的分配权，因此剩余产品往往被氏族部落首领及其近亲属和参与剩余产品管理的一小部分人所占有，这些被无偿占有的剩余产品成为氏族部落首领等人奴役部落内部其他人的基础，氏族部落首领等人最早从社会中分离出来，成了早期的奴隶主。后来，为争取氏族部落的利益，氏族部落之间不断产生争斗，在争斗中败落的其他氏族成员和无力还债的本部落氏族成员就

---

① 王化成．西方企业财务管理的发展过程及方向[J]．外国经济与管理，1988(5)：7-9.

② 本书认为财务管理就是对理财事务的管理，相应内容在1.4中有所论述。

成了早期的奴隶。随着奴隶主和奴隶两个社会阶层的逐渐分化，奴隶跟劳动工具一样成了物化的东西。虽然奴隶和奴隶主一起参与整个社会的财富创造活动，但是社会财富的支配权却由奴隶主独享，甚至奴隶也被奴隶主当成个人财产被买卖和转让。奴隶得不到付出劳动所应有的基本报酬和作为“人”应有的人格尊严，人的基本属性几乎被忽略。奴隶创造价值的动力不是来自奴隶自身生理和心理的需要，而是迫于奴隶主的棍棒和鞭子的严酷惩戒所驱使下的无奈，奴隶甚至可以被当作商品任由奴隶主处置。奴隶社会虽然已经有交易产生，但是财务管理的重心没有转向交易环节，而是停留在生产环节的农产品和简单手工业产品创造上，人仅仅像劳动工具等私人财产一样，是物质财富生产不可或缺的要素之一。可见，整个奴隶社会的财务管理实质上是奴隶主管理奴隶及物质财富的一系列管理活动，“人”被等同于“物”，奴隶主靠强迫和压制奴隶为其自身不断创造和积累物质财富。

在欧洲，经过以斯巴达克起义为代表的奴隶向奴隶主的系列宣战与抗争之后，奴隶的处境开始有些许好转，得到奴隶主分给的小块土地。从此，奴隶变成了农奴，奴隶主变成了地主。在中国，自商鞅变法之后，社会形态变为封建社会，奴隶成了农民，奴隶主成为地主。整个封建社会，地主拥有土地所有权，农奴和农民租种地主的土地，向地主缴纳地租之后可以自己支配部分剩余劳动成果，但是由于缴纳地租数量及支配时间的主动权掌握在地主手中，地主经常利用其掌握土地所有权的优势把农奴或者农民逼上绝境。可见，整个封建社会的财务管理表面上看是参与物质财富创造的人拥有了独立人格，但由于地主掌控着物质财富的分配权，农奴或农民为维持生命而对物质财富产生绝对依赖，这使其不得不在实质上依附于地主，因此封建社会没有改变农奴或农民被地主控制人身权利和财产权利的悲惨境地。

意大利、西班牙和葡萄牙等欧洲国家经历了从13世纪至15世纪的海上贸易，葡萄牙通过海盗行为快速发展起来的商人成为最早的资本家；英国地主阶级通过“羊吃人”的圈地运动，使农奴丧失了土地并被迫成为新兴资本家所需要的自由劳动力，这预示着人类进入资本主义社会。马克思主义政治经济学明确指出，资本主义社会的基本社会关系是资本控制下的经济关系，只拥有劳动力而不拥有资本的劳动者成为为资本家创造价值的工具，他们的劳动力成为资本家购买的商品，劳动所得到的回报仅仅是维持其自身和家人劳动力得以再生产的生活必需品，除此之外，所有的剩余价值都被资本家无偿占有。即使发端于英国的工业革命，靠工人掌握的先进技术使英国成为资本主义成长最快的国家，其工人的处境亦是如此。其他国家的工人，自然也逃脱不了被资本家购买劳动力并占有其劳动创造的剩余价值的命运。这种状态一直延续到20世纪50年代电子计算机和通信技术快速发展的信息化革命时代。

综上所述，封建社会之前的人类社会经济发展模式是自给自足的自然经济，经济发展主要依赖于人类对自然资源的获取和利用。虽然奴隶社会早期就已经出现货币，这进一步促进了交易的发展，但是由于当时生产技术水平不高，生产力落后，社会财富不够充裕，因此，物力资源的稀缺性凸显了"物"在社会财富创造过程中的基础地位，人力资源在社会财富创造过程中的重要作用没有得到体现。人类社会进入资本主义一直持续到20世纪50年代的信息化革命时代，虽然工业革命使社会财富得以快速增长，但是物力资源与人力资源对社会财富创造的相对稀缺程度尚没有发生颠覆性变革，加之资本主义社会过于强调以物力资本为价值创造中心这种基本价值观，致使人们对物质财富的热衷和崇拜极度高涨，人力资本为创造物质财富所做出的巨大贡献便被淹没在工业经济快速发展的大潮之中。可见，知识经济时代以前，虽然不能否认"人"是价值创造的直接贡献者，但是相对于"物"在价值创造过程中的稀缺程度来说，还不足以引起人们的重视和反思，因此，"人"在财务管理中的地位没有得到任何体现。

1.1.2 知识经济时代要求财务管理体现"人"的中心地位

财务管理自从作为一项专门的管理活动产生以来，就一直处于随着财务管理环境的变化而不断变革和完善的进程之中，尤其是经济制度的变化直接决定着不同时期财务管理侧重点的变化。例如，19世纪末20世纪初由英国工业革命催生的筹资财务管理，20世纪30年代美国经济危机引发的企业与外部市场之间的财务关系管理，20世纪50年代激烈的市场竞争和买方市场激发的资金利用效率财务管理，20世纪60年代高科技信息技术带来的投资财务管理等，都是如此。值得注意的是，这些时期的财务管理都是工业经济时代的产物，与自然经济时代处于非自觉状态下的财务管理有着共同的经济制度。由于知识经济到来之前，物力资源相对稀缺，人力资源相对充裕，因此，知识经济时代之前都是以物为中心的财务管理也就不足为奇了。

随着时间的推移，财务管理依存的经济环境已经发生了根本性变化，变化的基本方向是“物”与“人”在价值创造中的相对稀缺性出现了易位，在某些领域已经出现了“人”比“物”更为稀缺的状况。自20世纪80年代以来，世界经济逐渐进入知识经济和信息技术高速发展的时代，参与价值创造的人因其掌握与价值创造相关的知识、技术、技能和经验，从而成为推动价值创造和经济快速增长的主导因素。与之前的自然经济和工业经济时代相比，“物”的稀缺性对价值保值、增值的影响正在逐步下降，“人”的稀缺性对价值保值、增值的影响已逐渐呈现出不断上升的趋势。在企业实践中，不仅高科技行业企业经常被人才紧缺所困扰，就连技术含量相对不高的建筑施工、农副产品加工等行业的不少企业也经常出现“用工荒”，这就更加引起了企业对人力资源的高度重视。自20世纪80年代以美国为代表的发达国家开启知识经济时代以来，国际社会和国内社会都普遍承认人力资源是推动企业价值增长的主导力量。以互联网技术为代表的高新技术企业率先尝试将人力资源资本化，近年来在汽车、化工等行业已经开始有个别企业着手尝试人力资源资本化。一些国际知名企业，如制造业的美国微软公司、日本京瓷公司和中国的海尔公司与华为公司，商品流通业的美国沃尔玛公司和网络信息服务业的美国谷歌公司等，都已经把人作为企业价值创造的核心和根本付诸实践。这些企业普遍承认人力资源是企业的第一资源，人力资本是决定企业价值创造的主导要素。在理论层面，早在20世纪60年代，舒尔茨就在其《人力资本投资》一书中阐明“美国国民收入中新增财富的80%是由人力资本所创造”[①]的前瞻论断。在制度和实践层面，21世纪初，我国上海浦东新区和浙江温州龙湾开发区分别于2005年2月和2006年2月先后出台政策，允许企业在注册资本中人力资本入股比例可以达到35%[②]和30%[③]，此后便有多家企业尝试人力资本入股实践并且获得了良好的预期收益。

---

① 西奥多·W·舒尔茨.论人力资本投资[M].吴珠华，等，译.北京：北京经济学院出版社，1999:4-8.

② 2005年2月22日，新华网记者俞丽虹和叶国标刊发消息《沪允许人力资本出资入股 比例可达注册资本35%》。

③ 2006年3月9日，温州网-温州都市报记者刘雪菲刊发消息《人才今起可作价入股 最高比例可占注册资本30%》，简要介绍了《温州市人力资本出资登记试行办法》和《温州市人力资本出资入股认定试行办法》的相关内容。

这说明“人力资本成为主导企业价值创造的根本力量”这种观念已经在一些学者和企业高层人士中成为共识。

此外,市场经济发达国家和新兴市场经济国家的经济体制与经济政策,都在积极推进企业重视和发挥人才在经济价值增长中的中心作用,更加注重以产权明晰为核心内容的现代企业制度的建立和完善,这为人力资本产权的确立和在企业财务管理实践中推行以人为价值创造根本的财务管理模式提供了制度保障。

很显然,面对正在日新月异和蓬勃发展的知识经济环境,财务管理不仅不能漠视人在价值创造中的主导地位,而且必须将“人”纳入财务管理系统并体现出“人”的根本地位,由现行的物本财务管理向人本财务管理转型,已经成为现代企业应对现实财务管理环境变化的一项紧迫任务。

1.1.3 现行财务管理的物本特征及其财务后果

1)现行财务管理的物本特征

现行财务管理没有将在价值创造过程中具有主导作用的“人”纳入财务管理系统,一切财务管理活动都漠视了人的客观且真实的存在,具有极为鲜明的“以物为价值创造根本”的物本特征,这在财务管理实践中体现得淋漓尽致,主要体现在以下三个方面:

第一,财务管理目标仅注重物力资本所有者价值最大化。从财务管理目标的发展史来看,利润最大化、每股收益最大化、股东财富最大化、经济增加值最大化、企业价值最大化、利益相关者利益最大化等都是遵循物力资本所有者利益至上的原则确定的,仅着重体现了物力资本所有者的价值追求。究其根本则是企业的财务控制权几乎全部掌握在物力资本所有者手中,因此也就不难想象,企业的一切财务管理活动的出发点和落脚点必然是为了物力资本所有者的财富最大化。当前被普遍认可的企业价值最大化财务管理目标就异常明显地体现了物力资本所有者主导财务管理活动的价值导向,企业的财务管理活动也就在此价值导向的指引下设计和运行。由物力资本所有者主导的“谁投资,谁拥有,谁受益”的传统逻辑在长期的经济发展中已经根深蒂固,人们也就似乎都默认了物力资本所有者作为单一投资者顺理成章地独享企业收益，甚至几乎没有人质疑过其中的不合理性。在财务管理理论和实践中，主张“创造价值的人所提供的人力资源也是对企业的人力资本投资”的观点更是寥若晨星。因此，在财务管理的资本结构规划环节，只对物力资本投资进行管理；在价值创造环节，也只对物力资产进行管理；在新增价值处置环节，也只将剩余收益在物力资本所有者之间进行分配。在全球开始关注利益相关者权益的时代，直接决定价值创造品质和效率的人的经济价值却不在企业财务管理目标的规划之内。即使企业为了调动职业经理人及部分业务骨干为企业创造价值的积极性不断尝试采取股权、期权等激励措施，也依然无法改变人力资本产权不被承认的事实。我们不得不承认，在物力资本所有者依然强势主导企业财务管理的现实条件下，这些得到激励的精英们只是被物力资本所有者或其代表（大股东或董事会成员）所支配与控制的工具，其自身地位和财富的取得及维持实质上受制于大股东或其代理人（董事会成员）。因此，现实情况经常是职业经理人出于受托经营责任的考虑，当财务活动需要在股东利益和员工利益之间做出权衡时，以职业经理人为代表的经营层一般都要偏向股东利益，中层管理人员和普通员工等多数劳动者因缺乏相应的财务控制权，在企业的财务目标决策上也就基本上不具备与物力资本所有者相抗衡的博弈能力，有时甚至连自身的正当利益也难以得到有效保障。在现行财务管理实践中不难发现，为了表达对自身正当利益得不到有效保障的不满情绪，中层管理人员及普通员工往往在价值创造和管理过程中采取“合理浪费”“偷懒”和“用脚投票”等消极行为予以对抗。由于人力资本在企业的生产经营成本中没有得到直接列示，表现为隐性成本，因而没有引起物力资本所有者对人力资本产权的根本性重视。由此将加大以职业经理人为代表的经营层对价值创造行为的管理难度，将进一步加大管理成本。假设以劳动者价值创造行为新创造的收入为某一定数，随着隐性成本和管理成本的加大，新增价值的效率必然下降。假设由劳动者价值创造行为决定的企业新创造的收入是一个动态数，由于中层管理人员和普通员工的消极情绪所决定的隐性成本，以及由此引发的经营层管理成本的增长幅度，也将极有可能超过动态收入的增长幅度。由是观之，遵循物力资本所有者利益至上原则所确定的企业价值最大化财务管理目标导向最终将削弱企业价值创造的效率，从而导致企业价值最大化目标无法从根本上得以实现。

第二，财务管理对象表现为“只见物不见人”[①]。当前在理论界普遍认为财务管理对象是资金运动，主要表现为资金筹集、资金投放、资金营运、资金回收和资金分配等生产经营性财务活动和通过兼并、收购、债务重组等活动实现资产的流动、分立、组合和优化配置的资本运作性财务活动。在具体执行财务管理活动时，通常只是管理内含资本金的载体，而根本没有想到更没有做到从财务管理角度挖掘真正驱使财务活动的人及其行为的内在动力。在财务管理实践中，我们经常碰到这样的困惑，同样的“物”在不同的价值创造行为驱动下所发生的运动轨迹及产生的财务结果却有所不同，有时产生的财务结果甚至还相差极为悬殊。这就非常清楚地告诉我们，“物”本身不会创造价值，价值的真正来源是“人”对“物”的驱动行为。“人”驱动“物”创造价值的内在动力不同导致了不同的行为运动轨迹，不同的行为运动轨迹导致了不同的财务结果。现行财务管理把资金运动作为财务管理对象的做法就是忽视了人及其行为在价值创造过程中的真实存在，财务管理理论和实践虽然已经历了 100 多年的发展，但却始终把真正具有价值创造能力的人及其行为排除在管理对象之外，只见物而不见人，“人”作为企业价值创造的本原和动因被忽视。然而，虽然“人”没有被纳入财务管理系统，但在财务管理实践中，“人”却从来没有被完全视为不存在，只是“人”被当作“物”的陪衬或附庸而已。例如，企业对部分人员实施股权或期权等激励措施，这既不能说对“人”在价值创造过程中的主导功能的确认，因为部分人代表不了整体；同时又不是对“人”在价值创造过程中的存在感的否认，因为毕竟这部分人一定是“人”。由此看来，这恰恰反映了在现行财务管理中真正创造价值的“人”正处于“似无还有、似有还无”的尴尬境地。

第三，资源配置程序表现为以物定人。随着现代高科技和信息技术的迅猛发展，虽然大部分企业都已经意识到人力资源在企业价值创造中的主导地位，但让人费解的是，企业在财务资源配置环节中却依然坚持以物定人的传统配置程序，在规划或设计资本运营流程时通常都是以先完成资本积累为基

---

① 大可在《在复式记账中不能见物不见人——与易庭源同志商榷》[中南财经政法大学学报，1958(04)]一文中，在批评复式记账方法时，首次提到“只见物不见人”。一直致力于人本会计研究的徐国君教授在其专著《三维会计研究》(中国财政经济出版社 2003 年版)和《行为价值管理研究》(东北财经大学出版社 2013 年版)中分别从现行财务会计和现行财务管理研究对象所表现出来的“只见物不见人”的特征进行了系统论述，其基本主张是既见物又见人。

本前提，具体表现则是企业财务管理活动中的财务资源配置程序基本都是以物定人。例如，肯德基近两年每年在中国新开500家门店，其首选要素不是人力资源，而是市场和货源，在资本积累到位之后再根据业务特点确定经营人员，人员经常被当成配合业务流程运转而安置和布局的要素。在确定经营人选时，通常都由企业人力资源部门提供方案，财务部门根本无权参与，人所应有的最基本的能动性特征遭到了漠视。这很可能使人力资源背离价值管理的基本取向，他们是否是最合适的价值创造人选，是否具有为创造价值而储备的足够的专业知识、品质和技能，是否对被安置的岗位有足够的价值创造理念、思路、热情和激情，这些关键问题常常在财务资源配置时被忽略。即使是企业对核心员工的各种激励措施不断翻新，其实质也仅仅是激励这些核心员工协助实现物力资本所有者财富最大化不得已而为之的权宜之计，这些核心员工在价值创造过程中仍然不可能有主导价值创造的根本意志，他们的工作方式、方法、价值观都是被资本家这种产权性物力资本所有者所规定和引导的，其根本处境就是被当作由代表资本家的“物”来主导的工具而已。“物”的出资者通常不参与劳动，但却通过自身拥有的“物”来主导拥有劳动力的“人”，这明显是违背价值创造规律的。因此，现行财务管理“只见物不见人”的财务管理对象是有缺陷的，忽视了“人”对“物”的主导作用，以“物”为价值创造根本的财务管理是极为偏颇的。这种以物定人的资源配置程序所产生的后果通常是人力资本所有者在价值创造中因没有主动权而选择被动应付，缺少积极性、主动性和创造性，使资源配置的品质和效率低下。

2）现行财务管理的财务后果

现行财务管理的物本特征带来的直接结果是“人”被自身创造的“物”所异化，直接创造价值的“人”原本应得的人性化待遇严重缺失，由此引发了劳动者在价值创造过程中的消极对抗等机会主义行为。有人认为，美国管理学家和社会科学家、诺贝尔奖获得者赫伯特·西蒙（Herbert Simon，1916—2001）的有限理性理论已经告诉我们，在现实生活中，人是介于完全理性与非理性之间的有限理性的行为人，不可能存在追求自身利益最大化的理性行为，因而也就不可能做出完全理性的机会主义行为。然而，在笔者看来，在现实生活中，机会主义行为作为一种倾向确实存在，其存在的根基并不在于人是否理性，关键的诱因在于人在价值创造及其与之相关的价值分享活动中没有得到与之贡献相符的根本性地位，根本条件是现实环境中存在信息不对称的客观事实。即使有人因缺乏完全理性的条件而不可能实施机会主义行为，但这并不能否认其他人可能会实施机会主义行为(刘燕，2006)。也就是说，具有机会主义倾向并可能实施机会主义行为的人具有极大的不确定性，由此才导致了道德风险和逆向选择现象时有发生。

近些年来，为了加强防范经营人员因存在机会主义行为倾向而可能引发的道德风险与逆向选择，企业不断推出股票激励、期权激励、股权激励、员工持股等激励机制。可是，综观美国等发达国家和中国的知名企业，都普遍对公司高层管理人员、部门经理和业务骨干实施激励，而工作在企业价值链条中最基层的普通员工不但没有机会享有激励，还经常被严苛的劳动纪律、诱导式延长劳动时间和低廉的劳动报酬所困扰。尤其在以富士康为代表的代加工厂，普通工人的人性化待遇更是缺失严重。据《“两岸三地”高校富士康调研总报告》[①]资料显示，普通工人的工资包括以下四部分：工资＝基本工资＋加班费＋年终奖＋绩效奖。在“连环跳楼事件”之后，富士康宣称 2010 年 6 月份起会为工人加薪 30%。然而，以富士康加薪前 1 100 元的基本月薪为基准，加薪后工人的基本工资仅为 1 200 元，这与前者相比仅增加了 9.1%。一个明确的事实已经呈现出来，公司加薪 30%的承诺并没有兑现，工人的基本工资总体水平仍然偏低(见表 1-1)。

表 1-1　各城市富士康厂区普通工人的基本工资对比

单位：元

杭州	天津	深圳	太原	上海	昆山
1 250	940	1 200	946	1 250	1 200

调查数据显示，岗位为普通工人的受访者平均月收入为 1 733.60 元，这一数据已经包括了工人的基本工资、加班费和各项津贴。与现实情况形成反差的是，被访者认为自己应得的“合理收入”平均为 2 797 元，这和实际收入水平相差甚远。调查还发现，工人约 42.3%的工资来源于加班费。基本工资过低，造成工人不得不签署“自愿加班切结书”[②]，通过超时加班赚取工资。如

① 资料来源于 http://www.sina.com.cn　2010 年 10 月 9 日 9:57　新浪科技。

② “切结”属于古语词汇，白话文中有“承诺书、保证书、证明文件”等多个含义，一般在官方文件、文书上使用。

表 1-2 所示，这名工人当月 46.5%的收入来自超时加班，总计加班高达 103.36 个小时，是法定加班最高限额的 2.87 倍。

表 1-2　杭州富士康某工人的工资构成

金额单位：元

日期	工作部门	底薪	正常工作时间（天）	平时加班（小时）	加班费	工资总额
2010 年 7 月	SMT	1 250	21.75	103.36	1 123	2 417.52

此外，富士康还通过无节制持续增加产量定额、暴力与惩戒措施规训员工必须绝对服从劳动纪律，通过对工人进行规训与惩罚以获得大批顺从的劳动者从而实现高效的生产。极其苛刻甚至监狱化的车间纪律、门禁制度、安保制度和军事化管理制度似沉重的枷锁，桎梏着工人的青春和梦想，扭曲了工人的精神和生活，将一个个鲜活的生命全部异化成低廉的、高级的挣钱机器。可是，工人毕竟不是机器，他们有理想，有尊严，有价值，他们拒绝和讨厌像机器一样苟活。2009 年和 2010 年先后有 13 名青年工人跳楼自杀，控诉在富士康遭到的非人性待遇，用死亡这种极端方式同单纯追求物力资本所有者财富最大化目标的"吃人"的管理制度进行抗争。

可见，现行财务管理的物本模式企图仅从物力资源这个维度寻找提高企业价值的做法不仅是偏颇和非人道的，而且其漠视员工在价值创造过程中对物力资源的主导作用就意味着放松了对人力资源整体价值创造能力的开发和利用，直接带来的财务后果将是严重挤压企业价值的成长空间，实际上是与物力资本所有者倡导和追求的企业价值最大化的财务管理目标导向是背道而驰的，物力资本所有者利益必将因此难以达到"至上"所预期的财富最大化效果。

进一步来说，现行财务管理的资产要素中只有物力资产（包括实物资产、金融资产等）和以物化形态存在的无形资产，为企业提供劳动力资源（人力资源）而形成的人力资产没有得到反映。与资产要素相对应的是，权益要素中只包含债权人权益和所有者权益，所有者权益中包括的只是属于所有者的物力资本、资本公积、盈余公积和未分配利润，没有属于直接创造价值的劳动者的相关权益。这不仅仅是企业总资本中人力资产要素和劳动者权益要素的缺失，关键在于劳动者权益要素的缺失直接导致人力资本要素不能得到体现，这就意味着劳动者没有资格按照人力资本产权分享自身劳动力创造的新增价值。这将极大地挫伤劳动者创造价值的积极性、主动性和创造性，价值创造的品质和效率因此非但不能从根本上得到提高，而且还可能产生消极行为从而导致企业价值创造的品质和效率下降。

我们可以用现行财务管理的资产和权益要素，以及尚未纳入现行财务管理系统但着实推动价值创造的劳动者行为要素，构建一个立体坐标系（见图 1-1）来详细说明。

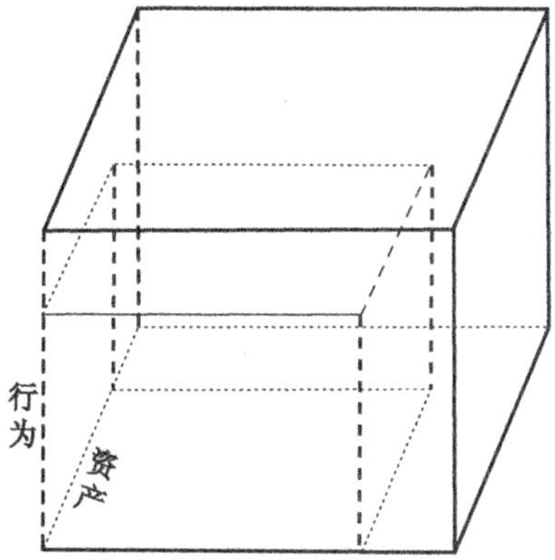

图 1-1 企业价值成长空间对比

注：由于现行财务管理中没有体现行为价值，因此，图 1-1 中将行为采用不同于立体图形背后隐藏的资产和权益要素的虚线来表示（代表立体图形背后隐藏的虚线：…………；代表行为要素价值的虚线：_ _ _ _ _ _）。

如果企业确认人力资产和人力资本，则将意味着提供劳动力资源（人力资源）的劳动者将得到自身人力资本产权，他们除了能得到补偿自身劳动力价值的薪酬外，还将有权据此参与分享剩余收益。为了使自身在参与分享剩余收益时分享到尽可能多的剩余收益，他们将尽可能减少价值损耗，努力提高产品或服务的品质和效率，这将促进价值创造的品质和效率的共同提高。由于行为是价值创造的本原和动因（徐国君，2003），随着行为价值的不断增值，资产要素和权益要素的价值也将随之不断增值，即资产要素价值和权益要素价值将随着劳动者行为的不断增长而出现因果性增长，此时可用图 1-1 中外面的大立方体来表示企业价值成长幅度。

可是，由于现行财务管理没有将人力资产和人力资本纳入财务管理体系，劳动者的实施价值创造行为的主动性、自觉性、积极性和创造性都将是打折的，因而将导致企业资产要素价值和权益要素价值都将随之萎缩，企业价值成长幅度也就变成了图 1-1 中的小立方体。

由此可见，现行财务管理长期坚守的物本模式实际上打压了企业价值的成长空间，很显然的财务后果是企业价值缩水，缩水的幅度虽然笔者暂时尚没有找到计量办法，但从心理学家梅奥的霍桑试验中已经可以得到价值缩水的基本判断。因财务管理的物本模式导致企业价值缩水，实际上已经背离了财务管理的本质属性和财务管理目标导向的初衷。从人力资源和物力资源出资者的受益情况来看，现行财务管理的物本模式既剥夺了劳动者本该作为人力资本所有者所应分享的人力资本投资回报权益，又损害了物力资本所有者本来可以分享由人力资本所有者创造的更多的权益回报。很明显，现行的以物为本的财务管理模式实质上导致的最终结局是出资者和劳动者“双输”。

1.2 研究目的

本书的研究有以下两个研究目的：

第一，从价值创造动因角度构建人本财务管理理论体系。

现行财务管理产生于可供企业选用的人力资源相对充裕而货币资金等物力资源相对短缺之时，正是为解决货币资金等物力资源相对短缺的难题，才出现了以资金筹措业务为起点的财务管理，财务管理由此从经济学中分离出来，成为独立的专门学科。此后，财务管理理论按照“资金筹集—资金投放—资金运营—资金回收与分配”的基本脉络展开，虽然历经 100 多年的经济发展和社会变迁，这种脉络仍是现代财务管理教科书的主流体系架构。然而，我们不得不承认，企业所有的价值，包括现存的已经物化的价值，本质上都是由人利用知识、技术、技能、经验所创造的，尤其是在当前知识经济和现代信息技术蓬勃发展的时代，现代企业要想在激烈的市场竞争中得以生存并实现可持续发展，更是离不开拥有最新知识和掌握先进技术的“人”。同时，面对企业“用工荒”不断来袭的客观现实，物力资源相对于人力资源的稀缺优势已经不复存在，稀缺优势的天平甚至已经开始向人力资源倾斜。当前已经在高科技行业的诸多企业出现了人力资源的提供者代替物力资源的提供者主导企业价值创造活动的事实。这就要求财务管理理论必须与时俱进，顺应当前经济形势变革以有效指导和推进财务管理实践。为此，本书的研究主张将“人”作为价值创造的主导因素纳入财务管理体系，以人为价值创造的中心和根本为主线，对以人及其行为为价值创造管理核心的人本财务管理理论进行系统研究，全面构建人本财务管理理论体系。

第二，通过构建新型财务关系实现“双赢”结局。

由于现行财务管理体现的是物力资本所有者和主导价值创造的劳动者之间的“委托—代理”财务关系，其“股东利益至上”的财务目标导向将导致劳动者与物力资本所有者产生不合作倾向，一方面可能存在故意增加运营成本道德风险，另一方面可能存在因为动力不足而降低创造性带来的经营收入增长，从最终双方所得到的价值回报来说将是“双输”结局。为能从根本上改变这种局面，本书的研究主张同时确认人力资本产权和物力资本产权，从而确定以“人力资本所有者和物力资本所有者共有价值最大化”为财务目标导向。与现行财务管理相比，本书的研究旨在通过承认为企业创造价值提供人力资源并主导价值创造的劳动者拥有自身人力资本产权，从而使其成为人力资本所有者并与物力资本所有者共同拥有企业产权，共同分享企业新增价值。由此可以构建人力资本所有者和物力资本所有者共有企业产权、共享企业新增价值、共担企业财务风险的新型财务关系，使资本价值配置环节的物力资本单一产权关系转变为人力资本和物力资本共有产权关系，行为价值创造环节的“委托—代理”关系转变为“委托/受托—自理”关系，新增价值处置环节的物力资本所有者独享新增价值关系转变为人力资本所有者和物力资本所有者共享新增价值关系。这些财务关系可以通过财务管理制度体系和方法体系得以体现，最终运用财务管理方法实现对财务管理要素的价值管理，提高价值创造的品质和效率，促进人的经济价值和企业经济价值协同发展，最终实现双方价值回报的“双赢”结局。

1.3 选题意义

笔者认为，与现行的物本财务管理相比较，首先，人本财务管理的研究具有重要的理论创新意义；其次，人本财务管理的实施对推动企业经济价值增长、效率与公平的共同实现也具有重要的现实意义。

1.3.1 人本财务管理研究的理论创新意义

第一,人本财务管理研究将有助于推动现代财务理论系统性创新。

现行财务管理理论自19世纪末从微观经济学中分离出来,就一直处于以物力资本为中心的发展阶段。以1897年美国财务学者格林所著的《公司理财》,1952年美国著名财务学家哈里·马克维茨在《财务杂志》上发表的《资产组合的选择》一文,1958年莫迪格莱尼(Modigliani)与米勒(Miller)在《美国经济评论》上发表的《资本成本、公司财务和投资理论》一文,以及1964年夏普(Sharpe)与林特纳(Lintner)等人在马克维茨理论的基础上提出的资本资产定价模型(CAPM)为代表的财务理论,基本遵循了财务管理实践中"筹资—投资—资本结构—资产组合"的发展路径。20世纪70年代以来,财务管理实践又开始向通货膨胀、企业集团与跨国公司、网络信息系统、组织行为等方向延伸,于是财务理论界又出现了通货膨胀财务管理理论、企业集团与跨国公司财务管理理论、网络财务管理理论及行为财务管理理论。这些财务管理理论是对财务管理实践的总结和升华,充分反映了财务管理实践的时代背景,具有鲜明的工业经济时代烙印。面对知识经济和人本主义文化蓬勃发展的时代背景,财务学界自然需要尝试进行财务管理理论创新,于是,人力资本财务管理、以人为本的财务管理和人本资本财务管理等体现人本主义特征的财务创新理论不断涌现。可是如果不能从本质上将知识经济与人本主义在财务管理系统中进行融合,仅在现行财务管理的框架内进行堵漏洞式修补,仍然难以适应知识经济时代人力资源地位的大幅提升和人本主义思潮风起云涌的现实要求,依然难以走出财务管理理论贫困的窘境。

知识经济时代,将在价值创造过程中发挥主导作用的"人"纳入财务管理理论体系加以研究,这是财务管理实践对财务管理理论创新较为迫切的现实要求。虽然我们已经看到国内外财务学者敏锐的研究视角已经触及利益相关者财务、人力资本财务、人本主义财务等诸多研究领域,但都仅局限于在原有理论框架的基础上进行改良性修补,未能直面基于知识经济时代背景下从价值创造本原和动因上进行彻底反思和变革,就不可能助力财务管理实践从根本上撬动物力资本在企业财务管理中的核心地位。有鉴于此,财务理论创新也就一直难以突破以物为价值创造根本的瓶颈,财务理论贫困这个早已不争的事实,也就成为困扰财务理论界众多专家学者心头隐隐的痛。本书主张从价值创造本原和动因视角构建人本财务管理理论体系,在不否定物的基础性作用的同时,将财务管理中心从“物”切换到“人”,从而体现出与知识经济时代相吻合的人本财务管理特征。财务管理中心由“物”到“人”的思维转向,以及财务管理制度与方法的丰富与完善,将使财务管理走出其自诞生以来就始终没有实质性创新的尴尬,有助于推动现代财务理论的系统性创新研究。

第二,人本财务管理研究将为资本与劳动的“雇佣之争”提供研究新视角。

长期以来,资本与劳动“谁该雇佣谁”一度成为经济学、管理学、财务学等学科领域研究的热点话题。以马克思主义政治经济学为代表的“资本雇佣劳动”学说深刻揭露了资本与劳动之间的对立。随着市场经济的快速发展和知识经济的强力推进,一方面资本家为应对不断加剧的市场竞争而试图深入挖掘劳动力要素的价值创造能力,另一方面劳动者对自身在价值创造中的决定性地位觉醒,试图摆脱资本家的绝对控制,这就进一步加剧了劳动与资本之间的矛盾。为应对这个问题,国内许多学者纷纷从不同研究视角提出了“劳动雇佣资本”之说。原本是出于解决资本与劳动之间相对立的僵局,可是这种学说已经从“资本雇佣劳动”的极端走向了“劳动雇佣资本”的另一个极端,依然是将资本与劳动对立起来进行研究,不是理性的科学之举。人本财务管理研究则另辟蹊径,力求通过制度设计和方法重构,以实现资本和劳动力的所有者,即物力资本所有者和人力资本所有者双方共有价值最大化为财务目标导向,构建双方共有企业产权、共享企业新增价值、共担企业财务风险的新型财务关系,使资本与劳动之间不再是零和博弈的对立,而是转向资本与劳动的有机协同。从这个视角看,本书的研究将为理论界长期以来一直争执不休的资本与劳动的“雇佣之争”提供学术研究新视角。

1.3.2 人本财务管理实施的实践意义

第一,人本财务管理将成为企业经济持续增长的助推器。

人本财务管理作为人本主义思想在财务管理实践中的集中体现,本质上是人本主义价值观系统地在财务管理活动中的践行之旅。人本财务管理承袭行为价值管理的价值理念,认可人力资源是价值的源泉,人及其行为是价值创造的本原和动因。在“资产—行为—价值—资产”这个闭路循环的价值创造系统中，以人力资产和物力资产的优化配置为基础，经过人的行为对资产的开发和利用创造出价值，新创造出的价值经过分享形成新的资产，从而进入下一个价值创造循环。可见，财务管理实质上也就是对这个价值创造循环的管理。由于价值创造能力的品质和效率直接影响着资产价值增值的品质和效率，而价值创造能力的大小又取决于人的价值创造行为，因此，人及其价值创造行为（以下简称“人及其行为”）理应成为财务管理的中心和根本。对人及其行为的管理，不能强制而重在引导。引导体现的基本理念就是不能把人及其行为当作价值创造的手段，而应该把人参与价值分享当作其价值创造的行为目的。为此，本书的研究所设计的相应的人本财务管理制度体系就是用来解决人力资本和物力资本的产权归属问题、财权治理问题、价值贡献问题、收益分享与风险分担问题。与这些问题相关的财务制度将使现行财务管理对象在价值创造环节反映的物力资本所有者与劳动者之间的“委托—代理”财务关系转变为物力资本所有者与人力资本所有者之间的“委托/受托—自理”财务关系，两种不同的财务关系转换意味着劳动者价值创造行为由物本财务管理模式下的“被动型”转变为人本财务管理模式下的“主动型”。这种转换，是促进人力资本所有者充分利用自身人力资源和物力资本所有者提供的物力资源，努力创造价值的重要制动路径。同时，人力资本所有者与物力资本所有者共同分享的价值回报取决于其对企业价值创造贡献的大小。当出现损失或亏损，价值回报将是负值，这表示人力资本所有者为其价值创造行为承担相应的价值损失风险。这种价值回报随价值贡献而波动的动态分享模式，不但会直接影响到人力资本所有者的物质利益，还在一定程度上反映着人力资本所有者的价值创造能力，对其个人形象、成就感和社会地位等精神财富也将产生一定损害。为避免这种损害的发生，人力资本所有者将会努力增加其自身价值创造过程中的高效行为，自觉减少低效行为，杜绝无效行为，尽力提升自身的价值创造能力，并高品质和高效率地释放自身的人力资本价值，这将有效促进企业经济价值的持续增长。由此可见，人本财务管理将成为企业经济价值持续增长的助推器。

第二，人本财务管理将有助于促进效率与公平的协同实现。

效率与公平的关系协调问题一直是被社会各界广泛关注的不朽话题。通常，人们往往习惯于从宏观视角寻找效率与公平两者之间的协调之道。其实，只要是存在价值创造与价值回报活动的领域，就不可避免地要面对效率与公平的协调问题。用系统论思维来看，社会层面的效率与公平问题固然可以用财政、税收等宏观政策等社会资源的再分配手段予以协调，但企业作为最基本的价值运行与形成组织，其价值创造与价值回报则是经济价值的初次分配。在经济价值的初次分配环节能否对效率与公平做到统筹兼顾，对整个社会的效率与公平协调效果具有重要的基础性作用。人本财务管理确定的"回报"与"贡献"相匹配的价值分享模式，则意味着真正体现按劳分配机制的收益分配公平，有效落实了多劳多得、少劳少得、不劳不得的公平精神；同时，这种价值分享模式反过来又将促进实施价值创造的人力资本所有者通过提高其行为价值创造的品质和效率来增加新创造价值，从而达到通过提高其对企业的价值贡献份额来提高自身经济价值回报份额的目的。这实质上就是利用价值回报作为撬动人力资本所有者努力创造经济价值的经济杠杆，同时有效促进人力资本所有者和物力资本所有者共有价值的可持续增长。因此，从某种意义上说，价值回报与价值贡献相匹配的价值分享模式是最具根本性的公平，将更加有利于促进价值创造品质和效率的自觉性提高，最终将有效促进效率与公平的有机协同实现。

1.4 主要概念

1）人本财务与人本财务管理①

在界定人本财务和人本财务管理这两个概念的内涵之前，有必要先对财务和财务管理这两个概念的含义加以明确。在财务理论界和实务界，对财务和财务管理这两个概念的含义通常不加区分，相互通用，给人们造成的错觉则是"财务就是财务管理的简化表达"。可是事实上财务与财务管理不是一回事（宋慧丽，2003；张晓亮，2014），两者不能通用，必须加以区分。财务是关于钱财的事务，是一个客观存在的范畴（王化成，1999）。财务管理则是以财

① 虽然目前我们所接触的财务管理因企业和行政、事业单位分别有着不同的财务管理环境而出现了企业财务管理和行政、事业单位财务管理之分，但是由于财务管理的产生始于企业的筹资需要，并且从财务管理的发展来看，基本上就是企业财务管理发展史。为此，主流财务管理概念和教材虽然都不加"企业"作为前缀对研究范畴加以限定，但表达的都是企业财务管理之意。沿袭传统，本书亦不在"人本财务"和"人本财务管理"的概念中加入"企业"两字，但仅限于企业财务管理研究范畴。

务为对象的一种关于人的行为和活动（张晓亮，2014），是受人的主观意识和价值观念支配的对钱财事务进行管理的一系列活动。现行财务管理中的资金筹集、资金投放、资金运营、资金回收与分配等资金运动形式都是财务的具体表现，这些财务活动是资金运动的载体，是价值流转的具体表现形式。财务管理则是对这些财务活动实施的管理，财务管理制度和方法是规范和引导财务活动的基本手段，是促进价值增值的具体措施或方式。财务的职能是产出价值，财务管理的职能是促进财务活动产出价值。

基于财务区别于财务管理的基本逻辑，人本财务与人本财务管理也就必然各有属于自己的内涵。

徐国君（2013）认为，人本财务是与物本财务相对应的概念，就是将“以人为本”的原则系统地运用于财务领域，确立以人为中心、为根本的财务。所谓物本财务，就是以物为价值创造中心和根本的财务，“人”不但不是其中心和根本，而且“人”也不能作为财务管理的基本内容。与物本财务相对应，则是“人”不但应作为财务管理的基本内容，而且还应成为价值创造的中心和根本。

笔者认为，对人本财务和人本财务管理内涵的理解，关键在于对知识经济时代“人本”的精神实质的认识和把握。

人类历史上最初的“人本”概念源于14～16世纪欧洲文艺复兴时期反封建、反神学的人本主义文化，其核心思想是宣扬“神”不是事物的中心，“人”才是事物的中心，“人”不能接受“神”的管制与束缚，要求使“人”的个性得到解放。虽然这段时期反神学的人本主义文化在本质上是宣扬资产阶级个人主义的“人性论”，但不得不承认，此时的人本主义特别强调人的价值和尊严，把人看作万物的尺度，是主张以人性、人的有限理性和人的利益为主题的哲学问题。这种思想后来被亚伯拉罕·哈洛德·马斯洛（Abraham Harold Maslow，1908—1970）和卡尔·罗杰斯（Carl Rogers，1902—1987）广为接受，创立了人本主义心理学。人本主义心理学认为，人应该对自己的行为负责任，虽然人对环境的刺激做出反应有时会受制于本能，但人有自由意志，有意识和能力决定自己的目的和行为方向。同时，人本主义心理学还强调人在社会活动中的价值和尊严，主张以良好的人际关系为基础开展社会活动。1933年，美国心理学家乔治·埃尔顿·梅奥（1880—1949）在美国西方电气公司的霍桑工厂进行了一系列试验后，提出了人际关系学说，创造性地提出了“社会人”概念。该学说认为，员工的积极性和士气影响生产效率。在人际关系学说基础上发展起来的组织行为科学，更加注重人在组织中的主导作用，并开始探索人力资源开发。组织为了提高生产效率而把“人”放在管理工作最为中心的位置上，特别注重对人的行为动机激发和引导的研究与管理，这促使组织管理由以“物”为中心向以“人”为中心转型。自此以后，人本管理理念在企业等组织管理中日渐盛行。自20世纪60年代美国经济学家舒尔茨和贝克尔创立人力资本理论及科斯创立新制度经济学理论以来，人力资本产权理论在经济学、管理学、法学、教育学、心理学、社会学、政治学等领域得到了广泛研究和发展，“以人为本”便成为对“人本”最为权威和最有解释力的注解。

综观“人本”产生和发展的脉络轨迹，可以得出这样的结论：“人”之所以能够成为组织管理的中心，且在组织发展中的受重视程度不断得以强化，除了得益于中世纪人们对封建神权统治的反叛精神取得胜利之外，更为重要的就是组织管理者在管理实践中逐渐认识到了“人”的价值，“人”相对于“物”来说具有能动的价值创造能力。正是看到了这一点，管理者便探索创建了人本管理模式。这一方面使组织中具有反叛精神的“人”得到了安抚，另一方面管理者也可以顺势利用“人”的价值创造能力来实现组织目标和管理者的个人意志。由于人们被长期压抑的工作和生存状态得到了一定程度上的改善，加之管理者为实现组织目标或其个人目标不断创新激励方法，人们普遍觉得自己更受管理者尊重，于是便很自然地接受了这种以人为本的管理模式。这种人本管理模式被管理者与被管理者都看成是缓解双方矛盾的有效方式，因此在竞争日益激烈的市场经济形势下，各行各业、各个领域的管理者几乎谈管理必谈人本，管理制度中也往往必有“人本”的一席之地。在普遍被“以人为本”渲染的环境中，管理者因其缓解与被管理者的矛盾而悠然自得，被管理者也因实施以人为本管理所得到的某些待遇而执著追求，双方的思维都受到了制约和局限。对被管理者而言，不曾质疑这种以人为本管理模式的目的和结果是否合理与恰当；对管理者而言，也不曾质疑除了这种以人为本的管理模式之外，是否还有可以更加具有人本精神的思想和做法。而这，恰恰是本书研究所探寻的“人本”精神实质的关键切入点。

“人本”的“本”为“元本、根本”之意，“人本”则是以“人”为元本、为根本。在“人本”之前，习惯以“物”为元本或根本，但“元本”只有一个，“人本”的诞生必然意味着“物本”的灭失。“物”原本是“人”用于创造价值的对象，是“人”用之产生价值增值的基础条件，是不可能成为事物的元本或根本的。而“人”原本就是“物”的支配主体，包括对自然物和人造物的获取与改造，是有理由成为事物的元本或根本的。因此，由“物本”到“人本”的转型是“人”作为事物的元本或根本地位的回归，是对现行组织管理中心或元本要素的颠覆性变革，是组织管理者思想认识的一次重要革命。

然而，从当前企业和社会实践所体现的“人本”实施情况来看，这种变革并不彻底，以人际关系学说提出的“社会人”为标志的“人本管理”虽然已诞生近一个世纪，但其管理的目的和结果仍然是“物本”的原版在外在形式上的改良，到目前为止尚没有产生与“人本”精神有机契合的管理目的和结果，这意味着“物本”还没有从源头上真正灭失，显然也就没有实现由“物本”到“人本”的根本性易帜。现行的“以人为本”的管理，其本质上是依据“物本”思维确定的管理目的，把“人”作为代替组织的所有者或管理者实现其个体或群体利益的手段或工具，管理的结果是依据管理目的分配“人”创造的劳动成果。这虽然与自然经济和工业经济时代因物力资源稀缺的历史背景有密切关系，因为稀缺才显珍贵，拜物教、拜金主义才会得以滋生和蔓延，但知识经济时代“物”的稀缺程度已经开始不及“人”的稀缺程度。随着计算机技术、网络技术和信息技术的持续快速发展，在经济活动中“人”对“物”的比较优势越来越突出，因此，管理者继续固守着以物为根本的仅具有人本性质的部分改良是不合时宜的。当前形势要求组织必须彻底摒弃“物本”时代把“人”当作代替组织的所有者或管理者实现利益的手段或工具的固有做法，全面树立“人本”思维，正视“人”在经济活动中的主导作用和主体地位，重视对“人”在经济活动中的行为的管理，价值创造行为实施过程和价值增值结果的处置上都应全面体现出“人的价值和尊严”，即从事价值创造的人具有自主决定和管理自身价值创造行为的权力，并且享有参与分享新增价值的权利。在笔者看来，这才是人本财务概念中“人本”内涵的精神实质。

可见，人本财务是基于知识经济时代背景下以人为价值创造根本的财务活动，可以表现为以人力资本吸引物力资本的资本筹集、人力资本决定物力资本的资本配置、人力资本主导物力资本的资本经营、人力资本与物力资本共同参与价值分享等财务活动。其基本职能是以系统化的人本方式产出价值和分享价值。

基于上述对人本财务的内涵界定，借鉴财务与财务管理的关系，可以认为，人本财务管理就是对人本财务活动的管理。具体来说，人本财务管理就是通过制定和推行能够系统化体现"人本"特征的财务管理制度和方法，以规范和引导人本财务活动的一系列管理活动。人本财务管理活动主要表现为制定符合"人本"内涵的一系列制度和方法的具体行为，以及促进或直接执行这些制度和实施这些方法的具体行为。其基本职能就是促进企业以系统化的人本方式引导员工价值创造产出价值，其经济目的在于实现人的经济价值与企业的经济价值协调发展。

更进一步来说，人本财务管理的"人本"意在强调实施经营活动的"人"是价值创造的根本，其价值创造行为是真实反映其自身人力资源主导价值创造能力的外在表现，人的价值创造行为表现直接决定着企业产权价值增值率的大小和变动幅度，而能够控制和调节价值创造行为的根本要素是"人"。在财务管理中把"人"的行为作为价值创造的主导因素进行管理时，也就相当于确认了"人"在财务管理中的根本地位。然而，人本财务管理强调的"人本"还不止如此，确认劳动者的人力资本产权，使其成为自身人力资本所有者，是人本财务管理的前提条件。这意味着人力资本所有者与物力资本所有者一样享有其自身人力资本产权地位，明显区别于现行财务管理时代的"被雇佣"地位。人力资本产权地位的从无到有，并且成为价值创造的根本前提，这也是"人本"特征的重要体现。此外，由人力资本所有者的产权地位和价值创造主导作用所决定的剩余收益分享规则与物本财务管理时代劳动者无权参与分享剩余收益相比进一步体现并强化了"人本"特征，其中人力资本所有者分享剩余收益的多少直接取决于其价值创造行为对企业当期新增剩余收益贡献的大小，这是"人"的价值创造行为在财务成果分享环节的因果反映，是以人为价值创造根本特征的综合体现。概括而言，人本财务管理的"人本"分别在人力资本所有者享有自身人力资本产权地位，价值创造行为决定价值创造结果，以及按价值贡献参与剩余收益分享这三个方面得到体现，其中人力资本所有者的"价值创造行为决定价值创造结果"是"人本"特征的最为根本的体现，这将直接决定企业制定并开展"以人为价值创造根本"的财务管理过程。

值得注意的是，人本财务管理主张财务管理必须做到既见物又见人，主张把"人"和"物"都纳入财务管理系统，把"物"作为价值创造的基础条件，把"人"看作价值创造的主导因素，意在强调"人"对"物"的主导作用。把"人"和"物"共同纳入财务管理系统并赋予"人"对"物"的主导地位，不但能使参与价值创造的“人”以人力资本所有者的身份跟提供物力资源的“人”（物力资本所有者）共同分享企业新增价值，而且能使“人”所应有的、区别于“物”的自尊和尊严在价值创造中得到充分体现。因此，人本财务管理能做到分别从物质层面（以人力资本所有者身份分享新增价值）和精神层面（人主导物实施价值创造行为的尊严）激发人的价值创造积极性，由此将使人在实施价值创造行为过程中产生最大可能的能动性和创造性。一旦“人”在价值创造中的能动性和创造性被自我调动起来，“人”将自主管理其自身的价值创造行为，主动探寻降低成本的办法和渠道，努力提高价值创造的品质和效率，尽可能创造更多的新增价值。

可见，人本财务管理主张人力资本与物力资本的价值双赢，人力资本所有者与物力资本所有者共同协调发展的实现逻辑。现行的物本财务管理长期坚守物力资本所有者一元财务治理模式和“股东利益至上”的收益分配规则，企业内部价值链上的劳动者如同机器等劳动工具一样，虽然为企业创造价值但却无权参与企业财务治理，通常只是被动地接受管理层指令而缺乏激发价值创造的内在动力，无权以人力资本所有者身份参与企业剩余收益分享，只能取得劳动耗费补偿，这种现象被马克思称为“资本雇佣劳动”。处于被雇佣地位的劳动者对如何实现和怎样实现企业的财务目标没有足够的关注度，更谈不上创新和突破企业财务目标，其结果是“零和博弈”，甚至是“负和博弈”的消极产物。人本财务管理将人力资本纳入财务管理系统，这意味着劳动者成为自身劳动力的所有者，企业的财务治理模式将变成人力资本所有者和物力资本所有者共同财务治理，分配规则也将变成与治理模式相匹配的人力资本所有者和物力资本所有者共同分享企业剩余收益。此时，人力资本所有者不但将与物力资本所有者共同关注和促进企业财务目标的顺利实现，更为重要的是，人力资本所有者将以自身劳动力所有者的身份管理自身的价值创造行为，价值创造的积极性、主动性和创新性极有可能得到更加全面和充分的发挥，从而创造出更多的超额价值。因此，人本财务管理得到的价值增值将是“正向博弈”的产物。

总之，人本财务管理不是物本财务管理模式与人本主义思想的简单融合，也不是单一的人力资本财务管理，而是以人力资本所有者为价值创造根本对财务管理系统进行的改造和升级，是全面体现“人区别于物”的自然属性和社会属性的财务管理。从产权价值来看，承认“人”与“物”的所有者分别对其自身的人力资本和物力资本拥有所有权。由于产权的所有权性质决定了企业财权将由人力资本所有者和物力资本所有者所共有，由此形成人力资本所有者和物力资本所有者的财权共有关系。从价值创造角度来看，人本财务管理强调“人”主导“物”的价值创造流程，既体现了人是价值创造根本的核心理念，又因产权的存在使人力资本所有者以产权主体和财务管理主体的双重身份来开展价值创造和管理活动，由此形成了人力资本所有者与物力资本所有者之间的委托/受托—自理关系。从价值保值增值角度来看，人本财务管理强调“人”与“物”共同保值、增值；从收益分享角度来看，人本财务管理强调“人”与“物”的所有者共同分享，若有损失，则“人”与“物”的所有者共同承担。这充分体现了人力资本所有者和物力资本所有者之间的权益共享关系。人本财务管理没有冲击到物本财务管理对“物”进行管理的现有方法，而是重在强调对价值创造本原和动因的管理，不是对物本财务管理的否定，而是对物本财务管理的继承和发展。

2）行为价值管理、人本价值管理及其与人本财务管理的比较

行为价值管理、人本价值管理是与人本财务管理有着密切关系的两个概念，对这两个概念的内涵界定最早分别见于付玲(2005)和赵书东(2010)的硕士论文中。

付玲认为，行为价值管理就是以提高行为的经济价值为目标的管理活动或方法。它包括战略意义上的企业整体行为的价值管理和具体行为经济价值有效性的管理，既不是单纯对行为的管理，也不是单纯对物及其价值的管理。行为价值管理的对象是企业内部所有员工的行为价值。2013年，徐国君等①明确提出行为价值管理包括人是价值判断与衡量的主体、人力资源是经济价值的源泉、行为是价值的动因等，从价值形态的流程角度设计的基本内容包括行为价值发现与策划、行为价值决策与规划、行为价值驱动与激发、行为价值沟通与指导、行为价值诊断与调控、行为价值分析与评价、行为价值分配与分享七项管理内容。

赵书东认为，人本价值管理就是以人为管理中心，通过对价值创造及分享进行管理，协调资本所有者之间以及个人价值与企业价值之间的关系，最

① 徐国君，等.行为价值管理研究[M].大连：东北财经大学出版社，2013：20-22.

终实现个人价值最大化与企业价值最大化的统一。人本价值管理的对象是企业人力资本所有者所创造价值及各资本所有者所分享价值,其中人力资本所有者包括管理层和普通员工。人本价值管理作为一种价值管理模式,主要包括价值分享方式及目标、人本价值创造计量、人本价值管理模式下的会计报告模式设计、人本价值管理模式下的风险分析及责任承担、人本价值管理模式下的责任控制等内容。

从付玲和赵书东分别对行为价值管理和人本价值管理的内涵界定来看,这两个概念与人本财务管理在理念上都是以人为价值创造根本的思维模式,但研究对象各不相同。行为价值管理的研究对象是员工的行为价值;人本价值管理的研究对象是人力资本所有者的价值创造与价值分享;而人本财务管理的研究对象则是包括人的价值创造行为在内的所有人本财务活动,除了价值创造行为外,还包括与价值创造行为密切相关的资产和权益两个管理要素。同时,由于行为是引起资产和权益增减变动的动因,因此人本财务管理和行为价值管理都认为,行为价值管理是人本财务管理的核心。另外,三者在管理目的上存在着部分一致性。行为价值管理的目的在于引导员工的价值创造行为为实现企业的经济价值作贡献,同时认为创造价值的人有权利参与价值分享。人本价值管理的目的在于实现人的经济价值与企业的经济价值协调发展,也认为人力资本所有者有权利参与价值分享。人本财务管理不但主张为创造价值的人追求经济价值,还主张其在价值创造过程中实施价值创造行为时能得到心理上的满足感和精神上的愉悦感。因此,追求经济价值的目的必然决定着其认可人力资本所有者与物力资本所有者共同分享新增价值,追求心理上的满足感和精神上的愉悦感的目的必然决定着人本财务管理还要注重研究从事价值创造的人在实施价值创造行为过程中和分享新增价值时的心理感受。

可见,人本财务管理的内涵比行为价值管理和人本价值管理更加丰富,内容更加宽泛,对“人本”的系统化应用更强。

1.5 文献综述

随着世界经济从工业经济逐渐向知识经济形态演进,人力资源逐渐被公认为是企业价值创造中最重要的资源，人本财务管理思想便由此进入了学术界的研究视野。综观国内外相关文献，人本财务管理思想已经历了奠基、孕育到萌芽的演进历程。

1) 人本财务管理的文献陈述

虽然人本财务管理在财务理论界尚是研究的新视角，但追根溯源，却有着较为丰厚的理论基础，其中关系较为密切的有人力资本理论、产权理论、剩余索取权理论、劳动者权益会计理论、人力资本财务管理理论、行为价值管理理论等。下面将分类对这些理论进行陈述。

其一，人本财务管理思想的奠基理论：人力资本理论、产权理论和剩余索取权理论。

马克思关于劳动是价值创造源泉的天才构想，堪称西方近代人力资本理论的基础（郭复初，2011）。20 世纪 60 年代初，美国学者西奥多·W·舒尔茨（Theodore W. Schultz）提出了人力资本理论，罗纳德·哈里·科斯（Ronald H. Coase）提出了产权理论，后来美国学者詹森（Jensen）和麦克林（Meckling）于 1976 年提出了企业的员工作为企业人力资本的载体应占有企业人力资本的理论（李琦，2007），这堪称对人力资本产权理论的首倡。乔治·斯蒂格勒（George Stigler）和米尔顿·弗里德曼（Milton Friedman）在 1983 年提出，经理拥有对自己管理知识的完全产权和支配权；美国芝加哥大学教授罗森（Rosen）于 1985 年提出“人力资本的所有权限于体现它的人”（周其仁，1996）；马丁·L·威茨曼（Martin Lawrence Weitzman）在 1986 年提出的用分享制代替工资制的理论（赵珍，2006），其基本依据就是人力资本产权理论。人力资本理论于 20 世纪 90 年代初引入我国，之后学术界便掀起了人力资本产权研究的热潮，其中比较有代表性的观点有如下几种：周其仁（1996）认为人力资本的产权相当特别，人力资本所有权“天然”属于人力资本载体，并且是“独一无二的所有权”；张维迎（1996）也赞同周其仁关于人力资本产权调整的认识是“抓住了一个重要问题”；杨瑞龙和周业安（1998）认为，企业作为一张“契约网”，客观上要求各产权主体平等、独立地享有企业所有权。何承金和唐志红（2000）通过分析马克思关于劳动力所有权的思想认为，劳动者让渡自己的劳动力时不放弃自己对它的所有权（在马克思看来，所有权等同于产权）。因此，人力资本所有者应当一直拥有人力资本产权。

按照产权逻辑推理可以得出基本结论，人力资本所有者(人力资本载体)享有人力资本产权，在得到补偿性工资之后，还有权依据产权分享企业剩余收益，即享有企业的剩余收益索取权。在这一认识上，中外学者都没有争议，但是在对人力资本所有者的范围界定上观点不尽一致。如阿尔钦和德姆塞茨(Alchian 和 Demsetz，1972)只主张“以剩余索取权来激励企业监管者”，并特别强调企业监管者不是指企业的所有员工，普通员工不能参与企业剩余收益分配。与阿尔钦和德姆塞茨的观点不同，美国学者马丁·L·威茨曼(Martin Lawrence Weitzman，1986)则主张，在资本家和工人关于工资问题的谈判中，不采用确定的工资额而采用确定的“分享率”，即在企业未来的收益中，确定分别归资本家和工人所有的比例(赵珍，2006)。张维迎(1996)认为，如果剩余索取权在所有企业成员之间平均分配可以达到人力资本和非人力资本两者合伙最好的对应，则这种所有权安排是最优的。但他同时主张非人力资本所有者拥有企业所有权，即“资本雇佣劳动”是使企业价值最大化的最优所有权安排，这在人力资本产权研究领域曾引起广泛争议。方竹兰(1997)从企业风险承担者、人力资本的专用性和人力资本的群体性三个方面对人力资本和非人力资本的关系进行分析后指出，证券市场(尤其是股票市场)的发展，为非人力资本所有者的产权实现和风险规避找到了最便利的途径和方式。但至今还没有这样一种市场，能够使人力资本所有者投入企业的资本产权得到全面而及时的实现。因此，人力资本所有者拥有企业所有权是历史的必然趋势。方竹兰(1997)没有专门对人力资本所有者的范畴进行界定，但从她对人力资本和非人力资本的关系表述来看，所有员工都能享有剩余收益索取权是历史的必然。伍中信和张荣武(2005)提出，人力资本所有者(包括核心人力资本所有者与一般人力资本所有者)在知识经济时代将取得与物质资本所有者平等的地位，甚至胜过物质资本所有者，并将与物质资本所有者共同分享企业剩余索取权。郭复初根据人力资本在再生产中的作用不同，将人力资本分为经营型人力资本(高管人员)、管理型人力资本(一般管理人员)、科技型人力资本(技术人员)和生产型人力资本(生产员工)，并认为尽管各类型人力资本在企业价值创造中的分工不同，但都是不可或缺的重要组成部分，都应拥有“企业剩余索取权”(郭复初，2011)。

上述文献表明，人力资本载体作为人力资本的所有者享有人力资本产权与剩余索取权已成为很多学者的共识。人力资本产权和剩余索取权理论的形成使新型的劳资关系得以确立，即传统的“资本雇佣劳动”产权关系转向“劳资合作共赢”产权关系，传统的物力资本所有者对人力资本所有者的利益分配关系转向双方利益共享关系，这成为人本财务管理思想的重要奠基理论。

其二，人本财务管理思想的孕育理论：劳动者权益会计理论和人力资本财务管理理论。

在国外，不仅难以找到系统地从财务角度研究人力资本的文献资料，而且“人力资本财务”这个概念也难以见到（向显湖，2006）。在国内，当人力资本产权和剩余索取权理论在经济学等领域研究得如火如荼之时，其在会计学界和财务学界也得到了极大响应，这期间有大量研究成果涌现。会计学界主要以劳动者权益会计为代表，主要文献有如下几种：阎达五和徐国君（1996）提出了“企业实现的价值增值部分，按存留的劳动者权益额以及劳动者的实际贡献进行资产性收益分配和劳动力所有权的收益”的主张；阎达五和徐国君（1996）创建劳动者权益会计理论，主张把人力资源作为会计的第一要素，在会计领域确认人力资产、人力资本与劳动者权益，并重构会计等式“物力资产＋人力资产＝债权人权益＋劳动者权益＋所有者权益”；徐国君（1997）在其《劳动者权益会计》著作中专门用一章的篇幅探讨了劳动者参与人力资源盈余价值的分配问题；阎达五和徐国君（1999）提出，工资、奖金、福利等形式是人力资本保全的手段，而人力资本参与利润分配的所得，就可以视为人力资本的增值；徐国君和夏虹（1999）从个人收入分配的原则角度主张依据人力资本所有者在社会财富创造过程中的贡献大小同物力资本所有者在价值创造和实现中的条件作用来分配剩余收益，并主张所有员工都有权享有人力资本产权；徐国君、马广林和樊培银（2002）从劳动者权益会计视角提出，在产权制度下，劳动者以其所拥有的人力资源作为对企业的投资，与出资者一样，成为企业的所有者，有权参与企业经营决策和剩余的分配。

财务学界对人力资本产权和剩余索取权的研究最初都是沿着人力资本财务这一主线展开的。20世纪末在我国出现了所有者财务论、出资者财务论和经营者财务论等财务管理分层理论，这些理论虽然没有从根本上探讨人本财务管理问题，但是开启了企业财权在各利益相关者之间配置的研究之门。对企业财权在各利益相关者之间的配置与制衡观念，尤其是“经营者财务论”引发了学术界人力资本财务研究者刘启亮（2002）关于“人力资本经营者财务论”的思考，提出了组合人力资本、管理人力资本、激励与约束人力资本、人力资本运营四项人力资本财务职能，并确定人力资本结构、筹资、投资、设计激励与约束机制和收益分配五项内容。其后，人力资本财务管理研究出现了诸多视角，从中国知网查询的文献的人力资本投资、人力资本权益、人力资本剩余索取权、人力资本运作、人力资本保值增值等不同视角与本书主张的以人为价值创造根本的人本财务管理有部分契合。蒋琰和杨景岩(1998)、张宏(2006)都认为：人力资本财务管理是以人力资本为研究对象，以人力资本回报率最大化为目标的一种理财活动，它可以说是企业财务管理的一个分支领域，与传统财务管理相比，其最大特点是研究的对象不是物力资本而是人力资本，它以人力资本的筹集、人力资本的使用和人力资本的收益分配为内容。颜雷和朱秋白(2002)在研究人力资本财务制度问题时指出，人力资本属于企业负债性质，应当置于资产负债表的"负债"项目，同时又不同于一般的负债。因此，他们认为应当通过股票或股票期权方式赋予人力资本剩余索取权。刘启亮(2002)提出了人力资本所有者财务论和人力资本经营者财务论。他认为，人力资本可以分为投入企业前和进入企业投入生产过程两个阶段，在投入企业前本身就有一个筹资、投资等过程，这就属于财务学范畴；当人力资本进入企业后，人力资本所有者财务分为所有者对经营者的财务和经营者自己的财务。对于人力资本经营者财务，他认为，其职能立足于人力资本，可能不得不涉及物质资本。向显湖(2006)认为，人力资本财务是指人力资本的投入与收益活动及其所形成的经济关系，他把人力资本的投入与收益活动称为人力资本财务活动，并具体细化为人力资本融资活动、人力资本投资活动、人力资本收益及其分配活动；他把因人力资本财务活动形成的经济关系称为人力资本财务关系，并具体分为人力资本所有者与非人力资本所有者、人力资本所有者与人力资本经营者、人力资本所有者相互之间的权责利关系。朱明秀(2006)没有专门定义人力资本财务，她指出人力资本财务的对象是投资者投入经济组织的人力资本运动过程及其所体现的经济关系(财务关系)，人力资本财务着重于人力资本价值形态的管理，企业的人力资本价值运动过程包括人力资本的计量、配置、投资和分配等环节。陈晓兰、李茵和伍骏鹏(2006)开始对"人本财务"进行探讨，但他们认为，"人本"所指的是人力资本，人本财务是指基于人力资本理论，以人力资本与物质资本的关系安排、人力资本的筹集与配置为核心内容的财务研究，区别于现行财务理论以物质资本的筹集与配置为研究的核心内容，以及唯物质资本所有者利益观。汪春胜(2007)从人力资本财务目标理论创新、人力资本财务投资理论变革、人力资本财务分配理论创新、人力资本财务机制理论完善等方面阐述了人力资本财务创新的必要性，在对人力资本财务机制理论完善的论述中提出了人力资本产权的私有性要求采用剩余索取权激励的观点。张惠忠和傅献昌(2010)认为，人力资本财务管理是企业组织人力资本财务活动(如人力资本融资、投资、价值耗用和回收、参与收益分配等)，以及处理在此过程中形成的人力资本财务关系(如人力资本所有者与企业之间、人力资本所有者和非人力资本所有者之间的资本权益界定关系、产权收益分配关系等)的一项经济管理工作。人力资本财务管理的目标是优化人力资本配置结构，实现人力资本与物力资本的有机结合，降低人力资本成本，提高人力资本使用效率和效益，并以此强化企业的核心竞争力，促使企业可持续发展，实现企业相关者利益最大化。汪春胜(2007)、张惠忠和傅献昌(2010)三位学者与前述学者对人力资本财务的理解有所不同，他们注重将人力资本和物力资本有机结合的同时，特别突出了人力资本所有者的贡献、激励和产权收益分配问题。

相对于人力资本产权理论和剩余索取权理论只是比较笼统地主张根据人力资本产权分享剩余收益来说，在承认人力资本产权的基础上注重从会计、财务角度对人力资本所有者的投资、激励，特别强调以人力资本所有者的贡献作为对人力资本所有者激励和参与收益分配等根本问题进行研究，这些文献为人本财务管理思想的充分孕育提供了丰厚的学术养料。

其三，人本财务管理思想的萌芽理论：行为价值管理理论。

在人力资本产权和剩余索取权理论的铺垫及劳动者权益会计与人力资本财务管理理论探索性研究的基础上，近些年出现了从"人本"角度研究财务管理的文章。如付茜(2002)从知识经济角度提出现行财务管理需要变革，并对"人本财务管理模式" 进行初步探讨。黄晓波(2005)从"人本"角度更加强调人力资本所有者在价值创造中的积极意义，在对传统技术主义财务学和制度主义财务学进行批判的基础上，提出了物质资本是"消极货币"(纯粹的财务资本)、人力资本是"积极货币"的主张，认为正是"积极货币"(人力资本)的存在，保证了企业非人力资本的保值、增值。王海兵(2011)认为，企业在财务中奉行的以人为本的做法，人既是手段，也是目的。在此基础上，王海兵(2012)提出人本财务管理的本质就是通过对各利益相关者投入资本进行管理，促进各类资本的保值、增值。这些观点已经开始或多或少地触及了"人"

在价值创造中的主导性，人本财务管理意识初见端倪，但是没有就此进一步深入探讨如何体现以人为价值创造根本来促进价值创造和价值管理问题。

一直致力于人本会计研究的徐国君（2003）在其《三维会计研究》著作中，通过设计“资产＝行为＝权益”的三维会计理论体系和具体操作方法，发现现行财务管理的根本特征是以物为价值创造根本，具有忽视对作为价值创造主体的“人”的行为进行价值管理这一缺陷，于是在对现行财务管理的局限性进行分析的基础上，从人本财务视角提出了行为价值管理的概念，并阐明人及其行为是价值的驱动因素。之后在其指导下，其弟子刘鑫（2004）和付玲（2005）分别从行为财务管理和行为价值管理两个视角对人本财务观念进行了阐释。其弟子董俊鹏（2009）将人本主义和财务治理相结合，提出了人本财务治理的概念，并探讨了核心人力资本所有者的自我治理、人力资本所有者之间的相互治理、物力资本所有者和人力资本所有者之间的相互治理。其弟子赵书东（2010）又对人本价值管理模式进行了初步研究。与此同时，徐国君不断探索和完善其倡导的人本财务观，马广林和徐国君（2006）在《试论二元三源资本结构》一文中指出，在知识经济条件下，企业资本结构的安排应当充分考虑人力资本要素，建立二元（即人力资本和物力资本）三源（即物力资本所有者、债权人、人力资本所有者）资本结构，以此抓住企业价值的根本驱动因素，完善和提高企业的治理效率，从根本上提升企业的价值。2009 年，徐国君在《行为价值管理论纲》一文中设计了行为价值管理的七项内容：行为价值发现与策划、行为价值决策与规划、行为价值驱动与开发、行为价值核算与报告、行为价值诊断与调控、行为价值分析与评价、行为价值分配与分享。2010 年，徐国君在山东省会计教育年会上做专题报告时对其“人本财务观”作了主题演讲。2011 年 10 月，徐国君在中国会计学会高等工科院校分会第十八届学术年会上作了题为《人本财务观主导下的行为价值管理框架》的主题报告，进一步明确了行为价值管理是人本财务管理的核心，并将行为价值管理七项内容中的“行为价值核算与报告”剔除，新增“行为价值沟通与指导”内容。2013 年，《行为价值管理》（徐国君等）一书将“行为价值驱动与开发”调整为“行为价值驱动与激发”，这更进一步体现了财务管理中应该对人的价值创造主导地位认可与重视的基本理念。徐国君（2013）认为，人本财务是与物本财务相对的概念，就是将以人为本的原则系统运用于财务领域，确立以人为中心、为根本的财务。人本财务承认人力资本的权益与人力资源的价值（价值的源泉)，目的是实现企业经济价值和人的经济价值的协调发展，进而使现行财务管理从股东的不放心而监管，转变到让人自我激励与约束，追求自利的同时带来股东价值的提升。这里的“人”是指人力资本所有者，包括企业所有员工；“人本”既是以人力资本所有者为中心、为元本，也是以经济活动中价值创造者为核心、为根本。人力资本所有者的行为是价值创造的动因，价值创造是通过人的行为展现出来的有目的的经济活动。因此，财务管理的未来发展方向应是以人的行为价值管理为核心的人本财务管理。

以知识经济时代的客观要求为背景，提出人本财务管理的基本理念并明确人本财务管理的概念，主张将人本主义与财务管理有机融合，从价值管理的角度对“以人为本”的内涵加以丰富并将其全面渗透到财务管理之中，使财务管理由现行物本财务管理的偏重于技术型方法向人本财务管理的偏重于制度型手段转型，通过制度设计使财务管理时时处处体现以人为价值创造根本的主导精神。这是对现行物本财务管理的根本性变革，是现代企业财务管理未来发展的前瞻方向和必然趋势。

目前在国外的文献中，没有见到专门研究以人为价值创造根本的人本财务管理思想的论著，但日本著名企业家稻盛和夫开创的阿米巴经营模式(2010)和经营会计学(2013)实践中却蕴含了丰富的人本财务管理思想。日本京瓷公司堪称是最早研究并实践人本财务管理思想的企业，中国的海尔公司于1998年创新性推行的战略事业单位(strategic business unit，SBU)和基于互联网时代要求于2006年推行的自主经营体模式，以及中国IT行业的华为公司“以奋斗者为本”价值观主导的全员持股实践等，同稻盛和夫首创的阿米巴经营模式有异曲同工之妙，这为我们研究人本财务管理提供了极好的实践素材。

2) 人本财务管理的文献评价

综合来看，前述三个阶段的文献分别从不同角度对人本财务管理研究做出了不同程度的学术贡献。

首先，人力资本产权及剩余收益索取权理论的研究与应用为构建劳资双方合作共赢的新型劳资关系提供了可行性。一旦劳动者获得人力资本产权，必将由此引发有别于现行财务管理的新型财务关系，即基于产权共有关系而形成的人力资本和物力资本二元产权资本结构与收益分配结构下的财权共有、共同财务治理与利益共享关系，这将对现行财务管理的融资决策、投资决策、资本运营决策、收益分配决策等常规问题带来巨大冲击。

其次，劳动者权益会计和人力资本财务管理领域的统一贡献都主要表现为普遍认识到承认劳动者的人力资本产权的重要性，分别主张将人力资本产权纳入会计和财务领域作为会计要素和财务要素进行研究，并且已经触及了在承认人力资本产权的基础上注重从会计、财务角度对人力资本所有者的投资与激励，以及强调以人力资本所有者的贡献作为对人力资本所有者进行激励和使其参与收益分配或分享等根本问题。

最后，以价值创造管理为研究对象的行为价值管理的贡献在于其充分考虑到价值创造中的"人"所具有的行为属性，由此主张对人的价值创造行为进行价值管理，以实现人力资本所有者和物力资本所有者共有价值最大化为财务目标，这与美国管理学大师彼得·德鲁克提出的"后资本主义观"别无二致。彼得·德鲁克(1998)认为，现代社会已经进入后资本主义社会，生产资料已经不再是资本(特指物力资本)、自然资源(经济学家所说的土地)和劳动力，它现在是并且将来也是知识，就像资本家知道如何把资本用于生产一样，知识工作者就是知道如何把知识应用于生产的知识经理人员、知识专业人员和知识雇员。他主张的后资本主义社会实际上就是拥有知识的人本主义社会。因此，不应单纯地从人力资本角度研究财务管理，将人本主义与财务管理有机融合的人本财务管理，才是与时俱进、迎合时代发展局势的财务管理新模式。这种体现新型劳资关系和新型财务关系的"资产—行为—价值"的人本财务管理运行逻辑(见图 1-2)，与现行财务管理的"资产—价值"运行逻辑(见图 1-3)所内含的"只见物不见人"的物化、偏执、短视和浅见等特性相比，明显饱含着浓郁的人性、科学、长远与厚重等人本特征。两者体现的不仅是财务管理运行逻辑的不同，更是价值管理观念的不同。

通过对前述文献的梳理可见，人本财务管理思想在不断演进中已日渐清晰。人力资本产权和剩余索取权理论所主张的人力资本所有者享有自身人力资本产权并据此与物力资本所有者共享企业剩余收益权，为人本财务管理铺设了重要的研究基础。劳动者权益会计和人力资本财务管理理论以此为基础确立的人力资本所有者根据各自劳动贡献分享剩余权益，将人本财务管理思想向前推进了重要的一步。行为价值管理研究则将焦点集中在研究如何通过管理人力资本所有者的价值创造行为促进价值增值上，这将有利于人

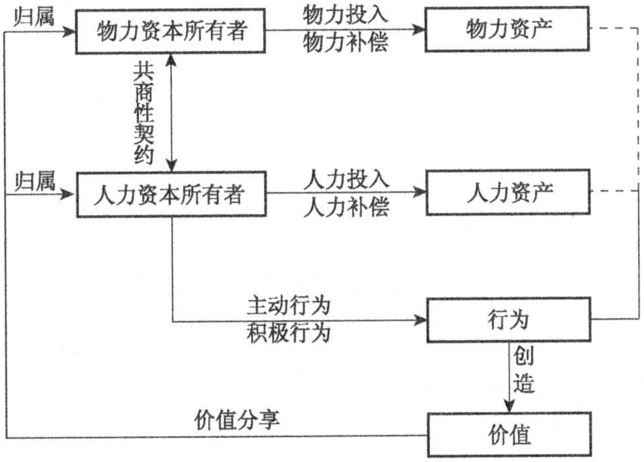

图 1-2　人本财务管理的运行逻辑:“资产—行为—价值”

注:虚线表示物力资本本身不具备价值创造能力。

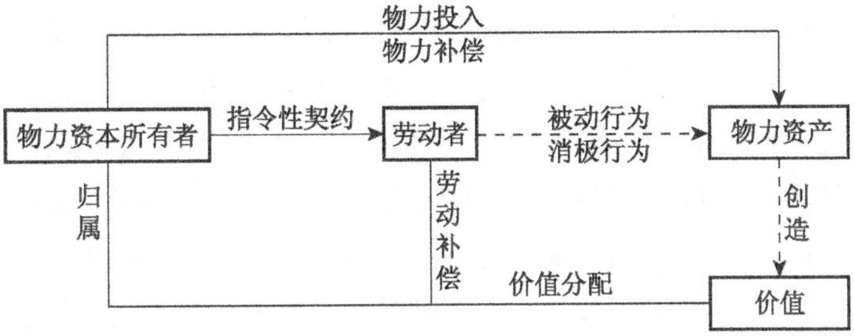

图 1-3　现行财务管理的运行逻辑:“资产—价值”

注:虚线表示劳动者的消极、被动行为和物力资产本身不具备价值创造能力。

本财务管理思想的浓缩和聚焦,并将最终促进“人本”与“财务”有机融合的人本财务管理思想萌生。

然而不可否认的是,前述文献对促进人本财务管理思想的形成仍存在些许不足,主要表现在以下三个方面:

第一,对“人本”的认识不尽一致,不利于人本财务管理研究的着重点定位。由前述可知,虽然文献众多,观点各异,切实体现了“仁者见仁,智者见智”的学术繁荣景象,并且这些颇具发散性的学术探索全面荟萃了会计界和财务界的热心研究者在特定历史阶段具有人本主义财务管理特征的研究智慧,为人本财务管理的后续研究积累了必要资料和宝贵经验,但其最为突出的问题则是对“人本”缺乏统一的认识,甚至有的文献为了强调“人本”而忽视

“物”的基础性，因过于强调人力资源的重要性、人力资本所有者的产权地位和分享剩余索取权而出现矫枉过正的嫌疑。另外，部分学者把人力资本财务管理单独研究，并认为人力资本财务只包括人力资本筹资、投资、价值回收与价值分配，在研究人力资本财务的同时把物力资本财务和物力资本所有者当作可有可无或者不得不附带提及的对象。有的学者认为“人本”就是“人力资本”，把“人本”与“人力资本”等同起来，甚至有个别学者把“人力资本”同“物力资本”对立起来或者割裂开来进行研究，这显然有违价值运动的基本规律。几千年经济发展的历史实践告诉我们，人力资本和物力资本有机结合方能生成价值是不需争辩的客观事实，物力资本虽然不具有价值创造功能，但却是人力资本据以创造价值的基础条件。这提醒我们在今后的人本财务管理研究中要注重合理协调人力资本所有者和物力资本所有者的财务关系。

第二，从日本京瓷公司、中国海尔公司及华为公司等企业财务管理实践中提炼的学术资料尚未切中人本财务管理的脉搏。毋庸讳言，人本财务管理的基本理念和运行逻辑仅仅是人本财务管理研究的开始，即使是已经开始尝试人本财务管理实践的日本京瓷公司和中国海尔公司及华为公司，其共同特点也只是在企业价值创造中通过组织再造和业务流程再造体现以人为价值创造根本的特征，却并没有确认人力资本所有者的人力资本产权，人力资本所有者必将因此缺少参与企业价值分享的依据，财务管理也就无法从根本上激发人的价值创造行为的内驱力。由此可见，日本京瓷公司、中国海尔公司及华为公司的财务管理实践尚不能称为完全意义上的人本财务管理。

第三，行为价值管理虽然已经切中人本财务管理的脉搏，但仅局限于对其核心开展初步研究。徐国君（2013）在《行为价值管理》一书中明确提出了两个核心，即行为价值管理是人本财务管理的核心，行为价值创造管理是行为价值管理的核心。目前的行为价值管理研究文献主要集中于以价值创造行为为管理对象的研究和探索，尚没有扩展到财务管理的资产和权益等要素领域，由此可以认为，行为价值管理是对人本财务管理的核心要素的研究。

基于上述分析，本书的研究认为人本财务管理研究应着重突出以下三个问题：一是对人本的不同理解进行全面梳理，结合财务管理的特点对人本财务管理的内涵进行界定，系统地阐述人本财务管理理念并构建人本财务管理概念框架；二是对人本财务管理有别于物本财务管理的基本手段进行研究，并且应将这个问题作为本书的重点内容加以系统研究；三是对人本财务管理组织实施的保障条件进行研究，以确保人本财务管理能得到切实推行。

1.6 研究思路、内容与研究方法

1.6.1 研究思路

首先，本书以知识经济时代以前“人”在财务管理中的地位为切入点，引出知识经济时代要求财务管理将“人”纳入财务管理系统并体现出“人”在价值创造过程中的中心地位，在此基础上进一步分析现行财务管理的物本特征及其带来的财务后果，由此提出物本财务管理向人本财务管理转型的现实紧迫性与可行性。其次，本书通过对劳动价值理论、行为科学理论、委托代理理论、激励约束理论、人力资本理论、三维会计理论和行为价值管理理论等相关理论，以及对日本京瓷公司、中国海尔公司、中国慧聪公司、中国华为公司等具有人本财务管理意识的会计与财务管理实践进行分析，以确定人本财务管理的研究基础。再次，在前述研究基础上，本书着重从理论上构建人本财务管理概念框架，从实践上确定人本财务管理的两类实现手段：一类是制度手段；另一类是方法手段。人本财务管理概念框架、人本财务管理的制度体系和方法体系是本书研究的核心内容。接着，考虑到财务管理是应用科学，因此本书有必要从实践角度对人本财务管理的内在保障进行研究，主要探讨人本财务管理组织结构和人本财务管理文化塑造两个问题。最后，本书对人本财务管理研究的未来发展进行展望。

1.6.2 研究内容

本书共分 7 章进行研究。

第 1 章是导论。本章作为研究开篇，主要介绍的内容有：选题背景，研究目的，选题意义，主要概念，文献综述，研究思路、内容与研究方法等。

第 2 章是人本财务管理的研究基础。本章分别从理论和实践两个方面阐述人本财务管理的研究基础，其中理论基础主要有劳动价值理论、行为价值管理理论、行为科学理论、产权理论、人力资本理论、三维会计理论等；实践基础主要有日本京瓷公司、中国海尔公司、中国慧聪公司、中国华为公司等具有人本财务管理意识的会计与财务管理实践。

第3章是人本财务管理的概念框架。首先，本章阐述人本财务管理概念框架构建的切入点，即以有利于形成内含人本特征的人本财务关系为切入点，并将人本特征的基本理念贯穿于人本财务管理概念框架构建的全过程。其次，构建人本财务管理概念框架关键要解决两个问题：一是人本财务管理概念框架的构成要素；二是人本财务管理概念要素的内在逻辑，特别是逻辑起点和逻辑终点，在此基础上，结合财务管理实践提出以人本财务管理目的为逻辑起点并同时为逻辑终点构建人本财务管理概念框架。最后，分别对构成人本财务管理概念框架的各个要素的内涵进行界定。

第4章是人本财务管理的制度体系。人本财务管理制度与方法是人本财务管理的重要手段。本章旨在通过构建人本财务管理的制度体系来调节人本财务关系，从而实现人本财务管理目标，最终达到人本财务管理目的。因此，本章将分别从需要协调的人力资本所有者和产权物力资本所有者之间以各自拥有产权为前提的财权共有关系、收益共享关系和价值创造过程中的委托/受托—自理关系等人本财务关系角度分别构建与之相对应的财务管理制度、机制或体制，由此形成人本财务管理制度体系。

第5章是人本财务管理的方法体系。本章作为人本财务管理的重要手段之一，重在为使人本财务管理制度体系得到切实有效的执行而设计相应的人本财务管理方法，在具体设计时侧重于价值运行的资本配置、资本经营和资本回报等不同环节涵盖对资产、行为和权益三个要素的管理，全面体现人本财务管理制度体系的基本要求。

第6章是人本财务管理的内在保障。鉴于财务管理属于企业层面微观管理范畴的基本特性，企业只能对外在的宏观财务管理环境进行应对和适应而无法对其进行改造和变革，但企业却可以对内在的财务管理环境进行改造和变革，以期协助实现财务管理目标，最终达到财务管理目的。本章着重从人本财务管理的组织结构和人本财务管理的文化创新两个方面来研究。其中，人本财务管理的组织结构是为了配合财权动态制衡机制、经营权分散体制、行为价值贡献评价机制、价值贡献与价值回报相匹配机制等相关人本财务管理制度的有效运行而提供变革保障；人本财务管理的文化塑造主要是为了从精神层面使企业的所有产权利益相关者形成统一的、协调一致的人本财务管理价值观，以共同应对外在财务管理环境的变化和内在财务冲突，确保人本财务管理制度体系和方法体系的顺利推行，最终保障人本财务管理目标的顺利实现和财务管理目的的成功达成。

第 7 章是人本财务管理的未来展望。本章首先对本书研究的创新与研究局限进行阐述；其次对尚待研究的问题进行罗列，以期与财务同行共同开展研究。

人本财务管理研究的内容框架见图 1-4。

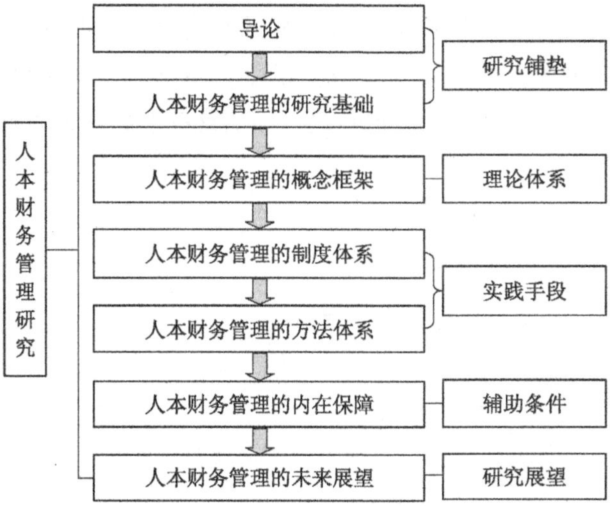

图 1-4　人本财务管理研究的内容框架

1.6.3　研究方法

本书主要采用规范研究法，同时辅以案例分析法、对比分析法进行研究。

1）规范研究法

本书主要采用规范研究法作为基本研究方法，以当前企业财务管理所处的知识经济时代为背景，在对人本财务管理的内涵进行界定的基础上，对以人及其行为为财务管理核心的相关理论进行演绎和归纳，从而构建人本财务管理的理论体系。

2）案例分析法

本书主要通过对日本京瓷公司、中国海尔公司、中国慧聪公司、中国华为公司等具有人本财务管理意识的会计与财务管理实践进行案例分析，为本书构建的人本财务管理基础理论和应用理论寻找实践依据。

3）对比分析法

对人本财务管理的研究离不开与现行物本财务管理的对比分析，因此，本书在对人本财务管理的内涵界定、人本财务管理的人本特征、人本财务关系、人本财务管理概念框架构建的逻辑起点和终点等多个问题进行研究时，都要与现行财务管理进行对比分析，进而阐明这些问题在人本财务管理中的观点和做法。

2 人本财务管理的研究基础

2.1 人本财务管理研究的理论基础

1）劳动价值论

在各种文献中，关于价值的来源有两种观点：一种观点认为价值来源于劳动，据此形成劳动价值论；另一种观点认为价值来源于非劳动，据此形成非劳动价值论。

劳动价值论由英国古典政治经济学创始人威廉·配第于1662年首创，其基本观点是劳动时间决定劳动价值。后来，法国重商主义经济学家比埃尔·布阿吉尔贝尔进一步明确了劳动价值论，将威廉·配第用自然价格衡量价值改为用交换价值作为真正的价值衡量标准。从此，经济学家对劳动价值论的研究基本处于沉寂状态，直到1776年英国古典政治经济学家亚当·斯密在其经典著作《国富论》（全名为《国民财富的性质和原因的研究》）中较为系统地梳理了交换价值与自然价格之间出现不匹配的原因，并创造性地提出"只有劳动才能作为衡量一切时代和一切地方可以比较的商品的价值"的观点。之后，英国政治经济学家大卫·李嘉图虽然对使用价值和交换价值、简单劳动和复杂劳动进行了区分，但没有实质性突破。1867年，马克思在其经典巨著《资本论》第一卷中全面论述了价值形成的来源，创造了马克思主义的劳动价值论。马克思认为，价值是凝结在商品中的无差别的人类劳动，即劳动创造了价值。从劳动价值论的发展轨迹来看，基本上是沿袭着"劳动是价值的源泉"这条脉络由模糊到逐渐清晰起来。

与劳动价值论在价值来源这一问题的认识上观点基本一致相比，非劳动价值论则对价值的来源有多元倾向。有代表性的观点主要有法国经济学家萨伊的效用价值论、英国经济学家马尔萨斯的供求价值论、英国经济学家西尼尔的结余价值论、法国经济学家弗雷法里克·巴师夏的服务价值论、美国经济学家查理·凯里的再生产价值论等。这些观点类似于盲人摸象般景象，各有其理，但都不精准。如果说非劳动价值论的众多观点也存在高度一致性的话，那就是它们共同排斥“劳动是价值的源泉”这一观点。然而，它们对劳动价值论的否定，也不能成为各自所言的非劳动价值论就一定科学、精准、合理、正当的理由。

价值到底来源于什么？劳动价值论和非劳动价值论缘何会产生认识路径上的巨大分歧？从美国当代著名经济学家、诺贝尔经济学奖获得者萨缪尔森在其对“劳动价值论”的终结断言中可知，劳动价值论与非劳动价值论关于价值来源之争在表述和理解上存在歧义。萨缪尔森认为，土地虽然不能像人类一样会流汗、啼哭、欢笑和祈祷，但照样会长出马铃薯。因此，土地也是价值形成的重要因素，尤其当土地稀缺的时候，更要求人们必须更加合理地利用它。这里讲到“人们”对土地的“利用”就是人类通过自身劳动对土地这种物力资源的利用，其内含的要义是人对物的利用产生价值。言外之意则是，如果没有人对物的利用，则不能产生价值。由于人对物的利用过程就是人的劳动，由此可以得出结论，正是人的劳动决定了价值的形成。诚如威廉·配第所言：“劳动是价值之父，土地是价值之母。”他把土地比喻成在他那个时代女人无法像男人一样在生殖过程中起决定作用，只能具备类似于生产工具在价值创造过程中的作用。可是，威廉·配第没有否认土地在价值形成过程中的作用，而是对人的劳动与土地的作用分别作了划分，强调两者都重要，但起决定作用的只能有一个，那就是人的劳动，土地只能成为配角。

可见，即使非劳动价值论，其本质上也未必不承认劳动在价值形成过程中的决定作用。之所以会出现各种各样的非劳动价值论观点，是因为当事人旨在强调各自发现的在价值形成过程中有一定影响的因素，并通过放大其作用以引起人们更多的关注而已。即使萨缪尔森公然宣称“劳动价值论”必将终结，也没有否认劳动在价值形成中的作用，只不过是为了更加突出强调土地的作用而已，其关于人们对土地的利用之言已经极为清晰地传达出了“劳动决定价值”的弦外之音。进一步讲，土地再重要，也不可能成为决定价值创造的主导因素。

既然经济学界已经无可辩驳地承认劳动决定价值的形成，而脱胎于经济学的财务管理学也必然要遵循其基本逻辑，在财务管理系统中不但要有人的劳动的一席之地，而且还要将劳动作为价值形成的决定要素加以管理。由于人在价值形成过程中的劳动具体表现为人的价值创造行为，因此，一旦将人的劳动纳入财务管理，其实就是将人的价值创造行为纳入财务管理。可见，劳动价值论为本书主张的“人是价值创造根本”提供了重要理论依据。

2）人力资本理论

亚当·斯密在其巨著《国富论》中提出，人的才能与其他任何种类的资本同样是重要的生产手段，他开了人力资本理论研究的先河。19 世纪 40 年代，德国经济学家李斯特也研究了人的才能在商品生产中的作用，进而提出了与物质资本相对应的精神资本概念。19 世纪末 20 世纪初，新古典经济学代表人物马歇尔也提出了“人是资本”的主张。1906 年，费雪在其发表的《资本的性质与收入》一文中首次提出人力资本的概念。从人力资本理论文献来看，真正系统创立人力资本理论的则是美国经济学家舒尔茨和贝克尔。舒尔茨通过对第二次世界大战之后，尤其是 20 世纪 60 年代整个资本主义国家影响经济增长的因素进行分析后发现，劳动者的知识程度、技术水平、工作能力和健康状况等依靠投资形成的人力资本起到了至关重要的作用。1960 年，舒尔茨在美国经济协会的年会上以会长的身份作题为《人力资本投资》的演说时，不但首次对人力资本进行了规范性定义，还郑重公布了“美国国民收入中新增财富的 80%是由人力资本所创造”的研究结论。随后经贝克尔等人的深入研究，形成了较为系统的人力资本理论。其主要包括四项内容：①人力资源是一切资源中最主要的资源。②在经济增长中人力资本的作用大于物质资本的作用。③人力资本的核心是提高人口质量，教育投资是人力投资的主要部分。④教育投资应以市场供求关系为依据，以人力价格的浮动为衡量符号。人力资本理论虽然仍处于不断丰富和完善之中，但舒尔茨和贝克尔的人力资本理论的奠基地位不可撼动。

从本书主张的“人是价值创造根本”的视角看，舒尔茨和贝克尔的人力资本理论不仅通过强调人在价值创造中的重要性进一步强化了人力资源的重要性，还创造性地提出了将用于人身上的各种支出作为资本性投资，这为我们确认人力资本并将其纳入财务管理系统提供了重要的理论铺垫。同时，人力资本理论提出的“人力资本的核心在于提高人口质量，教育投资是人力投资的主要部分”及“教育投资应以市场供求关系为依据，以人力价格的浮动为衡量符号”等观点，可以进一步强化人们对人力资本产权的思想认同，由此为构建人力资本和物力资本二元产权机制提供基本依据。

3）产权理论

产权理论源于美国芝加哥大学教授科斯对“企业的性质”和“社会成本问题”的研究。在科斯看来，企业之所以存在，是源于降低交易成本的需要。降低交易成本的同时，不能以外部不经济为代价，为此就有必要对企业产权进行界定。科斯还发现，私有企业的产权人享有剩余利润占有权，产权所有者会受到较强的激励动机以不断提高企业的经济效益。因此，在产权激励方面，私有企业比传统的国有企业强。在此基础上，阿尔钦和德姆塞茨提出了团队生产理论，其基本观点为企业在本质上是一种契约。在企业这种经营性组织里，团队成员都存在利己主义倾向，由于无法对每个人的劳动生产率进行精确计量，因此可能引发团队成员的偷懒行为，为此需要让部分成员专门从事监督其他成员的工作。而要克服监督者本身的偷懒动机，就必须赋予监督者剩余索取权。周其仁在对科斯理论进行解读的基础上认为，企业是一个人力资本与非人力资本的特别合约，其本质上是人力资本所有者与物力资本所有者之间的产权合约。张维迎则进一步提出了代理链问题，可以归纳为人力资本所有者成为物力资本所有者的代理，人力资本所有者之间的普通员工成为经理层的代理，这本质上是将企业看成是一系列契约的组合。

其实，只要企业的所有者超过一个人，就意味着产权关系已经产生；只要经营权与所有权出现分离，就必然出现人力资本与物力资本契约。人力资本与物力资本的契约一定会因契约形成的代理关系存在的信息不对称而引发可能的道德风险和逆向选择等问题，这将降低生产效率。为此，明晰产权便成为最为有效地提高生产效率的激励机制。对人力资本所有者进行产权认定，并赋予人力资本所有者与其自身人力资本产权相对应的一切财务管理权力和相应的财产收益权利，则是本书倡导的人本财务管理的前提和归宿，即承认企业员工对其自身人力资本产权的所有者地位，是以人为价值创造根本的基本前提，赋予人力资本所有者分享与人力资本产权相关的一切财产收益权利，是以人为价值创造根本的最终目的和归宿。这将为企业财务管理由现行的物力资本一元产权机制，向知识经济时代的人力资本与物力资本二元产权机制的转变提供制度性保障。

4）行为科学理论

行为科学理论源自20世纪30年代美国心理学家梅奥在美国西方电气公司的霍桑工厂所进行的一系列实验，其实验结果表明工作环境影响生产效率。由此得出结论，工人的工作动机和行为表现并不仅仅为金钱收入等物质利益所驱使，他们不是纯粹的“经济人”，而是注重人际关系的“社会人”。也就是说，人有情感、有思想、有感受、有理智，工作环境的变化会影响人的心情。如果心情愉悦，则会提高劳动生产率；反之，则会降低劳动生产率。因此，行为科学理论主张管理要从满足人的内心需要开始，注重把发现并满足人的行为动机作为切入点，从引发人的行为动机的根源上采取措施或手段来激发人的积极性。此后，马斯洛的需求层次论、赫茨伯格的双因素理论、弗鲁姆的期望理论等相继问世，为管理者从人的心理满足和精神愉悦角度等方面激发人的行为积极性起到了重要的理论指导作用。

对于人本财务管理而言，可以从中得到以下几个借鉴：其一，从财务管理的制度体系设计层面就开始关注人的心理和精神需求，使劳动者与出资者之间形成财务管理目的协同一致而非心怀各异的财务关系，人们能在愉悦的精神状态下实施价值创造行为，提高行为的有效性，降低行为的无效率和低效性，进而提高创造价值的品质和效率，以实现企业的经济价值和人的经济价值协同增长；其二，人本财务管理方法是对人本财务管理制度的具体落实，在制定人本财务管理方法时应以行为科学理论为指导，全面营造充满人性关怀的财务管理氛围；其三，人本财务管理制度和方法的确定所体现的人性关怀不是单向运行的，而是建立在对人的价值创造行为所实现的价值贡献进行科学衡量基础上的，收益共享，风险共担，由此反过来激发人力资本所有者努力提高其价值创造行为的品质和效率，从而使财务管理系统达到促进经济价值可持续增长的良性运行状态。

5）行为价值管理理论

行为价值管理理论是由徐国君教授于2003年在其专著《三维会计研究》中为研究三维会计与其他学科的对接时首次使用的一个财务学概念，之后徐国君带领其弟子开始研究行为价值管理的相关问题，并于2013年出版专著《行为价值管理研究》。在徐国君看来，行为是价值创造的动因，创造价值是行为的目的，行为与价值之间存在因果关系。因此，价值创造管理应以行为价值管理为核心，加强对人的价值创造行为的管理，由此形成以提高行为的经济价值为目标的一系列管理活动和方法。行为价值管理应针对所有员工的行为价值展开，其目的是实现价值增值最大化，即物力资本所有者和人力资本所有者的共有价值最大化。其具体包括三个方面：一是把握影响行为价值的动因，探索人的行为规律；二是增加增值的、高附加值的行为，减少不增值的、无效的行为；三是行为增值与行为减值相匹配，实现行为净值的最大化。徐国君的弟子刘鑫认为，财务管理的核心是价值管理，价值管理的核心是行为管理。照此逻辑，可以推演出行为管理是财务管理的核心。然而，这样的推理在逻辑上是不严密的。徐国君（2013）在其《行为价值管理研究》一书中非常明确地提出了行为价值管理是财务管理的核心的基本观点，主张时刻把价值与行为联系起来考虑战略、组织、计划、指挥和控制等管理问题。

行为价值管理理论主张行为价值管理是财务管理的核心的基本依据是人及其行为是价值创造的本原和动因，在此基础上可以进一步明确人应该处于价值创造的根本和中心地位，这就要求财务管理把人力资本纳入财务管理体系，由此构建资产、行为和权益三个财务管理要素，并且对资产和权益要素的管理制度和方法一定要围绕人的价值创造行为展开设计，充分体现行为在财务管理中的核心地位。可见，行为价值管理理论为本书的人本财务管理研究指明了方向。

6）三维会计理论

三维会计是相对于现行“资产＝权益”的二维会计而言的。徐国君教授于20世纪80年代开始研究行为会计，通过对以人的行为为基础的会计核算系统的构建，实现对企业经济活动运行中人的行为及其经济后果的定量反映，进而实现对人的行为的引导。进入20世纪90年代，徐国君开始围绕行为价值管理进行研究，提出了“劳动者权益”的说法并设计了劳动者权益会计系统，目的在于通过会计系统对人力资源所有者的激励以促进企业价值高效增值。此后，徐国君一直坚持不懈，于2003年在其专著《三维会计研究》中设计了能够从三维空间立体动态反映劳动者价值创造过程和效果的三维会计等式（即“资产＝行为＝权益”），据此构建了完整的三维会计核算系统，从而实现了对人的价值创造行为过程及其经济后果的核算，也使企业对人的价值创造行为进行动态实时管理成为现实。

三维会计理论为计量“人”的行为价值贡献提供了技术支持，为人力资本所有者参与分享新增价值，使“回报”与“贡献”相匹配的价值分享模式具有了现实可操作性。可见，三维会计理论不但能协助人本财务管理实现以人为价值创造根本的基本特征得以体现，还有助于进一步在剩余收益的处置环节体现人本财务管理主张的价值分享特征，这更能体现人本财务管理所内含的人本意图。

2.2 人本财务管理研究的实践基础

虽然到目前为止，财务理论界尚未出现系统化的人本财务管理理论对财务管理实践作指导，但是人本财务管理思想却已经在国内外财务管理实践中萌生并加以运用，影响力较大的如日本京瓷公司的阿米巴经营模式与其经营会计学实践，中国海尔公司的 SBU 与自主经营体价值创造和分配实践，中国慧聪公司将 70%的红利分给员工的收益分配实践，以及和中国华为公司“以奋斗者为本”价值观主导的全员持股实践。

1）日本京瓷公司的阿米巴经营模式与其经营会计学实践①

阿米巴是一种单细胞水生动物，由于体形随环境变化而多变，因此又名变形虫。由稻盛和夫创办的日本京瓷公司为应对公司规模迅速扩大可能出现的经营风险而尝试分权经营，于 1965 年开始把公司分为若干个小集体，这些小集体都被命名为相对独立的阿米巴，每一个阿米巴经理在得到上司认可后全面负责阿米巴经营，因此可以根据市场变化随机应变。阿米巴经营模式就是把组织通过独立核算和内部交易机制加以运作，在公司内部培养具备经营意识的领导，实现全员参与型经营组织。各个阿米巴组织在保持活力的同时，以“单位时间核算”这种独特的经营指标为基础，彻底追求附加价值的最大化。

所谓“单位时间核算”，是指能体现单位时间里所产出的附加价值的会计

① 笔者根据网络资料整理。

核算体系。这里的附加值不是我们通常意义上所说的以同样的价格提供更多的服务，而是特指稻盛和夫所说的“以更少的资源做出市场上价值更高的东西”，其计算公式如下：

单位时间附加价值=[销售额－费用(劳务费以外的原材料费等)]
÷总劳动时间(正常工作时间＋加班时间)

要使阿米巴经营模式切实落地，首先就必须要有对企业经营目标进行测量的“系统量化工具”，我们称其为“经营会计”。经营会计与现行财务会计的不同可以通过“经营会计”利润表简表(见表 2-1)和“财务会计”利润表简表(见表 2-2)反映出来。按照这种方式来设计报表，企业经营就变得非常“通俗易懂”，员工也容易理解并从数据背后“一目了然”地找到改善经营状况的措施。这是稻盛和夫为解决经营目标量化难题而发明的，管理者可以通过“经营会计报表”中数据背后反映出的企业经营问题，由员工自我分析，并“自动自发”地拿出对应解决方案，通过每年、每月、每天的不断循环往复改善，力求将经营绩效做到极致。

表 2-1 “经营会计”利润表简表

年 月 日至 年 月 日 单位：千元

① 销售总额	×××
② 费用总额	×××
③ 经营利润	×××

表 2-2 “财务会计”利润表简表

年 月 日至 年 月 日 单位：千元

① 销售总额	×××
② 销售成本及税金	×××
③ 销售利润	×××
④ 期间费用	×××
⑤ 营业利润	×××
⑥ 营业外收支净额	×××
⑦ 利润总额	×××

由于阿米巴经营模式与经营会计学理念的成功应用，京瓷公司很快由一

个中小零散企业成为日本首屈一指的电子制造商。稻盛和夫在他 52 岁时(1984)开始进军日本通信市场,创立的 KDDI 公司很快便成为日本第二大综合电气通信运营商,与京瓷公司共同进入世界企业 500 强。这两家企业的辉煌业绩看上去是得益于阿米巴经营模式与其经营会计学模式的成功应用,其实根本上还是得益于稻盛和夫利用其充满人本主义特征的经营哲学。稻盛和夫哲学的基本理念是"敬天爱人""做人何为正确""以心为本的经营";基本目标是追求全体员工物质与精神两方面幸福的同时,为人类社会的进步与发展做出贡献;其核心是为了解决经营的目的和全员信任统一思想的问题,包括老板和员工之间、上下级之间、员工和员工之间的信任,这种信任的传递就是通过稻盛和夫先生及其每个领导为人处事的日常行为来贯穿,从而来达成"经营哲学的全员共识"。在这些理念指导下实行量化分权和责任分担,通过"实现销售额最大化和经费最小化"的经营会计模式使经营理念在京瓷公司"落地"有了量化依据。从前述的单位时间核算附加值来看,稻盛和夫所进行的成本管理,不只是把实际成本做到比标准成本更低,更在于以最少费用实现订单,以最少的费用创造出最大化的经济价值,从而实现附加值的最大化。与众不同的是,稻盛和夫重在通过这个过程,使阿米巴成为一个不断迎接市场和同行挑战的创造性团队,正是这个能随市场而变的团队成就了京瓷公司的传奇业绩。可见,对京瓷公司而言,在每个阿米巴组织经营过程中,真正对成本和附加值起决定作用的主导因素是由已经习惯于随市场而动的"人"组成的团队,而不再坚守现行财务管理中把"物"作为经济附加值创造的中心和根本的常规做法,"人"已当之无愧地成为阿米巴组织中经济附加值创造的中心和根本,这将为本书设计以价值增值为导向的自主价值创造行为模式提供有益借鉴。

2) 中国海尔公司的 SBU 与自主经营体价值创造和分配实践[①]

始创于 1984 年的中国海尔公司在总裁张瑞敏的带领下不断创新。2013 年,在世界白色家电品牌中,海尔公司排名第一,并以大型家用电器零售量占全球 11.6%的份额首次跃居全球家电制造商第一。之所以能有如此辉煌的战绩,从管理层面而言,是因为自 1998 年起海尔公司开始尝试管理流程再造,

① 笔者根据网络资料整理。

其中始于2001年的SBU管理革命便是虽颇具争议但也是最具影响力的成功实践之一。

战略事业单位(strategical business unit,SBU)最早由经济学家安索夫提出,20世纪七八十年代在美、日等发达国家的跨国企业里试验操作。在以客户个性化需求为经济特征的信息时代,SBU对提高战略管理及企业核心竞争力有着不可替代的作用。美国的GE、日本的Panasonic等公司在80年代初就开始推行以SBU为单元的战略管理体系,并取得了很好的市场效果与竞争优势。

海尔公司在2001年提出大约用5年的时间完成SBU改造,当时有3万名员工,提出了人人都是SBU的战略构想,将企业的1张财务报表转化为3万张财务报表,让每个员工成为一个公司,成为一个SBU(见图2-1)。

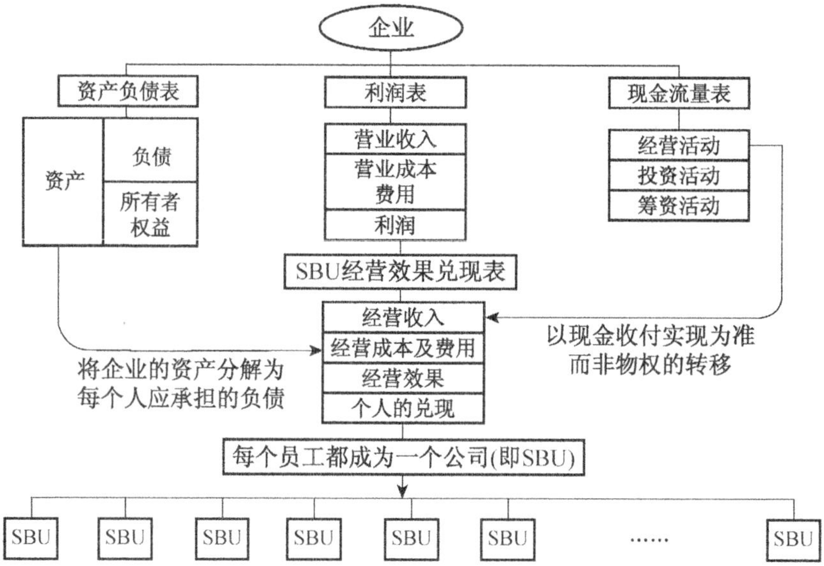

图2-1 海尔公司SBU系统

每个人成为SBU的具体体现就是把海尔集团追求速度和创新的目标量化到每个人身上,鼓励每个人都去创新,都以速度去争取用户,对外"一站到位"的服务和对内"一票到底"的流程,就是为了最快地满足用户的个性化需求。将以前传统的上下级员工关系转变为市场关系,由过去到时间发工资转变成让每位员工都想办法自己挣工资;如果没有订单,就没有工资;如果干坏订单，就要赔料钱；个人收入与市场效果挂钩，费用支出与发展目标挂钩。目的是让每位员工都能根据用户的个性化需求不断自主创新，把企业资产看成每个 SBU 的负债，自主经营，自负盈亏，激发每位员工的创新动力。

海尔公司设计的 SBU 具备四个基本要素，即市场目标、市场订单、市场效果和市场报酬，这实际上就是将原本属于公司层面的四个目标通过 SBU 转化到每个人身上去。其中市场目标是指以速度体现的市场竞争力，创造用户资源；市场订单是指以创新创造有价值的订单，实现市场目标；市场效果是指以订单执行到位创造出用户满意度的量化数据，并由企业信息化系统显示；市场报酬是指自己创造的市场增值部分在收入中的体现，并能对市场目标的再提高产生作用力。

随着 SBU 模式的不断深化，人单合一模式渐成海尔公司实践 SBU 的主流做法。人单合一的“人”即员工，“单”不是狭义的订单，而是指用户需求。“人单合一”即让员工与用户融为一体。要做到这一点，就要给一线员工最大的自主权和决策权，让员工有权在第一时间对用户的需求做出反应，让员工成为自主创新的主体，由此形成企业与员工之间关系的一个新格局：即由原来员工听企业的，变成现在员工听用户的、企业听员工的，共同为用户创新。人单合一不只是一种价值创造模式的创新，而是企业与员工利益共享“双赢”模式的创新。这里的“双赢”体现为员工在为用户创造价值的过程中实现自身价值，就是员工有权根据市场的变化自主决策，员工有权根据为用户创造的价值自己决定收入。如家电产品型号经理就可以根据自己的工作权限设计自己可能得到的基本收入之外的提成收入，提成是在达到盈亏平衡点后按照一定比例计算确定的（见图 2-2）。

2010 年，海尔公司进一步探索并推出自主经营体模式，期望建立一个像时钟一样的创新机制，让员工主动去创造客户价值，自主地核算投入产出，更明确地提出了让员工当老板的观念，这样员工与企业的关系实际就成为自主经营核算关系。海尔公司高管用三句话高度概括了这种关系，即留足企业利润、挣够市场费用、盈亏全归自己。这三句话就是说：海尔公司要在以客户为导向的市场前提下，用自主经营的机制核算到每一个 SBU 经营体。其中，“留足企业利润”体现的是企业可持续发展和竞争力，“挣够市场费用”才能谈得上市场经营和市场服务管理，而“盈亏全归自己”体现了员工与企业盈亏与共的财务激励机制，让员工与企业收益共享，风险共担。

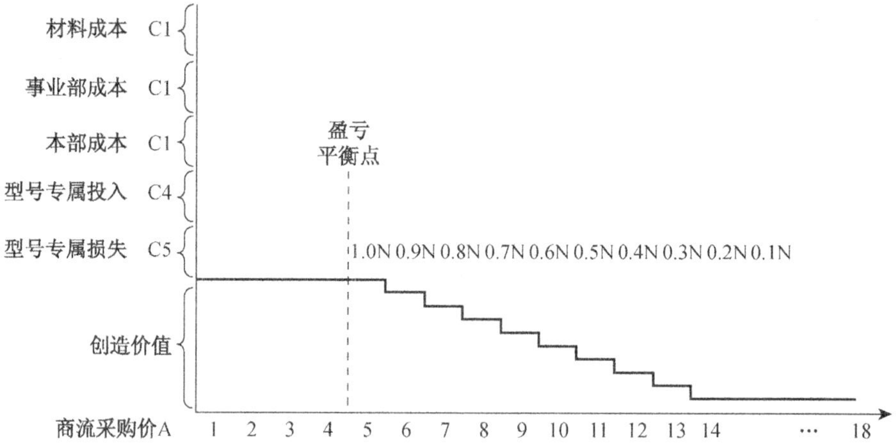

图 2-2 海尔公司家电型号经理提成收入设计(注:N 为基准提成系数)

综合来看,虽然海尔公司的财务管理体系仍然具有浓郁的以物为本的现行财务管理特征,但从开始探索 SBU 到推行"人单合一"的自主经营体经营模式的变革过程中,其规划未来引领员工和企业双赢的财务战略目标,满足市场需要的人力资源和物力资源的优化配置,以及员工与企业盈亏与共的财务激励机制等做法,对人本财务管理主张的回报与贡献相匹配的价值分享模式具有重要的借鉴意义。

3）中国慧聪公司将 70%的红利分给员工的收益分配实践①

慧聪国际资讯公司(以下简称"慧聪公司")成立于 1992 年,是国内信息服务行业的开创者和始终领先的商务资讯服务机构。到 2003 年 12 月,公司实现了在香港创业板的成功上市,为国内信息服务业及 B2B 电子商务服务业首家上市公司。2009 年 2 月,慧聪公司顺利通过 ISO9001 质量管理体系认证,成为国内首个引入该标准的互联网公司。目前,慧聪公司注册用户超过 1 500 万元,买家资源 1 300 万元,覆盖行业 70 余个,员工 3 500 名,成交额达到 696 亿元,是国内最有影响力的 B2B 电子商务公司,在规模、收入、用户量、服务方式等方面被公认为中国首席商务资讯服务商。

慧聪公司能在不到 9 年的时间里发展成为中国信息服务业的领导品牌,

① 慧聪网 http://hcgroup.hc360.com/pdf/CW02280_141114.pdf。

这不仅仅是慧聪公司懂得如何使产品增值，还有更重要的一点就是慧聪公司自诞生之日起就执行全员劳动股份制，这种全员劳动股份制在股权分配上完全合乎我国《公司法》的原则，但不同的是分配制度。公司章程中明确规定，任何股东的年终分红不得超过分红总额的10%，所有董事的年终分红总额不得超过分红总额的30%，所剩70%的年终分红将分给公司里所有不持股的正式员工，也就是说不谈股份，就谈年终分红，不持股员工的分红总额要远远大于所有董事的分红。公司董事长郭凡生的持股达到50%，按照规定他名下80%的分红连续8年分给了公司不持股的员工。对慧聪公司来说，所信奉的是知识经济，就是要按照知识来分配资本，而不是以拥有资本多少为主。让那些有知识的人在物力资本为主的经济条件下，变成企业的赢利主体。在工业时代，社会发展最短缺的物资是资本，占有了资本的企业就能够得到发展。而到了今天，随着金融环境的不断改善，资本不再是企业发展中最短缺的物资，在很多领域中人才已经成为决定企业生死的关键要素。对慧聪公司而言，企业的发展少不了资本的力量，但决定企业兴衰的则是慧聪公司的人。由于公司对员工实施优厚的剩余收益分享政策，员工创造价值的积极性得到了极大促进和提高，2014年前三季度公司实现收益1.87亿元，比2013年同期的0.97亿元增长92.7%。

通过前述资料可知，慧聪公司之所以能蓬勃发展，正是因为公司管理层实施的与员工共享新增价值的财务激励政策激发出了员工在价值创造过程中的内在自觉性，潜在动力得到了极大发挥，由此形成了个人经济价值和企业经济价值共同协调发展的良性循环。这将为本书研究人本财务管理的目的和可行的价值分享模式提供有益的启发和可行性借鉴。

4) 中国华为公司“以奋斗者为本”价值观主导的全员持股实践①

1987年，任正非与5位合伙人在中国深圳共同投资成立深圳市华为技术有限公司(以下简称华为公司)。该公司是一家生产公共交换机的香港公司的销售代理，注册资本仅为2万元，6位股东均分股份。

1990年，华为公司实行自称的“全员持股制度”。创业初期的华为公司为满足低成本、低财务风险融资的需要，为激发员工努力工作，于1990年开始尝

① 笔者根据华为集团官网资料整理。

试内部融资、员工持股的全员持股实践。当时参股的价格为每股10元，以税后利润的15%作为股权分红。那时，华为公司员工的薪酬由工资、奖金和股票分红组成，这三部分数量几乎相当。其中股票是在员工进入公司1年以后，依据员工的职位、季度绩效、任职资格状况等因素进行派发的，一般用员工的年度奖金购买。如果新员工的年度奖金不够派发股票额，公司帮助员工获得银行贷款购买股权。华为公司采取这种方式融资，一方面减少了公司现金流风险，另一方面增强了员工的归属感，稳住了创业团队，公司发展突飞猛进，1995年销售收益达到15亿元人民币。1997年6月，华为公司进行改制，由华为新技术公司、华为新技术公司工会和华为公司工会分别持有华为公司5.05%、33.09%和61.86%的股份。同时，华为公司股东会议决定，2家公司员工所持的股份分别由2家公司工会集中托管，并代行股东表决权。

2000年的网络经济泡沫使IT业受到毁灭性影响，融资出现空前困难。2001年年底，为应对网络经济泡沫的影响，华为公司开始实行名为“虚拟受限股”的期权改革。虚拟股票是指公司授予激励对象一种虚拟的股票，激励对象可以据此享受一定数量的分红权和股价升值权，但是没有所有权，没有表决权，不能转让和出售，在离开企业时由工会回购股票。虚拟股票的发行维护了华为公司管理层对企业的控制能力，不至于导致一系列的管理问题。华为公司还实施了一系列新的股权激励政策：①新员工不再派发长期不变1元/股的股票。②老员工的股票也逐渐转化为期股。③以后员工从期权中获得收益的大头不再是固定的分红，而是期股所对应的公司净资产的增值部分。期权比股票的方式更为合理，华为公司规定根据公司的评价体系，员工获得一定额度的期权，期权的行使期限为4年，每年兑现额度为1/4，即假设某人在2001年获得100万股，当年股价为1元/股，其在2002后逐年可选择四种方式行使期权：兑现差价(假设2002年股价上升为2元，则可获利25万元)、以1元/股的价格购买股票、留滞以后兑现、放弃(即什么都不做)。从固定股票分红向“虚拟受限股”的改革是华为公司激励机制从“普惠原则”向“重点激励”的转变。

华为公司通过不断调整股票的分配方式来维系整个组织的活力。2008年，华为公司微调了虚拟股制度，实行饱和配股制，即规定员工的配股上限，每个级别达到上限后，就不再参与新的配股。这一规定使得手中持股数量巨大的华为老员工们配股受到了限制，但是有利于激励华为公司新员工们。

2011年4月，任正非与华为公司高层召开“如何与奋斗者分享利益”的座谈会，华为公司轮值CEO胡厚透露，当时华为公司内部的一些统计显示，由于长期坐享公司股票的丰厚分红，出现了一些“怠惰”的员工。因此，华为公司出台了许多具体措施去识别“奋斗者”。选择“奋斗者”的措施使公司形成了某种内部竞争氛围，如果不是“奋斗者”将失去配股资格。在这次座谈会上，华为公司CEO任正非还表示希望持股较多、将要脱离一线的老员工主动把所持的股票数量降下来，以便给新进的“奋斗者”更多机会。其实，华为公司的财务管理政策一直体现了“以奋斗者为本”的价值导向。2010年年初，华为公司首次公布2009年年报，其披露的股权结构显示，深圳市华为公司投资控股有限公司工会委员会作为大股东持有华为公司98.58%股份，创业者同时又是华为公司CEO任正非本人仅持股1.42%。2013年年报显示，截至2012年12月31日，华为投资控股有限公司工会委员会的持股比例为98.82%，任正非出资比例为1.18%，参与员工持股计划出资占公司总股本的0.21%，任正非在华为公司的总持股比例不足1.4%。

公司通过工会实行员工持股计划，全体在职持股员工选举产生持股员工代表，并通过持股员工代表行使有关权利。员工持股计划将公司的长远发展和员工的个人贡献有机地结合在一起，形成了长远的共同奋斗、分享机制。

从奋斗角度看，华为公司的业绩一直处于高速增长态势，这在美国不少IT公司看来也颇具神话色彩。1987年，华为公司的注册资本为2万元人民币；1995年，其销售额就达到15亿元人民币；2008年，华为公司实现合同销售额233亿美元，同比增长46%，其中75%的销售额来自国际市场；2014年，其实现销售额465亿美元，在全球经济不甚景气的大背景下仍然销售同比增长12%。同时，由于华为公司每年度发行的股票数额均由两个实体股东按当年每股净资产购买，然后，控股工会再发行等比例虚拟股出售给“奋斗者”们，由此带来的融资额度也很惊人。自2004年至今，华为公司员工以购买虚拟股的形式通过华为工会增资超过260亿元人民币。反观华为公司的直接竞争对手中兴通讯公司，其在A股上市以来累计募集资金不过24亿元人民币。2004年，中兴通讯公司在香港上市，融资不过21亿港元，融资力度则与华为公司相差甚远。

从分享角度看，华为公司近6年来的内部分红状况分别是：2009年每股派1.60元，2010年每股派2.98元，2011年每股派1.46元，2012年每股派

1.41元,2013年每股派1.47元,2014年每股派1.90元。这6年中分红处于最低的2011年每股分得的红利,也相当于以分红时的价格买入即能获得26%的惊人收益率。事实上,全员股份制自1997年引入以来,华为公司股票价格的上涨幅度已经超过了5倍,同期深圳股票市场的涨幅达250%,这恰恰与华为公司发展壮大的过程相一致。一位于1989年加入华为公司的工程师颇有感慨地表示:"当时任正非常常谈到未来有多美好,但我们都认为他想得太远。现在来看,这些梦想都已成为现实。"

华为公司的成功经验充分证明,任正非采用了在外人看来因融资困难而不得不采取的自我稀释股份模式,进而形成了今天的全员持股。正是得益于既是员工又是股东的独特做法,华为公司的人才可以做到万众一心,任正非也迅速地打造出了一个"狼性团队",推动着华为公司实力蓬勃向上。在一些研究者看来,华为公司的这种股份是虚拟股,因为持股的人似乎都无法搞清楚自己所持股份占公司那98.58%的多少,也不清楚公司向离职人员回购的股份流向哪里。但在过去的10多年中,华为公司的"虚拟股"机制已经被证明是一套比IPO更为有效的"全员激励手段"。由于华为公司的职工持股并不能对外流通,但可以享受到高额的收益回报,因此,华为公司的全员持股实践实质上是一种收益分享机制的大胆探索,充分体现了以创业者为本的价值分享理念,其产生的财务后果是企业的蓬勃发展与职工个人高额回报的和谐共赢,尤其是其对奋斗者的认定和以奋斗者的价值贡献决定其价值回报的做法与本书主张的人本财务管理的部分核心理念相吻合,对人本财务管理研究具有重要的借鉴意义。

3　人本财务管理的概念框架

3.1　人本财务管理概念框架构建的切入点

任何一门学科都要构建一个理论体系，财务学界通常习惯将财务管理理论体系称为财务管理理论结构。也有学者借鉴国际财务会计概念框架的基本思路试图构建财务管理概念框架，其含义实质上就是财务管理理论体系。从国际范围来看，目前财务会计、管理会计、审计学、内部控制与风险管理都已经形成或者正在构建相应的概念框架①。本书认为，既然财务管理概念框架与财务管理理论体系的功能都是为财务管理实践提供规范和引导，为能与财务会计等学科的概念框架在名称上相呼应，不妨用财务管理概念框架来表达财务管理理论体系或结构之意。

由于财务管理本身就是一门应用学科，因此，构建财务管理概念框架除了具有基于学科性质、学科特点来梳理学科理论体系的目的外，必须以规范和引导财务行为为根本目的。在人本财务管理中，财务行为就是人的价值创造行为。众所周知，人的行为动机直接决定行为过程，进而影响行为结果，而人的行为动机又取决于人的价值观、思维意识和现实感受等多个影响行为者心理的内在因素。笔者认为，这些内在因素对行为动机的影响，反映在财务管理中集中表现为包括物力资本所有者和人力资本所有者在内的产权利益相关者之间的财务关系的协调程度。财务关系通常被认为是企业组织财务活动过程中发生的相关主体之间的经济利益关系，包括人与人之间、组织与组织等财务关系人之间（如税费会涉及和国家的关系，分红会涉及和别的企业的关系等）的权责利匹配关系。

由于财务关系直接反映了财务关系人在经济利益上对收益的满足程度，

---

① 李心合. 论公司财务概念框架[J]. 会计研究，2010(7)：32-39.

如果财务关系协调经济利益不畅可能引发价值创造者的心理和精神不悦，进而可能产生消极行为，甚至产生冲突，由此将会导致管理成本上升，劳动效率下降，价值创造的品质和效率降低，甚至可能导致契约变更、中止或终止，最终使所有财务关系人都将因此利益受损。这种案例在中外企业中都不鲜见，如中国家电零售巨头国美集团2010年发生的“黄陈之争”[①]；同年，中国著名代工工厂富士康公司员工连续13人跳楼自杀；美国2001年前后接二连三地出现的安然、世通、默克、施乐等公司的财务造假丑闻等。从表面上看，这些问题是由于职业经理人缺乏职业精神和道德自律而对股东利益的侵害，被企业理论界和实务界认为是道德风险难题。在笔者看来，产生道德风险的根源是由于企业经济利益分配不当，而职业经理人又没有能力与股东直接抗衡来扭转局面，只好采取机会主义行为来违规地保护自身利益。这显然不是两全之策，最终的结局必是双输或多输。

为能从根本上改变财务关系人利益双输或多输的局面，笔者主张将构建人本财务关系作为构建人本财务管理概念框架的切入点。

简言之，人本财务关系就是以人为价值创造根本的财务关系，即在人本财务管理观念指导下所形成的企业产权利益相关者[②]之间权责利的匹配关系，主要表现为物力资本所有者和人力资本所有者之间、物力资本所有者之间和人力资本所有者之间的一系列财务关系。具体来说，在结构上，人本财务关系表现为人力资本所有者和物力资本所有者之间、人力资本所有者之间、物力资本所有者之间的关系，其中人力资本所有者和物力资本所有者之间的关系是最为主要的财务关系。在内容上，人本财务关系表现为人力资本所有者和物力资本所有者之间在资本投入、价值创造和价值处置等财务管理活动中关于权责利的匹配关系。权是指财务资源在价值流转过程中的权力，主要包括财务资源配置权、财务资源经营权、财务资源监督权和财务资源处

---

① 2008年11月，国美电器集团董事长黄光裕因为非法经营罪、内幕交易罪、单位行贿罪被逮捕。董事局主席陈晓以没有时间等理由，拒绝跟贝恩资本之外的企业进行谈判，迅速将美国的贝恩资本拉入国美电器集团。陈晓引入美国贝恩资本的目的非常明确，要通过债转股和不断收购股权的做法，逐步减少和削弱黄光裕的股份，最终达到以他的利益集团控股国美电器集团的目的。关于企业高管之争和股东之争的起源，已是众说纷纭，目前最常见的说法，莫过于利益之争、价值观念之争与企业发展方略之争。在笔者看来，不管是价值观念之争，还是企业发展方略之争，归根结底都是利益之争。

② 笔者将拥有人力资本产权的人力资本所有者和拥有物力资本产权的物力资本所有者合称为产权利益相关者。

置权。责是指人力资本所有者在价值创造过程中所需承担的价值创造行为责任,以及物力资本所有者所需承担的提供与合同约定相吻合的物力资源的责任。利是指人的价值创造行为所形成的可供人力资本所有者和物力资本所有者依其价值贡献,参与分享剩余收益或新增利润的权利。概括来说,权责利的匹配关系分别表现为投入资本环节由现行财务管理的物力资本所有者单一产权关系转变为人本财务管理的人力资本所有者和物力资本所有者的共有产权关系,资本经营环节由现行财务管理的“委托—代理”关系转变为人本财务管理的“委托/受托—自理”关系,以及剩余收益或新增利润处置环节由现行财务管理的物力资本所有者独享关系转变为人本财务管理的人力资本所有者和物力资本所有者的收益共享关系。

进一步说,人本财务关系的三个方面分别反映了价值流转的三个阶段所内含的人本特征。第一,在资本价值投入环节,要分别确认人力资本产权和物力资本产权共同构成企业产权,这是人本财务管理得以实现的基础和前提;第二,资本经营环节表现为价值创造,因此又可称为价值创造环节,这个环节以“物”为价值创造的基础条件,以“人”为价值创造的根本,体现出“人”在价值创造过程中对“物”的主导作用,这是人本财务管理内含的人本特征得以实现的根本所在;第三,在收益处置环节,根据人力资本产权和物力资本产权对价值的贡献分享新增价值,同时,根据人力资本所有者的价值贡献率确定新增价值分享率和分享额度,并据此承担价值亏损风险。这既是人本财务管理从财务结果方面体现人本特征的基本表现,也是人本财务管理得以持续顺利推行的内在动力。

总之,人本财务管理概念框架的构建要以有利于形成内含人本特征的人本财务关系为切入点,并将人本特征的基本理念贯穿于人本财务管理概念框架构建的全过程。

3.2 人本财务管理概念框架的构成要素、内在逻辑与构建

从现行财务管理概念框架的构建来看,构建财务管理概念框架关键要解决两个问题:一是财务管理概念框架的构成要素;二是财务管理概念要素的内在逻辑,特别是逻辑起点和逻辑终点。

理论界对财务管理概念框架构成要素进行研究的文献尚不多见，比较有代表性的是李心合(2010)和杨淑娥(2011)对财务管理概念框架的概念要素界定。两者一致认同的有财务管理的本质、职能、环境、假设、目标、要素等构成要素，但由于两者对财务管理的概念理解并不一致，于是便分别提出了财务要素和财务管理要素的不同内容。需要说明的是，两者对财务和财务管理都未做出明显区别认定，李心合使用的是财务要素概念，杨淑娥使用的是财务管理要素概念。李心合(2010)认为，由于财务管理就是对财务报表的管理，因此财务要素就要包括资产管理(资产负债表左边管理)、权益管理(资产负债表右边管理)、收益管理或利润管理(利润表管理)、现金流量管理(现金流量表管理)这四个要素。杨淑娥(2011)认为，财务管理要素包括财务管理内容和财务管理方法两个要素，其中财务管理内容又包括投资、融资、资产运营和利润分配四个子要素；财务管理方法又包括预测、预算、决策、控制、分析五个子要素。

在笔者看来，财务管理概念框架的构成要素取决于由哪些要素构成财务管理的运行系统，这些要素就成为支持财务管理系统运行的内生要素。在财务管理实践中，财务管理运行系统必然需要从这些内生要素中明确认定逻辑起点和逻辑终点。

从笔者掌握的研究文献来看，财务理论界对财务管理理论结构的逻辑起点问题研究的文献比较多，比较有代表性的观点主要有环境起点论(王化成，1998)、目标起点论(陈兴述，2000；宋慧丽，2003)、本质起点论(张兆国、宋梦丽和吴卫星，1999；杨淑娥和王爱芳，2000)、本金起点论(郭复初，1997；武中信和李邦，1997)等。

截至目前，只有杨淑娥(2011)明确以财务概念框架的名义同时提出其逻辑起点和逻辑终点。她认为，财务概念框架的逻辑起点是财务本质，而财务本质就是资金运动。财务概念框架的逻辑终点是理财目标(本书理解为财务目标)，即企业价值最大化(见图3-1)。李心合(2010)没有提出财务管理概念框架的逻辑起点和逻辑终点，但用图列示了主流财务学对财务概念框架的一致认识(见图3-2)。

笔者认同杨淑娥(2013)提出的由财务管理的内生要素构建财务概念框架的基本主张。基于有机协调人本财务关系的现实需要和财务管理实践运行的基本逻辑，笔者认为可以由人本财务管理的目的、目标、属性、本质、职

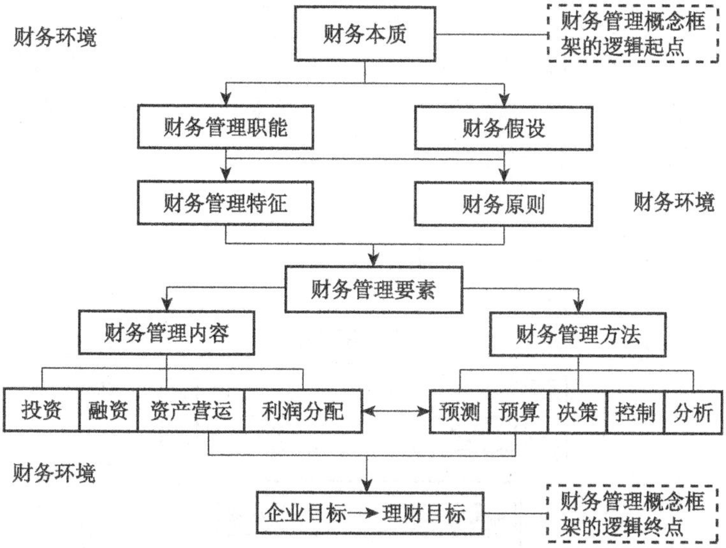

图 3-1 杨淑娥主张并绘制的财务概念框架示意图

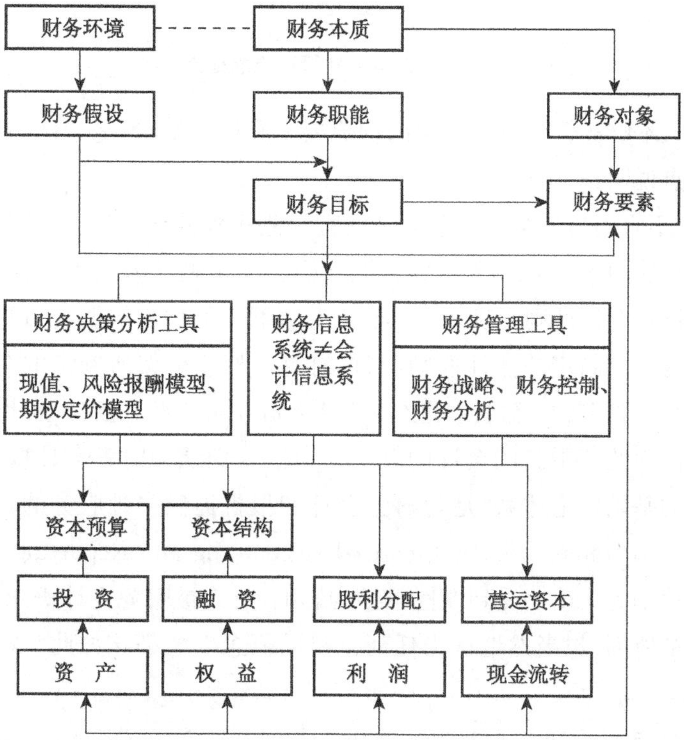

图 3-2 李心合绘制的主流财务学认可的财务概念框架示意图

能、主体、客体、制度体系和方法体系九个财务管理运行的内生要素共同构成一个以人本财务管理目的为逻辑起点并同时为逻辑终点的人本财务管理概念框架(见图 3-3)。这个概念框架既是一个完整的人本财务管理理论体系，也是一个有序的人本财务管理实践运行系统。

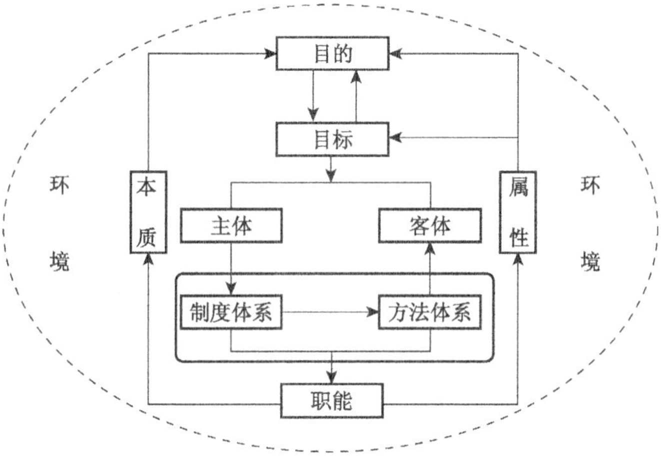

图 3-3 人本财务管理概念框架

关于人本财务管理概念框架的构成要素和构建逻辑，笔者认为有必要做出如下三点说明：

其一，不宜用财务会计概念框架的构建范式机械套用到人本财务管理概念框架的构建中来。财务会计概念框架构建的初衷是为纠正会计实务中的不足和为制定会计准则提供一个具有充分说服力的理论依据①。以财务会计概念框架为基础制定的会计准则，与没有这一概念框架所制定的会计准则，彼此之间会有更多的一致性。此外，会计人员还可以此来解决会计准则所没有规定并出现的若干新的会计问题②。据此，人们认为财务会计概念框架是财务会计的基础理论体系，是为财务会计和报告提供基础服务的，事实上英文 Conceptual framework for Financial Accounting and Reporting 所表达的意思也的确如此。由于受到惯性思维的影响，有人被财务会计概念框架的基础理论特征所囿，想当然地认为任何学科的概念框架都该如此，认为财务管

① 陈国辉，毛岩亮，严述乔.论我国财务会计概念框架的构建[J].财经问题研究，1998(5)：62-64.
② 余海宗.论财务会计概念结构[J].财经科学，1996(3)：64-67.

理概念框架自然也就不能例外。也就是说,受到财务会计概念框架定位于基础理论的影响,人们比较容易惯性地认为,财务管理概念框架也应该仅局限于基础理论,在概念框架中不能掺杂应用理论的概念,否则就是不纯粹的概念框架。甚至有人比较主观并且武断地认为,包含应用理论概念的财务管理概念框架是不合理的。可是,由于财务管理与财务会计在企业管理中的功能和特征不同,财务会计需要对外公开披露会计信息,因此需要建立一套会计准则对会计行为进行指导和规范,而财务管理不具有公开披露财务信息的功能,除了对资金的合法性进行监管外,企业怎样实施财务管理不需要统一制定规则进行指导和规范,但为促进企业提高财务管理水平、提高价值创造效率还是很有必要的。为此,笔者认为,财务会计概念框架的构成要素仅限于基础理论是必要的,而财务管理概念框架可以扩展到基础理论和应用理论范畴。这样一方面可以突出从财务管理实践角度来构建财务管理理论的必要性,因为不管基础理论还是应用理论,都要服从或者服务于财务管理实践运行体系;另一方面对人本财务管理而言,自始至终要强调其系统从内化到财务管理活动中的人本特征,不管是基础理论还是应用理论都应注重人本特征的体现。因此,将基础理论和应用理论中的基本概念同时纳入概念框架,恰恰有助于系统化设计人本财务管理所强调的人本特征。总之,人本财务管理概念框架中所包含的概念要能够体现财务管理概念框架构建初衷的现实需要,而其构建初衷则正是服务于人本财务管理实践。按此逻辑构建人本财务管理概念框架的构成要素也就大可不必受到财务会计概念框架的影响而仅仅拘泥于基础理论范畴。

其二,财务管理概念框架作为既是一个完整的人本财务管理理论体系,又是一个有序的人本财务管理实践运行系统,必然需要确定逻辑起点,这是框架得以构建的开端。当然,既然有逻辑起点,就有必要同时确定逻辑终点,这样才能使框架或结构显得完整,同时确保人本财务管理实践系统的正常运行。本书主张将人本财务管理目的作为人本财务管理概念框架的逻辑起点,同时也将其作为人本财务管理概念框架的逻辑终点。其基本依据有以下四个方面:第一,财务管理是人类活动,所有人类活动一般都是起始于特定动机或目的;第二,财务管理目的直接明确了财务管理的受益对象及其受益范畴;第三,财务管理目的的顺利实现有助于证明开展财务管理活动的必要性与可行性;第四,财务管理作为一门应用性科学,有必要从实践应用角度来构建,而财务管理实践本身就是一个与财务期间相一致的起于目的并终于目的的循环系统。

其三,遵循人本财务管理实践运行的内在规律和需求来确定构建概念框架的其他要素。从人本财务管理实践来看,人本财务管理目的确定之后,企业便可在其指引下确定人本财务管理目标。为实现人本财务管理目标,人本财务管理主体应当执行财务管理制度,并遵循为执行制度而设计的一系列人本财务管理方法,有效引导人力资本所有者的价值创造行为,通过对财务管理制度体系的贯彻执行和对财务管理方法体系的综合运用,全面体现人本财务管理的各项职能,使人本财务管理的本质和属性得以实现,由此可以促进人本财务管理目标的实现,进而促进人本财务管理目的的最终实现。其中,人本财务管理主体通过制度体系和方法体系对客体(对象,三要素)进行管理直接决定着人本财务管理的人本特征是否能够得到切实体现以及价值创造的品质优劣与效率高低,是人本财务管理系统中反映价值运行的核心。因此,人本财务管理的制度体系和方法体系及其在三大财务管理要素中的具体运用是人本财务管理概念框架的中心内容,是人本财务管理手段在财务管理实践中的具体体现。此外,人本财务管理环境则是影响人本财务管理系统变动的外在因素,包括宏观、中观、微观因素。人本财务管理系统将随着财务管理环境的变化不断调整现有格局,每个概念的内涵也将不断丰富和完善。由于企业对宏观环境和中观环境无法自主控制,只能根据外在环境变化做出应对,而微观因素中的组织变革和人本财务文化塑造将是人本财务管理系统得以顺利运行的基础保障,企业可以自主进行变革和塑造。因此,本书将人本财务组织变革和人本财务文化塑造作为人本财务管理环境的重要内容。

3.3 人本财务管理概念框架构成要素的内涵界定

3.3.1 人本财务管理的目的与目标

目的和目标是两个不同的概念,各自所指的对象、特征、时间要求等方面都有所不同。目的就是人们对事情预期要达到的效果,通常比较抽象、概括和笼统,不能量化或者不需要量化,往往没有具体的时间约束。而目标则是人们对事情预期要达到效果的量化指标，通常比较具体化、个性化和特殊化。此外，目标不但有时间约束，而且往往时间不是很长(即使长期目标一般都在5年以上，也不会太长)，否则量化指标将可能因为不可控而失去现实意义。

目的和目标虽然有着诸多不同，但也有着较为密切的联系。目的决定着目标的努力方向，目标则是目的得以实现的前提和基础。因此，任何一个组织不仅在制定目标时要遵循目的所指引的方向，在执行目标所规定的时间和指标值的一切活动中也都不能偏离目的所规定的方向，否则目标将难以实现，目的也就无法达成。

由上述分析可见，目的和目标不是一回事。然而，在目前诸多的《财务管理》教材中基本上没有对财务管理目的进行界定，通常都是大篇幅介绍财务管理目标，并且有些教材竟然出现了这样的描述：财务管理目标是指企业进行财务活动所要达到的根本目的。[①] 将目标解释为目的，显然是把“目的”与“目标”混为一谈了。这种认识上的错误不利于企业在明确的财务管理目的指引下将工作进行到彻底，也必将不利于财务管理目标的顺利实现。为此，本书将分别对人本财务管理目的和人本财务管理目标予以探讨。

1) 人本财务管理的目的

财务管理目的是指为什么开展财务管理活动。我们知道，财务管理自产生以来，之所以能够得到不断发展和完善，是因为其具有促使价值保值增值的本质属性。在现行财务管理中，由于人没有被纳入财务管理系统，一直惯以物为价值创造根本，因此，财务管理目的仅仅是为了提供物力资本价值的人。但在人本财务管理中，人力资本所有者和物力资本所有者都分别向企业提供了人力资本价值和物力资本价值，因此财务管理目的就应扩展到为了人力资本所有者和物力资本所有者这两类人。同时，由于提供物力资本价值的所有者仅注重价值保值增值的物质回报，而人力资本所有者不仅提供人力资本价值，而且还直接参与价值创造过程，他们既注重价值保值增值的物质回报，又注重价值创造过程中的精神感受。因此，人本财务管理目的就需要分别从物质和精神两个角度分别考虑。

首先，在物质层面，能使主导价值创造的人的经济价值与企业的经济价

① 王斌.财务管理[M].北京：中央广播电视大学出版社，2006：5.

值共同协调发展。

使主导价值创造的人的经济价值和企业的经济价值共同协调发展，是指企业经济价值增长的同时，人力资本所有者所获得的经济价值和创造经济价值的能力也都能随之增长，其增长的幅度要与企业经济价值的增长幅度保持正相关关系。由于企业经济价值归根结底是人力资本所有者同物力资本所有者的共有价值，因此这里的共同协调发展就是指人本财务管理既要体现出人力资本所有者与物力资本所有者获得的经济价值的共同发展性，又要反映出两者经济价值发展幅度的统一协调性。具体来说，使主导价值创造的人的经济价值与企业的经济价值共同协调发展的意图可以从以下两个方面予以体现：其一，企业管理层在制定财务管理战略时要具有在人力资本所有者和物力资本所有者之间分享剩余收益的人本思想，分享政策的制定和执行都要严格贯彻和执行人本思想，分享的依据则是每个人力资本所有者为企业创造的价值贡献大小；其二，在对人力资本所有者所内含的人力资源和对物力资本所有者提供的物力资源进行开发和利用时要具有战略意识，尤其是在对人力资源的开发和利用方面，一定要保持人力资源的可持续性，不能只利用而不开发，不能无原则、无规则地无序开发，应充分考虑人力资源提供者作为人的属性与不同的人所具有的个性化特征，有针对性、适度性、及时性地开展旨在提高与本职工作能力相关的专业技术培训、教育、体验和实战等财务投资。同时，在对人力资源的利用方面最根本的就是要注重人力资源的高效配置，这包括不同人力资源之间的高效配置和人力资源与物力资源之间的高效配置。

之所以要使主导价值创造的人的经济价值与企业的经济价值共同协调发展，是出于以下两个方面的原因考虑：

第一，人力资本所有者是企业经济价值的直接创造者，作为自身人力资本产权的所有者，一定要有资格参与企业经济价值分享。虽然说现代管理理论已经将人性理论发展到复杂人假设，但最为基础的还是经济人假设。一方面是人作为人力资源的价值提供者和自身资源的消耗者，基于再生产的需要，必须给人力资本所有者予以创造价值时已经消耗的经济价值补偿；另一方面是基于持续激发人力资本所有者创造价值内在动力的需要，必须给人力资本所有者以更多的剩余经济价值。因为根据马斯洛的需求层次理论可知，人力资本所有者得到的经济价值越多，意味着其对企业经济价值的贡献就越大，其自我价值实现得到的心理满足程度就越强烈。为了得到这种强烈的心理满足，就可能会在创造价值的各种财务管理活动中更加积极，更加主动，因而可能更具创造力。

第二，现代契约理论告诉我们，企业本质上就是人力资本所有者与物力资本所有者之间的产权契约，这份契约能否让两者持久性各得所需，就在于两者各自在目前状态下所得到的经济价值回报与付出的资源投入之间的关系是否协调。如果协调性很好，则意味着这份产权契约将可能得以延续；否则，就极有可能导致契约变更或者解除。一旦人力资本所有者与物力资本所有者之间的产权契约关系结束，人力资本所有者将需要重新寻找物力资源作为劳动对象和劳动工具。如果寻找不顺畅，自身人力资源将被暂时闲置，形成人力资源浪费。同样，物力资本所有者也将需要重新寻找能够高效利用自己提供的物力资源的人力资本所有者，如果寻找不顺畅，物力资源也将被暂时闲置，不但形成物力资源浪费，还将因为资金占用产生闲置成本、机会成本等。因此，产权关系的解除将使双方都可能面临价值受损困境。既然如此，人本财务管理就有必要尽力解决人力资本所有者与物力资本所有者之间的经济价值协同问题，使双方都能得到共同协调发展。

其次，在精神层面，能使主导价值创造的人从价值创造过程和结果两个方面都充分获得幸福和快乐的满足感。

幸福和快乐原本是一个哲学命题，至今还难以找到一个绝对统一的概念描述。古希腊哲学家梭伦是人类思想史上第一个探讨幸福的哲学家。他认为，幸福与金钱无关，而在于为他人奉献而得到颂扬。因此，幸福与道德品行有关。苏格拉底进一步提出幸福就是善行，即人不但要活着，而且要活得好。要想活得好，就必须通过善行来获得。德谟克利特认为幸福就是让人尽可能在愉快的状态中生活，尽可能让人少受痛苦。同时，他强调物质享受和精神宁静的同步满足，并提出教育是人们调节和控制自己行为以顺应自然而获得幸福的重要手段。柏拉图在其著名的善念理论中首次对快乐和幸福加以区分，他认为，快乐是人们在感官上得到的欲望满足，不叫善，也就不叫幸福。如果人们用智慧和德行控制自己的感官欲望而追求善，那才叫幸福。由于他认为只有统治阶级才有智慧，因此，也就只有统治阶级才配追求幸福。在他看来，农民、手工业者和商人不配享受幸福。亚里士多德则认为，幸福就是至善，是一切行为的最终目的。由于至善是理性行为的结果，非理性的行为只是欲望，欲望常常不受人控制，容易诱使人走向理性的反面，因此，理性的行为结果才叫幸福。他同时认为，快乐不是善，但快乐作为人的一种自然需求包含在善之中，是构成幸福的要素之一。由于快乐总是处于过度或不及状态，而人是具有理性的选择行为能力的动物，因此人的行为选择就是一种有欲望的理性，可以使人处在无过与无不及状态，这才是幸福。德国哲学家康德给幸福所下的定义是“人类欲求得到满足时的愉悦感受”。他认为，如果人的道德动机统率感性动机，那么人的行为完全可以同时获得道德价值和幸福感受。

由于行为价值管理是人本财务管理的核心，因此，人本财务管理不能绕开人的行为来谈价值管理。同时，由于人的行为具有可选择性，选择什么或不选择什么行为，对个人来说，会影响其幸福和快乐的感受，对企业来说，则会影响到价值创造的品质和效率。如果参与价值创造的人在价值创造过程中对价值创造结果的分享感到幸福和快乐，则其价值创造行为的后果就可能给企业带来高品质与高效率的价值增长；反之，不但不会带来高品质和高效率的价值增长，而且很有可能带来品质和效率的负增长，导致价值缩水。这两种情况分别叫行为有效和行为无效，其中，行为有效又可根据程度大小进一步区分为行为高效与行为低效等。根据哲学上对幸福和快乐的范畴界定，幸福源自主导价值创造的人是否具有产权地位、对价值贡献的评价是否真实客观地反映了其价值创造能力和价值分享是否合理体现了效率与公平的精神感受；快乐则源自人在价值创造行为实施过程中作为自然人的生理体验和感受能否得到满足。基于上述分析，人本财务管理主张通过财务管理活动让主导价值创造的人在实施价值创造行为过程中能得到快乐和幸福的满足感，否则财务管理就不会让人感到满意，也不会因此给人力资本所有者和物力资本所有者带来预期的价值增值，财务管理也就因此失去了存在的意义。

为使主导价值创造的人能够获得幸福的满足感，企业作为一个人力资本和物力资本二元产权构成的契约组织，有必要对与二元产权相关的财务管理制度进行研究，如产权机制及因产权而衍生的共同财务治理机制、分散财务管理机制和新增价值分享机制等。这些制度必须能够引导从事价值创造的人为追求幸福而选择相对理性的价值创造行为，努力提高价值创造的品质和效率，从而得到与其创造价值的品质和效率相一致的价值回报和因此产生的自我价值实现等成就带来的幸福的满足感。此外，为使人的自然欲求得到满足而获得快乐，财务管理就要配合企业组织变革和业务流程再造，做好人本性质的财务规划和财务运作，切实使主导价值创造的人能因所在的工作环境温和而产生快乐的满足感，至少不能因为对工作环境缺乏温情而心生不满甚至产生怨恨情绪。同时，全面塑造集人性关怀思维模式和人文主义行为模式于一体的人本财务管理文化，也是人本财务管理给主导价值创造的人在具体实施价值创造行为过程中带来快乐体验的重要方式之一。

从根本上说，上述做法有利于构建和谐的人本财务关系，并将有利于有机协调人力资本所有者和物力资本所有者的物质利益以及人力资本所有者在价值创造过程中是否可能产生幸福和快乐体验的满足感，由此将企业的价值创造与价值增值带入良性循环轨道，促进企业长久可持续发展。因此，在精神上使从事价值创造的人在价值创造活动中充分获得幸福和快乐的满足感是人本财务管理的必然目的。

2）人本财务管理的目标

在人本财务管理的内涵界定中已经明确阐述，财务与财务管理不是一回事。因此，财务和财务管理必然会各有各的目标。如果说股东财富最大化是在股东权益至上理念主导下的物本财务目标，那么人力资本所有者和物力资本所有者共有价值最大化则是在人本财务管理理念主导下的人本财务目标。为实现人本财务目标，就要求人本财务管理必须确保人力资本价值和物力资本价值尽最大可能地实现无限增值。因此，如何实现人力资本价值和物力资本价值最大化增值，以实现人力资本所有者和物力资本所有者共有价值最大化的人本财务目标，将成为确定人本财务管理目标的基本价值导向。

人本财务管理目标的基本价值导向要求企业管理层在确定财务管理目标时应遵循的第一原则是在财务管理中系统体现人本特征。首先强调为企业提供人力资源的“人及其价值创造行为”是价值创造和价值增长的主导因素，物力资源只是价值创造的基础条件。其次是具有主导价值创造和价值增长能力的“人”作为财务管理主体，在实施财务管理活动中要以其自身的价值创造行为为管理对象，充分利用人力和物力两种资源，为人力资本所有者和物力资本所有者创造最大化的共有价值，即人本财务管理强调实现的财务结果不再是物力资本所有者所独享，而是人力资本所有者和物力资本所有者依据价值贡献共同分享。这一方面使人力资本所有者有了价值的归属感，另一方面则因价值归属感而产生价值创造和价值增长的责任感和紧迫感。也就是说，劳动者只要想分享财务成果，就必须尽最大努力投入自身人力成本，创造最大化的经济价值和社会价值，由此可推动企业长久可持续发展，以确保人力资本所有者和物力资本所有者最大化的共有价值得到延续。这充分体现了人本财务管理注重唤醒价值创造主体主导自身价值创造行为的自觉意识，不再是物本财务管理模式下的被动接受和服从，而是通过激发价值创造主体的行为自觉意识聚集人力资本所有者参与价值创造、促进价值增长的全部正能量，以从根本上摆脱消极应付的机会主义顽疾。

同时，由于财务管理目标的落脚点是目标，财务管理目标必然具备目标的一般属性，因此，确定财务管理目标时一定要遵循确定一般目标时所应遵循的 SMART 原则，即明确（specific）、可测量（measurable）、行动导向（action-oriented）、务实（realistic）、有时间表（time-related）五个具体原则。这五个具体原则的根本宗旨在于确定目标要有明确的目的性，并使目标具有现实的可操作性。在财务管理目标中，体现企业权益归属对象就是明确了目标的目的性，即企业权益归属于谁，企业价值创造和价值增长是为了谁。前述可知，人本财务管理目标的权益归属对象是人力资本所有者和物力资本所有者双方，因此，毫无疑问，价值创造和价值增长就是为了人力资本所有者和物力资本所有者双方。为体现目标的现实可操作性，就需要借助于指标对其进行量化，以此作为对目标加以衡量的指标。对人本财务管理目标而言，如何确定其衡量指标还需要进一步探讨。

综合而言，权益归属对象和目标衡量指标应该成为确定人本财务管理目标的两个构成要素，这虽然为确定人本财务管理目标指明了方向，但还需要遵循人本原则和 SMART 原则精心凝练和系统设计，遵循人本原则凝练权益归属对象，遵循 SMART 原则设计目标衡量指标，由此统筹设计出兼具人本原则和 SMART 原则的人本财务管理目标。毋庸讳言，人本财务管理目标构成要素的设计无法脱离现行物本财务管理的现实基础，必须对当前仍占据主流地位的企业价值最大化和正作为研究热点的利益相关者价值最大化两个财务管理目标的构成要素进行全面辨析。

人本财务管理认为，人力资本所有者和物力资本所有者分别向企业投入人力资源和物力资源，人力资本所有者以物力资源为基础条件，运用自身所具有的管理、技术、经验等人力资源，为人力资本所有者和物力资本所有者创造物质财富和精神财富，人力资本所有者得到的薪金和物力资本所有者得到的利息都是当期实现收益的一部分。除此之外，两者都有权根据各自的价值贡献分享当期剩余收益。这与现行物本财务管理相比显然具有明确的人本特征，我们可以据此对企业价值最大化和利益相关者价值最大化目标的权益归属对象进行辨析，以便合理确定人本财务管理目标中的权益归属对象。

企业价值最大化目标把企业作为受益主体，而企业只是一个由人力资本和物力资本共同组成的法人单位，既不是实质上的投资主体，也不是经营主体，根本无法真正享有剩余收益权，只是在现行财务管理中为物力资本所有者充当了聚敛财富的工具而已。人力资本所有者作为自身人力资本产权投资者，运用自身人力资源和物力资本所有者提供的物力资源实施价值创造行为，却没有得到其应有的剩余收益分享权，只是得到了最基本的劳动力价值补偿作为回报，显然不符合人本财务管理的指导思想。很显然，以企业作为权益归属对象不具可行性。

利益相关者价值最大化财务管理目标把企业的众多利益相关者作为受益主体，但并非所有利益相关者都对企业投资和参与经营。不是企业的终极产权利益相关者，就没有资格直接参与企业剩余收益的分享。1983 年，弗里德曼在其《股东和利益相关者：关于公司治理的一个新观点》一文中给“利益相关者”下了一个较为完善的定义，他将利益相关者分为广义和狭义两个层次：“广义的利益相关者是指任何能够影响企业目标的实现或可能受到企业目标实现的影响的可辨认的组织和个人。”“狭义的利益相关者是指企业为持续生存而需依赖的所有可辨认的组织或个人。”我国学者对利益相关者的研究基本上都是建立在弗里德曼所提出的广义利益相关者的基础上的，通常认为利益相关者包括股东、债权人、经理人、员工、供应商、分销商、顾客、竞争对手、政府、企业所在社区、社会公众等所有与企业生产经营行为和后果有利害关系的群体。但如果仅从财务管理的属性来看，狭义的理解更为合适。企业是一个自负盈亏的经营性组织，其收益来源于经营，提升经营业绩的动力来自企业产权主体对其投入的人力资源和物力资源保值增值的价值追求，一旦劳动者成为人力资本所有者（经营层和普通员工），将会同物力资本所有者（股东或出资者）对投资保值增值的追求有着高度的一致性，正是这种高度一致性决定了人力资本所有者和物力资本所有者的契约关系，是企业所有利益相关者之间契约关系中最为重要和最为突出的关系，这种关系的实质则是共有产权基础上的剩余收益分享关系。也就是说,人力资本所有者和物力资本所有者共同享有企业产权进一步决定了两者共同分享剩余收益权。可见,以人为价值创造根本和以人为收益分享根本的人本财务管理思想淋漓尽致地体现了财务管理的人本特征。然而,共同分享剩余收益的前提必须是以人为价值创造根本的财务管理方法能否促进资本价值的保值增值,只有资本价值保值增值,资本所有者分享收益才能成为可能,这正迎合了资本生来就具有的逐利属性。从产权视角看,人力资本所有者和物力资本所有者实质上是企业的产权利益相关者,其他的利益相关者与企业之间则不存在产权关系,不能成为企业的产权主体,也就不能作为产权利益相关者参与分享企业剩余收益。由此可见,不加区别地把所有利益相关者作为权益归属对象不具可行性,只有人力资本所有者和物力资本所有者作为企业的产权利益相关者才是名正言顺的企业权益归属对象。

另外,企业价值最大化和利益相关者价值最大化两个财务管理目标都是以价值为衡量指标,这个看似理所当然的衡量指标其实并不妥当。人们只是感性地接受了价值最大化目标考虑货币时间价值和计算报酬时充分考虑风险因素等优点,然而却忽略了对价值指标计量的科学性、理论正确性和现实可行性进行必要的审视和质疑。价值是什么?价值怎么确定?最大化的价值有无确定标准?最大化有无定数?没有定数的最大化是否只是一个价值理想或价值观念?相信许多财务学者和财务经理都备受这一系列问题的困扰,由此导致人们对价值的理解和运用上出现了诸多繁杂乱象。对价值最大化的理解和操作因人而异、因事而异、因时而异,其结果必然无异于不确定。当企业被一个不确定的财务管理目标所引领,势必比摸着石头过河更加不可测度。在财务管理实践中盲目求大,其结果要么是过度膨胀导致泡沫幻灭,要么就是难以驾驭时局最终错失发展良机。

众所周知,价值是一个含义极为丰富的概念。从不同的认识角度来看,价值既是物理学概念,又是哲学概念,还可以是经济学概念;既是定性概念,又是定量概念。财务管理上研究的价值主要是定量的经济学概念,但价值最大化在借助股票市价法和现金流量折现法加以量化时并不完美。对股票市价法而言,股票市价本身只是某一个时点的价值反映,且其走势未必受企业真实经营实力的主导,有时受企业外界因素的影响可能更大,我们已经对某些 ST、PT 公司的股票逆势而涨的情况耳熟能详,其实这只能被当作企业投机取巧的某个机缘，绝非企业追求价值最大化的绝佳境界。对现金流量折现法而言，价值最大化的先决条件是现金流量的预估是否科学，一旦预估的现金流量不够科学造成预估现金流量偏离价值本身过大，则必然使企业的现时价值不能得到合理反映，何况现金流量折现的利率本身也因人为因素而具有极大的不确定性，因此难以保证折现后企业价值的客观性。很显然，一个连客观性都难以保证的价值核算指标是不能胜任企业财务管理目标的。据英国学者帕克(Pike)等人对英国公司财务管理目标定位情况进行的一项调查证明，企业管理人员对价值最大化的兴趣不是很大，许多美国企业的调查研究也认同这一观点，这充分印证了以价值最大化作为企业财务管理目标的衡量指标并没有得到广泛认同。

美国麦肯锡公司的汤姆·卡普兰、蒂姆·科勒和杰克·默林三位学者在《价值评估——公司价值的衡量和管理》一书中，将企业价值解释为"产生现金流量和基于现金流量的投资回报能力"，其本质是产生净现金流量的投资回报能力。虽然投资回报能力既可以用绝对量指标——净现金流量来衡量，也可以用相对量指标——用现金流量反映的投资回报率来衡量，但财务学理论和财务管理实践统一的共识更倾向于用相对量指标对"能力"进行衡量，如用资产负债率、流动比率、速动比率等指标反映企业偿债能力和用销售利润率、成本费用利润率等指标反映企业盈利能力便可证明。更有说服力的是，投资回报率具有相对指标可以用来比较的优势。例如，两个分别能够产生5 000万元和10 000万元净现金流量的公司，各自的投资额分别是2 000万元和8 000万元，单纯看净现金流量的话一定会认为后者优于前者，可它们的投资回报率却分别是250%和125%，前者是后者的2倍。如果可用资金不很充裕或者可用于循环投资的话，投资者必然会根据投资回报率做出选择前者的投资决策。对财务管理目标而言，在同一财务年度期初可用于投资的产权价值确定的前提下，以投资回报率作为财务管理目标的衡量指标更具可行性。

更进一步讲，财务管理作为一项经济管理活动，其结果是一定时期经营活动的价值反映，用净资产价值或净资产市值这种时点指标作为衡量财务活动结果的时期指标是不符合会计规则和财务常识的。而投资回报率却既能将实物资产的价值增值和有价证券的市场价值这些财务活动结果囊括其中，又能具备相对指标的比较优势，且在经营活动之前就事先加以确定作为经营活动的参照和控制依据，能切实发挥目标的引领作用。青岛海尔集团在其财务实践中已经尝试采用投资利润率作为财务管理目标，并且由此增强了盈利能力，这充分证明以投资回报率作为财务管理目标构成要素是有实践基础的。

与价值最大化相比，虽然投资回报率最大化不具考虑货币时间价值的优势，但是财务管理目标本身未必需要异常精确，何况货币时间价值对按年度制定财务管理目标的影响力并不大。综合前述分析来看，以投资回报率最大化作为企业财务管理目标的衡量指标比价值最大化更加合理。

虽然产权利益相关者和投资回报率可以作为人本财务管理目标的两个构成要素，但绝不可以将两者简单相加或者简要组合，而是应该结合财务管理实践及人本财务管理的人本特征加以系统设计。产权利益相关者既代表企业的产权归谁所有，又反映产权价值用于为谁增值，概括起来就是企业的产权价值归人力资本所有者和物力资本所有者所共有，并用于为人力资本所有者和物力资本所有者增值。投资回报率作为对产权价值增值能力进行衡量的具体指标，不只限于企业实体经营所带来的投资回报，还应该包括虚拟经营所带来的财富增长或缩减，如来自资本市场上的价值增值或减值。综合而言，人力资本所有者和物力资本所有者共同的价值追求就是产权价值在实体经营和虚拟经营两个市场上都能无限增值，用相对指标来衡量的话就是产权价值增值率最大化。以产权价值增值率最大化为人本财务管理目标，从产权归属上来说，已经确认了人力资本产权，产权终极激励机制可以充分体现以人为价值创造根本和价值分享根本的人本特征，遵循人本原则设计人本财务管理目标的目的性也已经得以体现。

3.3.2 人本财务管理的属性与本质

1）人本财务管理的属性

现行财务管理就是对有关金钱物资事务的管理，具体表现为对资金筹集、资金投放、资金运营、资金回收、盈余实现及盈余分配等一系列有关金钱物资事务的管理活动，通常称为财务管理活动。综观现行财务管理的研究重点历经筹资管理、资产管理到投资管理的发展史可见，促进价值保值增值是财务管理的根本属性。正因如此，财务管理才理所当然地被理论界和实务界一致认为是企业管理的核心业务活动。企业作为一个经营性组织，其经济目的就是为企业出资人创造更多的经济价值。如果财务管理不能有效促进企业价值保值增值,企业将不会容许财务管理活动存在,财务管理也将不可能得到长足发展,财务管理在企业管理中的核心地位更是无从谈起。追根溯源,财务管理的价值保值增值属性有赖于人的价值创造行为对物力资源的价值挖掘与创造。传统观点一致公认资金运动是财务管理的对象,资金的物性特征决定了它本身不会自我运动并产生价值保值增值,只有对资金具体实施价值创造行为的人才能通过供、产、销或进、销、存等生产经营活动实现价值的保值增值。财务管理实践告诉我们,同样的事务分别由不同的人来完成,其结果通常是不一样的,在经济价值上往往表现出很大的差异性。著名的"二八定律"已经证明,一个组织内通常由大约20%的人创造80%的价值,这充分说明人和人之间在创造价值时存在着较大的差异性。但这并不能说明人存在价值创造局限性就不能进行管理创新,著名的激励理论在实践中已经得到充分证实,人的价值创造能力可以通过一定的措施对人的价值创造行为加以激发。对财务管理而言,其价值保值增值属性必然要求其实施有效的财务管理手段,激发拥有自身人力资本产权的人力资本所有者在价值创造过程中具有充足的价值创造动力,能够充分释放其价值创造能力,使企业在承担必要社会责任所需经济代价的同时,能够以最少的经济代价创造出更多的经济价值,实现最为稳妥的价值保值和更加具有高品质、高效率的价值增值。

由于人力资本不能脱离作为其载体的"人"而单独存在,其价值创造能力得以释放程度的大小完全掌握在拥有人力资本的劳动者手中。因此,企业在确定财务管理手段时,就要充分考虑劳动者作为"人"不同于"物"的属性特征。"人"与"物"相比最为根本的不同特征是其具有主观能动性,财务管理对拥有人力资本且能自我掌控价值创造能力的人进行价值创造行为的激发,本质上就是对人所具有的主观能动性进行激励和启发,使人的价值创造动力彻底迸发出来。人的主观能动性常常受其心理感受满意程度的直接影响,这种影响来自物质回报和精神感受,物质上主要表现为人们对劳动报酬是否满意,精神上主要表现为人们对工作制度、工作环境是否满意。人的心理感受满意程度越高,其积极的主观能动性就越容易被激发出来,价值创造动力就越充足;反之,其积极的主观能动性就容易被抑制和削弱,消极的主观能动性就占据上风,价值创造动力就会不足。积极与消极主观能动性的发挥将对人力资本释放其价值创造能力分别产生正向和反向的影响,消极的主观能动性明显背离了企业的经济目的,因此,为全面激发人的积极的主观能动性,使人自觉增强内在价值创造动力，就要求企业采取的财务管理手段从设计理念、执行过程和执行结果等财务管理全过程都能让拥有人力资本并参与价值创造的人从心理上感到最大限度的满意，或者是最大限度地消除其不满意。

美国心理学家马斯洛的心理需求层次论告诉我们，物质需求和精神需求是分别处于低级和高级的两个层次。在市场经济已经充分发展的今天，物质需求和精神需求的层次划分已经不像以前那样清晰，在物质需求已经得到比较充分满足的同时，特别注重对精神满足感的追求已经成为人们很自然的一种心理预期。因此，财务管理对人力资本进行价值创造动力激发时就应该充分考虑这种变化，力求使财务管理手段能保障拥有自身人力资本的价值创造者同时获得物质需求和精神需求的最大满足。需要注意的是，财务管理手段对人力资本所有者价值创造动力的激发不仅仅要同时考虑物质需求和精神需求两个因素，更为重要的是不能顾此失彼而让拥有自身人力资本并参与企业经济价值创造的人感到不满意，由此可能引发人力资本所有者在释放价值创造能力时的消极情绪，从而导致价值创造品质和效率降低，最终不能有效促进企业经济目的的顺利实现。另外，适度的负激励也是必不可少的激励手段，对预防正激励弱化具有重要的制约作用。

从财务管理角度而言，满足并均衡人力资本所有者的物质需求和精神需求，采取适度的负激励，必须要有明确的依据和标准，即依据什么对人力资本所有者的物质需求和精神需求予以满足，对人力资本所有者的物质需求和精神需求分别应该满足到什么程度，采取何种形式和何等程度的负激励。这就需要制定一套包括财务管理体制、机制、制度和方法在内的科学合理的财务管理体系，以确保从根本上使人力资本所有者获得物质需求和精神需求的极大满足，同时对防范和制约人力资本所有者的价值创造行为的低效和无效具有必要的约束力。总之，财务管理的价值保值增值属性要求财务管理一定要注重对在价值创造过程中起决定性作用的人进行管理，这也正是人本财务管理的属性所在。

2）人本财务管理本质

在现行物本财务管理的文献中，人们对财务管理本质的认识并不统一。随着经济状况的不断发展和财务管理环境的不断变化，人们对财务管理本质的认识处于不断更新之中。依照财务管理本质的发展轨迹来看，主要有货币关系论(李儒训,1991;徐大海,1992;吴水澎,1996)、资金运动论(余绪缨,1995;齐寅峰,1997;王庆成,1999;杨淑娥,2000;谷祺和刘淑莲,2003;刘志远和李海英,2010)、价值分配论(王广明和刘贵生,1989;刘贵生,1993)、经济利益协调论(伍雄胜,1993)、本金投入与收益论(郭复初,1996;冯建,1999)、财务分层论(干胜道,1996;谢志华,1997;汤谷良,1997)、财权流动论(伍中信,1998)、资源配置论(李心合,2010)、利益相关者论(李心合,1999,2001,2003)等观点,这些观点的共同特点是都认可商品流和资金流的存在,商品流是资金流的外在表现,资金流是商品流的货币反映,它们都不否认资金流动是财务管理的基本特征。除此之外,还有些观点提及或触及了财务关系,如货币关系论就提及了财务关系,价值分配论、经济利益协调论、本金投入与收益论、利益相关者论等观点都分别从收益角度触及了财务关系,财务分层论、财权流动论和资源配置论分别从财务控制权角度探讨了财务关系。

笔者认为,不管是一直被教科书当作主流观点的资金运动论,还是一直被学术界密切关注的财务关系论,对财务管理本质的探讨和认定,从根本上说,都有值得商榷之处。所谓本质,就是指一事物区别于他事物的一种内部规定性,是决定这一事物是它自身而不是别的事物的根本特征。就现行财务管理而言,应注重从"对理财事务进行管理"这个角度来确定其本质。对理财事务进行管理,意味着首先要符合管理的本质;其次要将管理的本质融入理财事务中。关于管理的本质是什么的问题,目前可谓众说纷纭,莫衷一是。而管理的本质在于挖掘人的潜能(林子务,2000),使人"向善"(毛世英,2008),保护企业的生存和发展(谭玉清和杨玉莲,2007),管理的本质是管"理"(华强,2008),使合理秩序现实化(卢志明,1998),从无序变有序(曹文秀,2003),一种"治乱"的文化(龚志国和彭纪生,2004),为提高组织活动的整体效率所进行的决策、激励和协调的辩证统一(高冠新和郭启贵,2009)等众多观点中,其核心理念都是试图突出资源整合的效率和效果这个管理目标,而资源整合的任何方式都可以用"协调"来概括。因此,笔者认为管理的本质就是协调,协调的内容包括人力和物力在内的各种资源、各种业务活动、业务活动中各利益相关者之间的利益关系等。据此推理,财务管理的本质要将管理所具有的协调本质融入理财事务中,就意味着财务管理的本质是对理财事务中的人力资源和物力资源、价值流转的相关业务活动和利益相关者的权益配置关系进行协调。在现行以物为中心的物本财务管理中,由于没有将人力资源纳入财务管理体系，因此，财务管理的协调主要体现在以物为存在形式的资金运动中，对财务关系的协调也主要集中在物力资本所有者群体内部，劳动者没有权利参与权益分享，自然也就不是财务关系协调的相关关系人。可是，人本财务管理区别于物本财务管理的是，劳动者的人力资源价值分别以人力资产和人力资本形式得以确认。人本财务管理就应该协调人力和物力两种资源，劳动者作为人力资本所有者身份的价值创造行为所驱动的人力资本价值和物力资本价值流转，以及人力资本所有者和物力资本所有者之间的权益分享关系等内容，这些内容之间有一条被人力资本所有者的价值创造行为所驱动的价值流转所形成的主线，这条主线就是行为价值活动。人本财务管理对行为价值活动的管理，重在引导人力资本所有者自主提高行为价值活动的品质和效率，而引导的手段就是制度和方法。据此可以认为，通过制度和方法引导劳动者的价值创造行为，自主提高价值创造品质和效率就是人本财务管理的本质，由此将促进人力资本和物力资本共同保值增值的财务管理属性得以顺利实现。

3.3.3 人本财务管理的职能

有些学者对现行财务管理职能和财务管理手段、财务管理方法几乎是不加区分的，有些财务管理教材把财务预测、财务决策、财务预算、财务控制、财务分析等做法称为财务管理职能，有些财务管理教材却把它们称为财务管理方法，并把财务管理方法解释为财务管理手段。其实，财务管理职能、手段、方法是不一样的，各有各的内涵和构成内容。本书认为，人本财务管理重在通过以人为价值创造根本的财务管理体制、机制、制度、方法来协调人本财务关系，促进人力资本和物力资本价值协同保值增值。这些能够协调人本财务管理的财务管理体制、机制、制度和方法可以统称为人本财务管理手段。另外，财务管理所具有的促进人力资本和物力资本共同价值增值属性及引导劳动者的价值创造行为，自主提高价值创造品质和效率的财务管理本质，都需要借助于人本财务管理职能的实现来实现。

人本财务管理职能就是企业对价值运行系统开展人本财务管理工作所具有的内在功能。在人本财务管理的内涵界定中已经提到，人本财务管理的基本职能就是促进企业以系统化的人本方式产出价值。由于人本财务活动的内在表现形式是价值运行或价值流转，而企业的价值运行系统包括资本配置、资本经营和收益或亏损处置三个基本环节，资本配置环节的基本任务是资本额度与资本结构的计划和预算；资本经营环节的基本任务是以主导经济价值创造的人力资本所有者在价值创造过程中获得幸福感和愉悦感为前提，促进产权资本价值增值率的提高；收益或亏损处置环节的基本任务是使新增价值在产权资本利益相关者之间进行合理分享或者亏损分担，对应的财务活动是收益分割或亏损分割。人本财务管理在这三个价值运行环节必须分别发挥相应的功能，才能为人本财务管理的目标、目的和属性全部得以顺利实现提供必要保障。因此，与人本财务管理的内涵及理念相一致、与人本财务管理价值运行系统三个基本环节相匹配的三个具体职能将分别是人力资源主导物力资源配置职能、引导和控制价值创造行为职能、依据价值贡献决定价值回馈职能。

1）人力资源主导物力资源配置职能

财务资源配置是财务管理活动的重要内容，包括人力资源与物力资源之间的配置、人力资源之间的配置、物力资源之间的配置等。这些资源的有机配置是提高价值创造品质和效率的前提与基础。现行财务管理通常都是由物力资本所有者根据自己拥有或控制的物力资源来选择职业经理人，由此形成委托—代理关系。职业经理人的工作就是执行物力资本所有者制定的财务决策，为执行由物力资本所有者制定的财务决策就需要继续招募员工，由此形成下一个层面的委托—代理关系。这种委托—代理关系的背后反映的是物力资本所有者拥有的财务终极权利，而人力资本所有者只是被动地接受指挥，服从安排，遵循传统的价值创造模式，充当价值创造工具，人的主观能动性和创造性由此被抑制，由此可能导致人们在价值创造过程中经常会产生消极情绪，消极情绪可能引发的后果就是消极怠工、故意产生浪费、增加在职消费，直接与物力资本所有者对抗，对抗无果者可能选择离职甚至结束自己的生命，如2010年富士康公司员工连续13人跳楼结束自己的生命。应该说，委托—代理关系与现行物本财务管理模式相互促进，相辅相成，在一定程度上促进了企业经济增长和市场经济繁荣。然而，我们应该更加清楚地看到，正是委托—代理关系中各个层面上的代理人直接创造了企业的经济价值，他们在追求自己生存与发展的经济利益过程中客观地推动了企业经济价值和社会财富的共同增长，可是他们作为与“物”相对应的“人”的经济价值增长权益在现行财务管理中一直处于被漠视状态，或者仅被当作价值创造工具加以激励或惩罚。这既是对价值创造动力的认识偏移，更是对直接参与价值创造的人的人性的不尊重。马克思主义政治经济学已经告诉我们，生产力决定生产关系，生产关系反作用于生产力，如果生产关系已经开始制约生产力的发展，就必须变革生产关系。当前世界经济正处于物力资源越来越富足和知识经济的蓬勃发展时期，传统的委托—代理关系应该被委托/受托—自理关系所代替。所谓委托/受托—自理关系，就是企业员工因接受物力资本所有者的委托成为受托人，同时又因取得自身人力资本产权而成为人力资本所有者，在具体实施价值创造行为过程中不再需要物力资本所有者派人监督，完全可以以所有者的身份自主管理自己的价值创造行为，人力资本所有者与物力资本所有者之间就由当前的委托—代理关系变成实施人本财务管理之后的委托/受托—自理关系。当然，物力资本所有者之间所发生的委托—代理关系也将随之融入委托/受托—自理关系。委托/受托—自理关系的确定，意味着人力资本所有者已经成为财务管理主体，不但有权主导物力资源在价值创造过程中的存在形式、数量和结构等方面的配置，而且还可以对人力资源在价值创造过程中从种类、数量、结构、喜好、个性特征等方面进行有效配置，以便为开展由人力资本所有者主导的资本经营环节的价值发现与策划、价值决策与规划、价值驱动与激发、价值沟通与指导、价值诊断与调控、价值分析与评价、价值分配与分享等行为价值管理活动（徐国君等，2013）做好准备，这正是人本财务管理的人力资源主导物力资源配置资源职能的具体体现。

2）引导和控制价值创造行为职能

我们知道，在企业价值运行系统的资本经营环节，经营主体是提供价值创造行为并直接创造价值增值的人力资本所有者，要想使人力资本所有者的行为充分释放其人力资本价值，就需要对人的价值创造行为进行引导和控制，以全面激发出人力资本所有者内在的价值创造动力，从而提高其价值创造能力，最终实现价值增值的优质和高效。人本财务管理的人本特征要求对人的价值创造行为以引导为主，以控制为辅。人力资本所有者的价值创造行为贯穿于价值创造的全过程，不只包括直接产生价值增值的行为，也包括间接产生价值增值的行为。在制造业企业，直接产生价值的行为通常发生在生产部门和销售部门，间接产生价值的行为通常发生在除生产部门和销售部门之外的采购部门、行政和后勤管理部门、技术研发部门、基本建设部门等。对直接和间接产生价值的行为进行引导时，除采用人力资本产权与收益共享和亏损共担等通用的引导手段外，应该充分考虑价值创造行为的不同特征所引起的人力资本所有者的不同感受，分别采取不同的并且关键是能够增强人力资本所有者精神上满意感受的方式和方法。然而，行为心理学告诉我们，仅采取正向激励的做法是不够的，一旦人的满意感受增强到某一特定程度，激励效果就会下降，原本满意的制度或工作环境都有可能随着满意程度的下降而出现新的不满，由此将影响到价值创造的品质和效率。为此，人本财务管理还应该对可能出现的偏离财务管理目标的价值创造行为进行合理控制，以使其回到正常运行的价值创造轨道上来，由此确保所有人力资本所有者的价值创造行为都能在人本财务管理的控制范畴之内。但是，人本财务管理的控制职能需要与物本财务管理的控制职能区别开来。人本财务管理的控制职能强调的以人为价值创造根本的控制，是对人力资本所有者的价值创造行为以引导为主的控制，是对经过引导之后出现偏差行为的纠正，方式是让人力资本所有者在一定限度内自主选择并实施价值创造行为，是为实现人力资本所有者和物力资本所有者共有价值最大化财务目标而富有人性化的行为纠偏。而物本财务管理的控制职能则是限制劳动者价值创造行为的自主选择，是为实现物力资本所有者价值最大化财务目标而把人异化为物的非人性化的行为约束。可见，人本财务管理的引导和控制价值创造行为职能更有助于激发人力资本所有者价值创造的主动性、积极性和创造性，从而促进价值创造行为高品质、高效率地创造价值。

3）依据价值贡献决定价值回馈职能

人本财务管理的人本特征强调人是价值创造的根本，也必然应该有权参与新增价值分享，如果产生亏损，也理应参与分担。分享剩余收益和分担亏损就需要确定一个较为权威的依据，本书运用三维会计方法对人的价值创造贡献进行评价和分析，分别计量出每个价值创造者对新增价值的贡献，以此作为价值创造者参与剩余收益分享和亏损价值分担的直接依据。这样，对于工作勤勉、善于钻研并有能力进行技术创新的员工来说，就可以依据其贡献率较高的价值增值获得与之相匹配的较高的价值回报；反之，如果有惯于偷懒和搭便车的员工，则因此得到的价值回报可能会偏少；如果造成损失，亦有可能不但得不到价值回报，反而会因此需要赔偿给物力资本所有者所带来的价值损失。同样，假如一个班组、一个车间、一个分厂或者整个企业集团在某财务期间不但没有产生剩余收益，甚至造成亏损，将由这个班组、车间、分厂或者企业集团的相关员工共同分担由此带来的价值亏空和给物力资本所有者带来的损失。对物力资本所有者来说，则需要根据其出资有形资产或无形资产的数量多少和品质优劣确定物力资本额度和比重，以及所出资的资产在价值形成过程中的重要性程度，通过与各方物力资本所有者和人力资本所有者或者出资代表进行谈判的方式决定其对价值形成的贡献，并依据贡献比重参与分享剩余收益或分担亏损。这样可以有效规避因信息不对称而造成的劣币驱逐良币现象的发生，促使物力资本所有者忠诚于企业，以优质资产出资为人力资本所有者的价值创造行为提供高品质的基础条件。从某种意义上说，这也是对以人为价值创造根本观念的认可、尊重的具体体现。另外，依据价值贡献决定价值回馈职能，既可以使物力资本所有者一直谋划让人力资本所有者与其共担价值亏空风险的愿望成为现实，又可以让人力资本所有者一直耿耿于怀的物力资本所有者长期坚持单方面独享剩余收益的霸气做法宣告终结。同时，依据价值贡献决定价值回馈职能还可以将按劳分配、优劳优酬、奖勤罚懒、奖优罚劣的公平正义分配思想切实得以落地，这对于我们积极践行敬业、诚信与和谐的社会主义核心价值观具有重要的现实意义。

3.3.4 人本财务管理的主体与客体

1）人本财务管理的主体

人本财务管理强调人是财务管理的主体，这里的“人”既包括作为价值创造主体的人力资本所有者（即企业的全体员工，包括高层管理人员、中层管理人员、技术人员和普通员工），也包括不直接参与价值创造但是向企业提供物力资源作为价值创造基础条件的物力资本所有者。人力资本所有者因向企业直接提供价值创造行为，从而成为各自价值创造行为的管理主体。物力资本所有者因向企业提供产权性投资或提供债务性投资而产生产权性物力投资行为或债务性物力投资行为，从而分别成为管理各自投资行为的主体。

由于企业经济价值是人力资本所有者的价值创造行为创造的，因此，人力资本所有者作为价值创造主体理应在人本财务管理主体中居于核心地位，主要表现在主导资源有机配置和在一定制度规范下自主决定价值创造行为两个方面。在企业财务管理实践中，由于人力资本所有者分别处于不同层面或不同业务领域开展价值创造活动，因此，他们必然分别属于各自所处层面所负责业务领域的价值创造活动的主体地位。例如，一个商品销售小组组长，共负责6名业务员面向某居民小区销售家庭健身器材。此时，该销售小组组长就是整个销售小组价值创造活动主体的组织协调者，每名业务员就是只针对所负责片区或特定客户进行价值创造活动的主体。对于一个车间、一个分厂、一个企业集团也是如此，只要有价值创造活动，就会有财务管理主体存在，并且每位员工就是各自开展价值创造活动的财务管理主体，在价值创造过程中如何实施其价值创造行为，皆由其作为价值创造主体的个人在企业财务管理方法引导和一定制度规范下自主决定，只要不超越制度规范，就不会被价值创造行为监督人员干预或制止，这样才真正体现了作为“人”有权控制自身价值创造行为的主体性。

2）人本财务管理的客体

人本财务管理的客体是指人本财务管理的对象。理论界一致认为现行财务管理的对象是资金运动，包括资金筹集、资金投放、资金运营与资金回收和分配等内容。从人本财务管理视角看，资金运动就是人在价值创造过程中所表现出来的各种价值创造行为，这些行为包括筹资行为、投资行为、采购行为、生产行为、销售行为、科研行为、行政行为、后勤行为等。根据三维会计理论（徐国君，2003）可知，所有的价值创造行为都能用价值予以衡量，即行为价值。行为价值表现为行为增值、行为减值和行为净值三种状态。其中，行为增值和行为减值分别是在某财务期间的价值创造过程中处于绝对运动状态的价值创造行为表现；行为净值则表现为某财务期间由行为增值和行为减值两种状态在价值上相比较后得出的价值增值净额，是某财务期间人力资本所有者的价值创造行为所带来的价值净增值结果的静态反映，处于行为价值的相对运动状态。某财务期间产生的行为净值与该财务期间期初的资产价值共同构成期末的总资产价值，与该财务期间期初的权益价值共同构成期末的总权益价值。综合来看，人本财务管理可以将以行为、资产和权益三要素为载体的价值运动状态作为其管理对象。其中，行为体现了当期价值运动的绝对状态;资产和权益体现了当期价值运动的相对状态。由于行为是资产和权益发生增减变动的本原和动因(徐国君,2003),因此,行为价值的绝对运动状态应该成为人本财务管理客体的核心,即对价值创造行为的管理就应该成为人本财务管理的核心内容。

3.3.5 人本财务管理的制度体系与方法体系

人本财务管理的制度体系是指人本财务管理体制、机制和制度的统称,是人本财务管理中看不见的手,对人本财务关系的建立和协调具有直接的导向性作用。人本财务管理系统得以运行的关键是人力资本产权的确立,由此将有必要实行人力资本所有者和物力资本所有者共同财务治理机制,以及与之密切关联的人力资本所有者与物力资本所有者权益共享与风险共担机制。人力资本产权能够得以确立和相关机制能够得以建立的基础是财权配置,这必然面临着将目前由物力资本所有者独享的财权与人力资本所有者共同分享的权力和权利的分割问题。同时,以人为价值创造根本的人本财务管理特征,决定了人本财务管理实践适合采用以价值核算单元为中心的财权分散管理体制,以及价值创造行为财务和价值创造行为业务的协同机制。

人本财务管理方法体系是对人本财务管理中的价值流转活动进行综合性管理的操作方法,是人本财务管理中"看得见的手",对价值创造的品质和效率直接起到具体实现性作用,有利于促进和保障人本财务管理目标和目的的顺利实现。概括来说,人本财务管理方法体系包括一般性的综合管理方法和对资产、行为、权益三个要素的具体管理方法。同时,由于行为价值管理是人本财务管理的核心,因此,综合管理方法和具体管理方法应着重围绕行为价值创造管理进行系统化设计。

3.3.6 人本财务管理环境

财务管理环境就是影响企业财务管理机制运行的各种因素的总和,包括宏观环境和微观环境。目前,各种《财务管理》教材对财务管理环境构成种类的阐述并不一致,但基本上都对经济环境、金融环境和法律环境等宏观环境作了详细探讨,个别教材还提到了政治环境、社会环境、科学技术环境、教育文化环境等宏观环境，但对企业微观环境的探讨普遍较少，对中观环境只字未提。本书认为，仅就人本财务管理的现实需要角度出发，应该重点研究宏观环境中的经济环境、中观环境中的行业竞争环境对人本财务管理的重要影响，以及为适应人本财务管理的需要，人本财务管理要求企业内部微观环境中的组织结构与财务文化做出变化或保障。

1）宏观环境

不可否认，政治环境、文化环境、法律环境和社会环境等宏观环境对人本主义或以人为本氛围的营造、保障与诉求对人本财务管理的理论研究和实践探讨都具有重要影响，但最有直接影响力的宏观环境则是经济环境。当前世界经济正处于知识经济蓬勃发展的崭新时代，在经济价值创造中起决定性作用的是人的知识、技术和智慧。当人在价值创造中起决定作用时，人力资源成了促进企业价值增长最重要的资源，人力资源的稀缺性不断上升，物力资源的稀缺地位相对下降，人们普遍认识到物力资源和人力资源在价值创造过程中的作用正在此消彼长。人在价值创造中的决定性作用在财务管理中如何体现？如何通过财务管理手段使人有效发挥其在价值创造中的决定性作用？虽然现行财务管理已经开始探索财务激励与约束的诸多实践，但都未能将作为价值创造主体的人以财务要素的身份纳入财务管理，这就意味着现行财务管理已经与当前的知识经济环境有些格格不入，知识或智力越来越密集的经济发展形势迫使财务管理从价值创造的根本或中心问题上进行变革和创新。因此，知识经济时代已经为人本财务管理营造了坚实而丰厚的经济环境，人本财务管理是知识经济蓬勃发展的必然产物。

从政治环境来说，虽然国家从来不会运用政治手段干预企业财务管理，但不可否认的是，国家的政治制度对财务管理方向的引领作用绝对不可低估，经济发展一定是一国政治大力支持、培育并成长的结果。可以说，知识经济本身就是一个国家政治因素着力引导、影响和推动的产物。因此，与经济发展相匹配的政治文明程度一定是经济发展的重要保障。既然政治制度是决定知识经济的重要推手，政治制度也必定成为企业财务管理把关定向需要考虑的重要因素。近年来，虽然国际上个别国家之间依然偶有摩擦发生，但国际政局基本上还算稳定，这除了国与国之间、地区与地区之间军事和政治力量的制约与抗衡等因素外，从朴素的人性角度来说，应该相信会有人本主义的基本考量。综观西方资本主义经济发展的历程不难发现，自资本主义经济快速发展到一定程度之后，大大小小的经济危机时有发生，为应对资本主义经济关系带来的经济滞胀并由此可能引发的社会矛盾，发达资本主义国家便不得不尽力提高国民福利待遇，尊重人的个性发展，在表面上尽可能地营造出以人为本的政治制度，以期本国人民最大可能地认可国家的政治体制，期望以此换取本国政治危机的灭失或滞后反应。毋庸讳言，人们普遍感受到资本主义国家以人为本的温情氛围虽然未必一定是出自以人为本的真实本意，但同样不需怀疑的是，这将在一定程度上引导和推动本国知识经济建设和发展中非刻意地渗透出以人为本的迹象。久而久之，以人为本便可能潜移默化地成为企业财务管理过程中浑然天成的显性特征。社会主义国家本来就具有人民当家作主的基本特征，就我国而言，实行人民民主专政和人民代表大会制是中国的基本政治制度。自党的十五大以来，我国特别强调以人为本；党的十六届三中全会提出以人为本的基本目标；党的十六届四中全会提出构建和谐社会的基本目标；党的十七大进一步提出促进社会和谐的基本目标；党的十八届三中全会提出着眼于维护最广大人民根本利益和创新社会治理的基本目标。这些都充分反映了我国的政治制度正坚定不移地朝着以人为本方向发展的基本路径。因此，不管是内资企业还是外资企业，不管是国有企业还是民营企业，不管是跨国企业还是非跨国企业，在财务管理实践中体现以人为本的特征是顺应当前政治制度基本要求的，这为我们将以人为本的观念系统运用于财务管理实践提供了重要的政治制度保障。

从文化环境来看，人本主义在西方资本主义国家和东方的中国都一直居于主流地位。西方资本主义国家所倡导的现代人本主义文化是伴随着哲学界对科学理性主义的批判而产生的：首先是以叔本华和尼采的唯意志论为代表，基本表现是贬低理性、否定科学；其次是以胡塞尔的现象学为代表，胡塞尔在分析欧洲文明危机时，由批判科学技术进而明确提出了对“科学主义”哲学的批判，他在哲学界首次提出“科学技术促使人只关心物而忽略了对精神的追求”的基本观点；再次是以法兰克福学派为代表的思想家对科学技术在现代社会中的作用及科学主义哲学的片面性进行了全面、系统的批判性反思。法兰克福学派坚持批判科学主义着重强调科学技术在现代西方社会所发生的功能异化，并主张哲学的主题应该是人而不是物，而以实证主义为代表的科学主义却重物轻人，只崇尚肯定性、单面性的思维方法，忽略了思维的否定性、批判性等功能，关键是忽略了通过否定性和批判性思维由重物转向重人的人本主义倾向。以中国为代表的东方国家与西方人本主义文化相比则较为含蓄和厚重，不像西方现代人本主义批判科学主义那样富有感性的冲击力，但人本主义思想却源远流长且早已潜移默化到国家治理和民族文化之中，具有非凡的社会影响力。中国春秋时期的政治家管仲主张“以人为本，本理则国固，本乱则国危”和“仓廪实而知礼节，衣食足而知荣辱”，同时期的思想家、教育家孔子主张“仁者爱人”等人本思想。此外，党的十八大之后开始践行的社会主义核心价值观，其中的富强、民主、文明、和谐、自由、平等、公正等内容都是“以人为本”文化的集中体现。“以人为本”理念在文化领域的积淀、传承和发展将有效地为人本财务管理实践保驾护航。

从法律环境来看，《联合国宪章》对人权的定位是“人权首先就是人的尊严和价值”；我国《宪法》明确规定，国家尊重和保障人权；《2009 年中国人权事业的发展》白皮书则提出“人权首先就是生存和发展权”；《2012 中国人权进展》白皮书进一步强调“把保障人民的生存权、发展权放在首位”；我国《劳动法》规定，用人单位根据本单位的生产经营特点和经济效益，依法自主确定本单位的工资分配方式和工资水平，同时还要考虑劳动生产率因素。鉴于当前法律对人的尊严、价值、生存与发展的高度重视和重视高度，企业作为人的尊严、价值、生存与发展得以依存的基础平台，必须将人的尊严、价值、生存与发展充分融入与之密切相关的财务管理之中。人们在参与价值创造的过程中，不只是需要得到最基本的生活保障，而是需要得到“人之所以为人”的价值创造与分享尊严，否则将与法律的人权精神相悖。要想在企业财务管理中充分体现法律规定的人权精神，就需要企业通过财务管理手段构建人力资本产权机制、人是价值创造和管理的主体和人力资本所有者参与剩余收益分享机制，从企业制度这个源头上重视并切实推行以人为价值创造和管理根本的财务管理实践。可见，当前的国际和国内法律制度也将是实施人本财务管理的重要保障。

从社会环境来看，当前正面临着推行人本财务管理的强烈诉求。一方面，人力资本思想自 20 世纪 60 年代形成之后便在理论界获得广泛支持。美国企业界在 20 世纪 90 年代就已经开始了人力资本入股实践，我国著名 IT 企业联想集团总裁柳传志曾于 1994 年向中科院提出分红 35%的要求，上海浦东和温州的民营企业也在 2005 年和 2006 年纷纷将人力资本入股付诸实践。

这在社会上引起了较大的反响，营造了人力资源以人力资本身份参与企业经营并分享剩余收益的社会氛围。另一方面，近年来以中国为代表的新兴市场国家代工厂逐渐出现因员工工作时间过长、劳动强度过大、得不到最基本的人性关怀而引起的劳资矛盾。如富士康公司 2009 年至 2010 年持续发生的 13 起跳楼事件，已经引起社会对违反劳工权利的强烈谴责，美国公平劳工协会为此展开了对富士康公司违反劳工权利的系列调查。虽然说财务管理不是导致这些问题的直接原因，但试想一下，如果这些代工企业不把员工看作企业的劳动力，而是把员工作为企业的人力资本所有者，他们不至于靠跳楼来博取自己的权益。纵然从社会学、心理学、管理学、法学等角度都能找到对此社会问题的解决办法，然而财务管理更是有着天然的协调财务关系的优势。这将在一定程度上促进企业管理层从现行物本财务管理层面对"人"的反思，人在价值创造中的作用、地位、价值回报等系列问题将被重新加以思考和审视。虽然物力资本所有者目前仍然掌控着企业的财权，但是"人"作为支撑企业经济价值创造并不断增长的主导力量是不可回避的事实，即使富士康公司可以为躲避深圳劳动力成本不断上涨和员工连续 13 次跳楼引发的负面效应，而将代工厂迁址到劳动力丰富且劳动力成本相对低一些的河南，管理层也仍然不得不承认这只是缓兵之计，随着河南经济的发展和人力资源在企业发展中的地位逐渐上升，由物力资本所有者长期把持财务权而导致的财务资源配置权限失衡问题又将重新提上必须做出决断的日程。可见，企业生产经营中的物力资本所有者同人力资本所有者之间的财权配置问题已经不仅仅是企业自身的内部矛盾问题，而是一个被广泛关注的社会问题，同时也已经不再是可以久拖不决的问题，而是必须尽快做出抉择的问题，这是财务管理目前所面临的由物本向人本转型的极为紧迫的社会诉求。

2）中观环境

从中观环境来看，对企业实施人本财务管理最有直接促进作用的是企业所处的行业环境。众所周知，企业生存与发展一定离不开所处的行业环境。"同行是冤家"这句古训道出了同行之间相互竞争的真谛，而处于激烈的市场经济竞争中的现代企业已经普遍意识到，同行之间的竞争就是人才的竞争。在现实中，为了在同行之间的竞争中处于有利地位而展开人才争夺的案例已不鲜见。虽然当前企业的出资者和管理层还没有意识到人本财务管理变革的紧迫性和可行性，但从国际上众多知名公司不断尝试和探索财务激励和约束政策的财务实践来看，想必一定是已经明确感受到了现行财务管理给企业在行业竞争中带来的不便甚至桎梏。人本财务管理主张把“以人作为价值创造的中心和根本”纳入财务管理系统，赋予劳动者享有自身人力资本产权的终极激励，主张依据劳动者的价值贡献合理分享价值回报或分担价值亏损的财务管理机制，将有利于从源头上激发劳动者的积极性和创造性。因此，探索和尝试人本财务管理也是企业有效提升或保持其在行业中竞争优势的现实需要。

3）微观环境

就企业内部的微观环境来说，最为关键的就是企业组织结构与财务文化为了适应人本财务管理所需要做出的变革，这将通过组织变革和文化塑造为人本财务管理的顺利开展提供重要的内部环境保障。

4 人本财务管理的制度体系

4.1 人本财务管理制度体系的内涵与作用

1）人本财务管理制度体系的内涵

“制度”一词在《现代汉语词典》①中有两种解释：其一是大家共同遵守的办事规程和行动准则；其二是在一定历史条件下形成的政治经济文化等方面的体系。《辞海》②对“制度”有三种解释：其一是要求成员共同遵守的、按一定程序办事的规程；其二是在一定历史条件下形成的政治、经济、文化等方面的体系；其三是政治上的规模法度。《说文解字》③是分别对“制”和“度”加以解释的：制，裁也；度，法制也。综合上述解释，可以将制度理解为规范和引导组织成员行为的一系列准则和规程，具体分为根本制度、体制制度和具体制度三个层次。其中，根本制度就是宏观制度，体制制度就是中观体制，具体制度就是微观机制。企业作为一个经营组织，为引导劳动者价值创造行为的自主性、自觉性、创造性和有效性，也同样需要有相应的财务管理制度、体制和机制。结合人本财务管理的内涵及财务管理实践对制度所应具备功能的现实需要，笔者主张将人本财务管理制度体系理解为以财权共有为出发点，以利益共享为落脚点，旨在引导人力资本所有者自觉自愿地、认真勤勉地、尽职尽责地提高自身价值创造行为所产生的价值增值品质和效率，以实现产权价值增值率最大化财务管理目标，进而为劳资双方创造最大化共有价值的一系列财务管理制度、体制和机制的总称。

从财务管理系统运行过程来看，人本财务管理制度体系的内涵意在同时确

① 中国社会科学院语言研究所词典编辑室．现代汉语词典[M]．5版．北京：商务印书馆，2005：1756.

② 夏征农，陈至立．辞海[M]．6版．上海：上海辞书出版社，2009：509.

③ 许慎．说文解字[M]．上海：上海古籍出版社，2007：117.

认人力资本产权和物力资本产权的前提下分别从财权共有、收益共享和行为价值创造三个角度体现人本财务管理相对于物本财务管理所具有的人本特征。

2）人本财务管理制度体系的作用

人本财务管理制度是协调人本财务关系的基本手段，其基本作用可以包括以下四个方面：

第一，以产权契约形式促进人力资本所有者和物力资本所有者共赢共生。

美国经济学家科斯(1937)在其发表的《企业的性质》一文中，较为明确地提出了“企业是由一个市场契约代替一系列契约”的观点。周其仁(1996)将这个契约进一步解释为人力资本与非人力资本的特别合约。在科斯和周其仁看来，企业作为契约或合约的存在，不过是为了节约交易费用，其支持依据是人力资本所有者在创造价值时的劳动过程需要激励、约束和监督。换言之，在科斯和周其仁看来，对人力资本所有者的价值创造行为进行激励、约束和监督仅仅是为了借此达到节约交易费用，进而实现利润最大化或财富最大化的经营目的。可事实上，企业财富的增长绝不只有节约交易费用这一条渠道，还有一条更为重要的增加收入渠道似乎被忽略了。我们知道，约束和监督手段可以强制劳动者被动地、消极地接受企业管理层制定的各项制度、方法及工作流程，但其效果可能未必理想。而激励手段却是既可以促使劳动者主动地、积极地接受工作制度、方法和工作流程，以尽最大可能地节约交易费用，又可以激发劳动者自觉地、创造性地提高产品和劳务质量，提高劳动生产率，以尽最大可能地增加收入。只要激励到位，两条渠道可以同时打通，这正是所谓的节流与开源并举，自然会比单一地节约交易费用对企业财富的增长效果更为有利。可是，从当前企业采取的激励机制来看，无非是股权激励、期权激励、年薪制、在职消费、带薪休假等激励方式，本质上仍然都仅局限于把劳动者当作价值创造和财富增长的工具，其目的却是主要为了物力资本所有者创造最大化的财富，即使职业经理人、高级技术人员等部分劳动者因获激励而得到了一些股权，也仍然没有摆脱现行财务管理以物为价值创造和价值增值中心的固有模式，无法冲击到“人围着物转”的物本财务管理流程运转体系，“物”驱使“人”的现行根基仍异常牢固，无法撼动。这种意义上的契约对人力资本所有者的产权保护基本上是徒有其表，因而不可能从根本上触动劳动者源自内心和精神世界的动力神经。为此，有必要对人力资本所有者和物力资本所有者共同订立企业契约的目的性进行剖析。

我们知道,人力资本所有者和物力资本所有者都分别有着各自的利益追求,正是为了实现各自的利益追求,双方才走到一起订立契约。然而,虽然双方在追求自身利益的时候处在"攻和守、进和退"这种看似矛盾的对立面,但是只要契约得以订立,一定是双方通过博弈找到了势均力敌的平衡点,且通常来说,这个平衡点既考虑了近期的自身利益,又考虑了双方契约的长期存续,保护了双方利益的持久性。如果人力资本所有者和物力资本所有者不是鼠目寸光或者另有其他战略意图的话,基本上都会希望通过双方密切合作以实现各自近期的生存目标和长期的发展目标。这就需要双方共同努力,通过不断提升价值创造能力从而实现双方共同追求的持久的价值增值,这就是所谓的共赢共生,而产权契约却恰恰是人本财务管理制度的重要内容。

第二,促进"人"驱动"物"的行为价值创造系统构建。

从人类经济发展的历程来看生产要素在价值创造过程中的作用可以发现,财务管理就是"人"和"物"这两种要素在相互吸引、相互支持、相互博弈、相互促进中动态平衡的价值创造循环系统,其运行过程与中国古代易经哲学中的"阴阳互动而生万物"有异曲同工之妙。易经的阴阳互动理论认为,阴阳共存,阴阳互动,阴阳互变。所谓阴阳共存,即阴和阳是相伴而生、相对而行、互依互存、阴阳合一的。正如孔子在《易经·系辞上》中所言,一阴一阳谓之道。也就是说,阴阳共存是世界的本原、本体、规律或原理。《黄帝内经》也有"孤阴不生,独阳不长"或"无阳则阴无以生,无阴则阳无以化"之说,同样是强调阴阳共存的道理。所谓阴阳互动,则是指阴阳相互作用、生生不息。宋代周敦颐在《太极图说》中即说:"二气交感,化生万物,万物生生而变化无穷焉。"这就是说,阴阳交感互动,世界万物就能生生不息,延续发展,变化无穷。阴阳互变,就是指阴和阳不是绝对不变的,两者可以相互转化。著名的阴阳互动太极图(俗称"阴阳鱼",见图 4-1)就极其形象地描述了宇宙中的阴阳互动与互变关系。

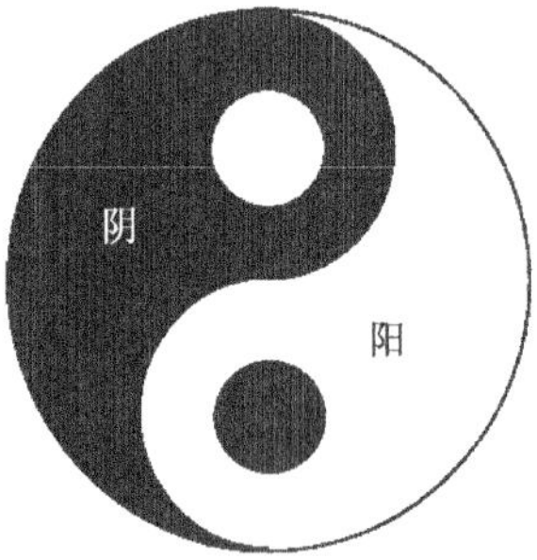

图 4-1　阴阳互动太极图

财务管理中的人和物这两个影响价值品质和效率的具体要素分别与宇宙中的阴和阳相对应。首先,表现为两者的相互吸引。虽然财务管理实践中不乏白手起家之说,但更多的是人力资本所有者和物力资本所有者为了实现各自的价值追求而选择相互合作，人和物相依相存，互不分离。因此，俗话说，巧妇难为无米之炊。除个别白手起家的特例之外，如果人离开物就缺少了劳动对象和劳动工具，由此便缺少了价值创造的载体，将无法创造价值，人自身的人力资本价值将得不到有效增值。同样，如果物离开了人，就缺少了作用于物的原动力，物不但不能自动增值，如果不能被有效利用，原有的本金价值甚至还将会发生贬值。因此，在市场经济社会，人力资本所有者和物力资本所有者为追求各自的经济价值，通常主动与自己认可的物或人进行合作。其次，两个具体要素在价值创造和价值分享环节既需要相互支持，密切配合，又必然会为各自利益展开相互博弈。不管博弈的结果如何，只要能够坚持合作，就意味着两个要素的所有者具有相对平衡的博弈能力，至少在某一特定时期内能够较为稳定地推进价值创造行为的有效实施。如果一方利益受损严重，原先的平衡状态可能就会被打破，此时就需要变更以前的合作条件，要么调整人力资本和物力资本的出资结构，要么调整人力资本所有者和物力资本所有者的利益分享比例，抑或价值创造的主导因素发生异位。通过这种方式促进人力资本所有者和物力资本所有者双方共同提高自身在价值创造中能够与对方博弈的筹码，即物力资本所有者可能采取增加物力资本投入量，提高投入资产的内在品质，人力资本所有者则将努力提升自身的价值创造能力和素养，这样便能有效促进企业价值创造能力的综合提高，从而为人力资本所有者和物力资本所有者创造出更多的价值。然而，毕竟人和物在价值创造过程中所起的作用是有着本质区别的，随着经济不断发展，社会财富不断积累，物力资源的稀缺性逐渐下降，企业能够筹集到物力资本的难度越来越低。此时，在工业经济及其以前的时代一直占有主导地位的物力资本，就要与一直处于被动地位的劳动者进行角色转换，实现物由阳转阴、人由阴转阳的互换（见图 4-2），人

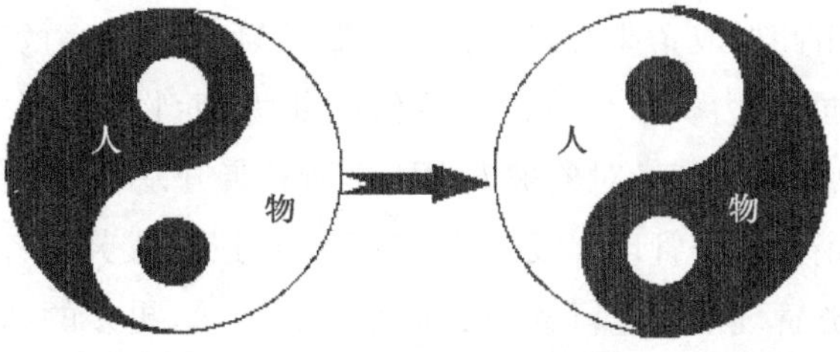

图 4-2 经济发展模式转换导致财务管理模式的转换

在经济发展中的主导作用逐渐凸显出来。也就是说,在知识经济时代,人对应于阳,物对应于阴,这就反映了经济发展模式的更替和变迁。

更进一步讲,虽然价值创造过程需要人和物这两个具体要素的互动与促进,但是价值创造系统的正常运转一定不能同时存在两个主导因素,只能由一个作为主导因素去驱动另一个因素,这个起驱动作用的因素就是阴阳太极中的阳,被驱动的因素就是阴。到目前为止,不外乎有"物驱动人"和"人驱动物"这两种价值创造状态。在工业经济时代及其以前的财务管理中,都是把物当作推动价值增长的主要因素,物就处在阳的位置,人则处在阴的位置。而到了知识经济时代,推动经济增长的因素已经由传统观念认为的"物"变成了"人",此时"人"就成了推动价值增长的主导因素。因此,"人"就处在阳的位置,"物"就处在阴的位置。

可见,处在当前知识经济时代且能够持续经营的企业中,企业财务管理必须是一个"人"驱动"物"的价值创造系统,且只有这个系统不断循环,企业方能在持续经营中得到发展。可是,单纯靠"人"与"物"的博弈可能太过于漫长,因此要想使财务管理系统跟上知识经济时代的要求,就必须依靠制度加以推动。

第三,促进企业全体员工人力资本化。

美国经济学家舒尔茨于1960年在美国经济协会的年会上以会长的身份作题为《论人力资本投资》的演说时首次为"人力资本"下了一个完整的定义。他认为,人力资本是体现在劳动者身上的一种资本类型,它以劳动者的数量和质量,即劳动者的知识程度、技术水平、工作能力和健康状况来表示,是这些方面价值的总和。从其内涵来看,人力资本的价值创造能力来自人力资本所有者所具有的知识、技术和技能,只要劳动者能够为企业提供具有价值创造能力的劳动,就可以证明其具有人力资本价值,因此也就应该成为人力资本所有者以及由此形成企业所有权。但需要质疑的是,人力资本与物力资本有着本质的不同,人力资本具有创造价值的能力,而物力资本只是创造价值的基础条件,只能作为劳动对象被人力资本所有者开发和利用。

在现实的企业财务管理实践中,我们看到真正承认劳动者享有人力资本产权并纳入财务管理系统进行管理的企业寥若晨星,更多的则是通过实施股权激励或期权激励等方式让部分员工,如高层管理人员和核心技术人员等成为股东。这些员工所持有的股份仍然是以物力资本的形式在企业财务管理中体现，员工自身的人力资本价值仍然没有在企业的财务管理系统中得到应有的体现，企业资本的范畴仍然只是单一的物力资本。这种做法虽然比员工持股之前在对人的价值重视程度方面已经有所进步，但只要不从本质上确认员工的人力资本身份，就明显违背了知识经济时代“人”已经成为价值创造根本的本质特征，不能从根本上激发员工创造价值的积极性和创造力，因此，员工因持股而成为股东的做法不具有实质意义上的人本财务管理特征。

就价值创造能力而言，美国经济学家舒尔茨依据其对“应付非均衡能力的价值”进行分析，把员工的能力分为学习能力、完成有意义工作的能力、进行各项文娱体育活动的能力、创造力和应付非均衡的能力五种。我国学者李忠民(1999)受其启发，把员工的能力分为一般能力(基础性能力)、完成特定工作的能力(如生产技能)、组织管理能力和资源配置能力四种。在此基础上，李忠民将企业员工所具有的人力资本划分为一般型、技能型、管理型和专家型四种不同类型。郭复初(2001)将人力资本分为经营型人力资本(高管人员)、管理型人力资本(一般管理人员)、科技型人力资本(技术人员)和生产型人力资本(生产员工)。周其仁(1996)也持“人力资本天然属于其个人”的观点。综合来看，理论界基本上都把价值创造能力作为衡量企业是否应该确认员工人力资本价值的根本标准，并且大部分观点都认为企业的所有员工都具有创造价值的能力，因此，企业的所有员工都是企业的人力资本所有者。可是，我们必须承认，人的价值创造能力一定是有所不同的，舒尔茨、李忠民、郭复初等学者之所以对人力资本进行分类，最为根本的出发点就是为了证明不同类别的人力资本所有者价值创造的能力存在差异。价值创造的能力存在差异，仅仅是员工创造价值的数量和质量有所不同，绝不应该将此作为界定一部分员工可以确认人力资本而另一部分人不能确认人力资本的理由。只要承认员工具有价值创造能力，就意味着员工具备享有自身人力资本产权的资格。因此，只要是正在工作岗位上依靠自身价值创造能力履行价值创造责任的所有员工，都是其自身人力资本的所有者，并且有资格享有自身人力资本产权。

显然，要想使全体员工都能拥有自身人力资本产权，在思想认识上还难以统一，但这又是不能不承认的事实。为此，就需要通过制度加以明确。

第四，促进人力资本所有者有权依其价值贡献参与企业剩余收益分享。

本书认为，随着人力资本产权的确认，企业将被人力资本所有者和物力资本所有者所共有。以债权人身份存在的债权所有者仍然没有放弃对其出借债权的产权资格，因而不能成为物力资本所有者。

在现行财务管理中，遵从为股东创造超额利润的价值观可以认为，企业的剩余收益就是超额利润，表现为税后利润扣除使用物力资本的机会成本后的利润剩余。但在人本财务管理中，遵从物力资本所有者和人力资本所有者共享新增价值的价值观可以认为，剩余收益就是企业一定财务期间内所实现的盈余价值，表现为企业全体员工创造的价值扣除使用物力资产的转移价值和人力资产的消耗价值。

一旦员工以人力资本所有者身份享有自身人力资本产权，就应该享有类似于财产所有权的相关权利，包括对人力资产的占有权、使用权、收益权和处置权。只要员工不离开企业，就相当于将其人力资产的占有权出让给了企业，因此也就不存在对人力资产处置权的运用。然而，使用权只属于员工本人，员工如何支配和投入自身人力资本价值数量的多少，都是通过员工在价值创造过程中的具体行为表现出来的。企业要想得到更多的价值，就要想办法激发员工的价值创造动力，使其尽可能多地释放价值创造能力。遵从人本财务管理的基本理念，就需要通过财务制度设计对员工的价值创造行为进行规范性引导，让员工有机会以人力资本所有者身份参与企业剩余收益分享，这是对员工价值创造行为加以规范性引导的重要机制。由于不同的员工对剩余收益的贡献程度可能不同，因此，有必要依据各自对经济价值所做的价值贡献比重，将其作为人力资本所有者分享收益的标准；同样，如果出现亏损，也要依据各自对亏损所占的比重分摊亏损。这种收益共享、风险共担的财务管理机制将有利于促进人力资本所有者价值创造行为在履行价值创造流程时尽最大可能地规范并创新，既能体现“价值创造的根本目的是为了人”的人本特性，又能有效破解现行财务管理中员工不承担亏损风险的历史性难题。

4.2 人本财务管理制度体系的构建原则

为促进人本财务管理制度发挥应有的作用，确保有机协调人本财务关系，在财务管理活动中有效地全面体现人本特征，就有必要进一步明确构建人本财务管理制度体系所应遵循的基本原则，且有必要与人本财务管理制度体系定义中明确的财权共有、收益共享和行为价值创造这三个问题相对应。笔者认为，人本财务管理制度体系的构建工作应该在权责利相对等、公平与效率互促、行为正外部性原则三项基本原则的框架内规范进行。

1）权责利相对等原则

权责利相对等原则是指人本财务管理制度体系必须确保企业财务管理活动中面向包括人力资本所有者和物力资本所有者在内的全体产权利益相关者全面体现权力、责任和利益（权利）之间的对应、平等与匹配关系，这是人本财务管理能够体现人本特征的最基本原则。其中，对应是指在人本财务管理制度体系中权力、责任与利益三要素必须同时体现，缺一不可；平等是指在人本财务管理制度体系中必须体现人力资本所有者和物力资本所有者对权力的拥有、责任的承担和利益的分享（亏损的分担）所应遵循的统一标准和规则，都有参与标准和规则制定的权利，都有执行标准和规则的义务，谁也没有特权侵占或剥夺其他产权利益相关者参与制定标准和规则的权利，标准和规则制定后，谁也没有权利超越或拒不执行；匹配是指人本财务管理制度必须从数量上确保权力、责任和利益（权利）三要素在包括人力资本所有者和物力资本所有者在内的所有产权利益相关者之间进行科学、合理的对照和配置。

对应和平等是着重从性质上体现人本主义特征的基本要求；匹配是着重从数量上体现人本主义特征的基本要求。在人本财务管理中，人本主义特征的核心则是从数量上体现出的以人为价值创造根本的特征。综合来看，权责利相对等原则是以人为价值创造根本、为核心的人本主义思想在财务管理中的系统体现。因此，权责利相对等原则是人本财务管理制度体系构建和执行的最根本原则。

2）公平与效率互促原则

公平与效率互促原则是指在财务管理中要先确保劳动环境、劳动条件和劳动回报等方面公平合理，让人力资本所有者和物力资本所有者都能因为公平合理而消除消极情绪，从而达到提高价值创造效率的目的。同时，价值创造效率的不同，又进一步决定了价值回报的不同。价值创造效率的大小意味着价值贡献率或价值贡献程度的大小，因此，由价值创造效率决定的价值回报，也就意味着价值贡献的多少决定着价值回报的多少，这又是多劳多得、少劳少得、不劳不得公平分配原则的客观体现。

可以说，公平与效率的关系协调不仅是国家和社会层面的经典难题，更是企业财务管理中需要通过财务关系予以协调的重要问题。对于有正常行为能力的人来说，以价值贡献为依据分享价值回报是基于劳动付出而获取回报的公平，这是最为本质意义上的公平。同时，人力资本所有者要想得到更多的价值回报，就必须提供更为高效的价值创造行为以便创造更多的行为净值，最终促进价值创造效率的不断提高，从而为高效实现产权价值投资回报率最大化的财务管理目标提供持久动力。

公平与效率互促原则既深入体现了以人为价值创造根本的人本财务管理特征，又可以为人本主义思想的付诸实施提供按劳动效率和效果获取回报的设计路径，为人力资本所有者和物力资本所有者共有价值最大化财务目标的顺利实现提供有效保障。由此可以认为，公平与效率互促原则是权责利相对等原则的拓展和深化。

3）行为正外部性原则

外部性是指在一个经济主体非自愿接受另一个经济主体为实现自身利益而实施的行为所带来的额外收益或成本。来自外部经济主体的额外收益现象被称为外部经济效应；来自外部经济主体的额外成本现象被称为外部不经济效应。这两种效应通常直接简化为外部经济和外部不经济。其中，外部经济就是正外部性；外部不经济就是负外部性。外部性具有相对性，从现实企业作为一个经济主体来看，既可能被动接受来自其他企业的外部性，又可能使其他企业被动接受本企业产生的外部性。无论市场是否规范还是市场规范到何种程度，企业作为经营主体在实施某项经济行为时，都一定是预算到本企业有利可图的，否则该项经济行为便不可能发生。由于任何企业作为经济主体主动实施的经济行为所带来的正外部性和负外部性都不是其本意为之，但正外部性和负外部性两者产生的经济后果却截然不同，正外部性是双赢或多赢，作为管理者自然不会干预其存在；而负外部性往往是单赢，对企业外部的经济主体往往造成成本增加，利益减少。目前，对解决负外部性问题已有两种比较成熟的思路：其一是庇古的政府调节思路；其二是科斯的界定产权制度解决思路。政府调节措施的关键就是通过税收手段将相关经济主体增加的额外外部成本内部化；界定产权制度措施的关键则是使遭受负外部性的经济主体以产权形式从造成负外部性的经济主体中获得收益。在企业实践中，最为可行的做法是将两者有机结合，政府调节和市场产权交易并存。

其实，企业内部各经济主体之间也存在类似于企业间的外部性效应。外部性的本质是不通过市场交易而给企业外部经济主体带来的额外收益或增加的额外成本，一旦财务管理把每个员工作为相对独立核算的经济主体，每个员工的价值创造行为给其他员工带来的额外收益或增加的额外成本，也就是正外部性或者负外部性效应。例如，员工为了自己增加计件工资而努力生产出高质量的半成品，为后面其他工序的生产降低次品率提供了良好的基础条件。又如，产品设计人员为了自己得到更多的创新回报而千方百计地设计出符合消费者喜好的产品，给销售人员拓展市场、降低销售成本、增加销售收入提供了先决条件。这些都是正外部性效应的具体体现。人的"经济人"特性和有限理性特征决定了员工在实施价值创造行为时一般不可能主动为他人增加额外收益，而更多的是利用信息不对称的客观现实和自身掌握的资源或权力，尽最大可能地为自己谋取利益，由此经常引发搭便车、以次充好、偷工减料等机会主义行为。这些机会主义行为将导致员工整体利益受损，如果财务管理制度不能对员工价值创造行为进行合理评价，必然将导致实施机会主义行为的员工侵占没有实施机会主义行为的员工利益，这显然违背了以人为本的财务管理目的。从长远来看，这极有可能导致机会主义行为盛行，危及企业的生存和可持续发展。因此，企业在财务管理实践中，应注重通过制度设计来引导员工价值创造行为，主动杜绝负外部性效应的发生，更多地为他人或组织带来正外部性效应。

行为正外部性原则既可以引导员工的价值创造行为主动自律地为他人或组织带来额外收益的增长，又可以据此对员工价值创造行为的品质和效率进行科学合理的评价，由此作为对员工价值回馈的重要依据。可见，行为正外部性原则既体现了以行为外部性施予者为本，又体现了以行为外部性授予者为本，这才是系统化以人为本理念的具体体现。

总之，人本财务管理制度体系的构建要系统、全面体现人本特征，既让人力资本所有者成为价值创造的主导者和受益者，又能让其在价值创造过程中实现对其自身价值创造行为的自我管理，这不仅能够有效制约人力资本所有者的道德风险和逆向选择等机会主义行为的“不能为”，而且还能够有效激励人力资本所有者自觉努力提高行为价值创造品质和效率，从而使得他们对道德风险和逆向选择等机会主义行为“不想为”，实现人力资本所有者和物力资本所有者的合作共赢。

4.3 人本财务管理制度体系的构建思路

人本财务管理制度体系的内涵强调的三个问题及其构建原则，为人本财务管理制度体系设计系统化地体现出人本财务管理内含的人本特征指明了方向，有利于人本财务管理以柔和的而非强硬的、引导的而非强制的无形之手达成人本财务管理目的。

在人本财务管理概念框架构建的切入点中对人本财务管理引发人本财务关系的阐述，说明产权利益相关者之间需要建立一种权责利的匹配关系，分别表现为财务资源配置环节的人力资本所有者和物力资本所有者之间的共有产权关系，资本回报处置环节的人力资本所有者和物力资本所有者之间的收益共享关系，资本经营环节的人力资本所有者与物力资本所有者之间的委托/受托—自理关系。这些人本财务关系最终需要具体体现在各项财务活动中，这就需要相应的制度对人本财务关系进行协调和保障。由此可以认为，正是基于协调人本财务关系的需要而构建一系列人本财务管理制度。进一步来说，如果不能从以上三个方面有机协调人本财务关系，不管什么样的财务管理制度都不能称其为有效的人本财务管理制度。因此，人本财务管理制度体系应该遵照此思路予以构建。

具体来说，价值保值增值是财务管理的基本属性，价值实现是劳动者一切价值创造行为的直接指向。行为就是人力资本所有者为创造价值而实施的各种价值创造行为，包括筹资行为、投资行为、采购行为、生产行为、销售行为、科研行为、行政行为、后勤行为等。行为是促进企业价值形成的直接动因，即使创造价值的设备、工艺流程、服务环节、服务时间、服务对象完全一致，对不同的劳动者来说，由于其行为存在差异，就有可能产生不同数量的价值。创造价值的多少取决于劳动者付出的劳动力代价的多少。一般来说，在同等情况下，付出的劳动力代价越大，劳动者价值创造行为产生的价值量就越大；反之亦然。根据组织行为学原理可知，除劳动者个体在内在追求方面可能存在差异外，劳动者愿意付出劳动力代价的大小，直接取决于劳动者所处的外在条件所能给予其行为动机带来的满足程度。不可否认，在市场经济社会，“经济人”假设依然成立。高效价值创造行为的动力源自人力资本所有者的内在动机，其中经济利益能否得到满足及其得到满足的程度是最为主要和根本的行为动机。对所有权与经营权相融合的独资企业来说，物力资本所有者与人力资本所有者是统一的，其经济利益不会产生分裂，因此其行为动机不受其他产权利益相关者的影响和干扰。但对公司制企业来说，现行财务管理中企业所有权一直由物力资本所有者所独有，经理层和普通员工等劳动者都是由物力资本所有者雇佣而来，“资本雇佣劳动”这种传统的单一产权体制使物力资本所有者和劳动者之间在财权的控制上表现为物力资本所有者单方面控制关系，劳动者只是以委托—代理的身份被动地对物力资本实施运营。在收益的处置上表现为物力资本所有者单方面控制关系，直接通过自身价值创造成为实现价值增值的劳动者却被物力资本所有者通过物权控制着人权，人力资本产权的缺失导致财权关系的不对等和收益关系的不公平，直接导致劳动者的行为动机得不到满足。很显然，这就为劳动者的价值创造行为有意识地背离财务管理目标埋下了隐患，甚至直接成为劳资矛盾的致命伤。与此同时，由于从事价值创造的劳动者与物力资本所有者之间存在着诸多的信息不对称，这就为劳动者在实施价值创造行为之前的“逆向选择”和实施价值创造行为过程中的“道德风险”提供了天然的庇护条件。由于企业管理当局采取的财务激励和约束政策不能从根本上调和劳动者和物力资本所有者之间、劳动者之间以及物力资本所有者之间因利益分配不科学、不合理而引发的经济利益矛盾，因此在现行财务管理实践中，难以避免劳动者在实施价值创造行为之前可能出现“逆向选择”和在实施价值创造行为过程中可能出现“道德风险”的困境，最终带来价值创造行为的外部不经济后果。要想从根本上调和劳资矛盾，就要用人本财务关系取代现行财务管理所体现的物本财务关系。

由于企业本质上是人力资本所有者和物力资本所有者共赢共生的产权契约，同时因产权具备外部性内部化的功能，可以通过界定产权作为价值创造行为主体对其自身价值创造行为后果负责的根本依据。因此，可以将产权作为构建人本财务关系的前提，即劳动者拥有其自身人力资本产权，成为人力资本所有者；出资者拥有其投入财产物资的物力资本产权，成为物力资本所有者。由于债权人没有放弃其投入财产物资的所有权，因此企业产权仅表现为由人力资本产权和产权性物力资本产权共同构成的二元产权机制。因产权的所有权性质决定了人力资本所有者将与产权性物力资本所有者在财务管理中处于同等地位，双方共同控制财务资源，共商财务决策，共享财务成果，人力资本所有者以产权所有者身份自我管理其价值创造行为，降低监督成本，提高价值创造品质和效率。共同控制财务资源与共商财务决策，意味着需要让劳动者通过享有自身人力资本产权而与产权性物力资本所有者共同成为企业财权所有者，由此形成人力资本所有者和产权性物力资本所有者在财权上的共有关系。共享财务成果意味着劳动者将以人力资本所有者身份，依据产权和自身价值贡献，与产权性物力资本所有者共享价值增值成果，由此形成人力资本所有者和物力资本所有者在收益处置上的共享关系。因人力资本产权的确认使得劳动者在价值创造过程中以产权资本所有者身份自觉管理自身的价值创造行为，现行财务管理中物力资本所有者与劳动者之间的委托—代理关系，将随着人力资本产权的确认，转变成委托/受托—自理关系。

为有机协调人力资本所有者和产权性物力资本所有者之间以各自拥有产权为前提的财权共有关系、收益共享关系和价值创造过程中的委托/受托—自理关系，就需要分别构建与之相对应的财务管理制度、体制或机制，由此形成人本财务管理制度体系。

首先，出资者和劳动者分别以人力资本所有者身份和产权性物力资本所有者身份成为产权所有者，由此形成的二元产权资本机制就成为企业人本财务管理的基础机制。产权的所有权性质必然要求人力资本所有者和物力资本所有者共同拥有企业财权，为避免财权配置失衡带来的一方或几方对其他产权利益相关者权益的侵害，就需要制定并实施二元产权资本结构下的财权制衡机制。该机制不仅能有效体现人力资本所有者和物力资本所有者因产权决定的财权共有关系，而且能为有效落实权责利相匹配原则中的责任和利益提供权力保障。

其次，为克服现行财务管理中不能体现劳动者承担财务风险和经营风险的弊端，人本财务管理在制度设计上就应该使人力资本所有者既可以与物力资本所有者共同分享剩余收益，又能够与物力资本所有者共同分担累积亏损，使行为与价值之间的内在关联度通过价值分享与亏损共担得以体现，实现付出与回报的价值匹配，从而实现真正的分配公平。在一定时期内，付出与回报的价值匹配所体现的分配公平，将反过来促进人力资本所有者努力提高价值创造品质和效率，从而得到更多的价值回报。因此，在资本回报处置环节有必要制定并实施价值贡献与价值回报匹配制度。同时，为引导人力资本所有者的价值创造行为，让其自觉自愿地放弃搭便车、以次充好、偷工减料等机会主义行为，认真勤勉地、尽职尽责地为他人或组织带来额外收益的增长，有必要在资本回报环节运用三维会计技术对每个行为中心，直至每个人力资本所有者的价值创造行为进行行为净值计量的同时，还要充分考虑每个行为中心或者每个人力资本所有者的价值创造行为给他人或者组织带来的负外部性或者正外部性，将负外部性的价值从行为净值中扣减，将正外部性的价值附加到行为净值，以此作为行为中心或者每个人力资本所有者的价值贡献。这就像只"无形的手"引导着人力资本所有者能够自觉地规范自己的价值创造行为，形成众人拾柴火焰高的价值创造状态。因此，在资本回报处置环节有必要制定并实施外部性融入价值贡献评价制度。这样，在资本回报环节就需要构建并实施外部性融入价值贡献评价和依价值贡献匹配价值回报制度。

最后，企业经营者与全体普通员工作为自身人力资本产权所有者和价值的直接创造者，通过资本经营实施价值创造行为，物力资产和人力资产的静态表现及其以行为价值存在的动态表现都是人力资本所有者作为财务管理主体所应管理的对象，尤其是人力资本所有者的价值创造行为作为创造价值的直接动因，是整合并充分利用物力资源及深度挖掘人力资源潜力进行价值创造的主导力量。因此，在财务管理实践中应将资本经营控制权赋予实施价值创造行为的主体，让人力资本所有者真正拥有实实在在的资本经营控制权。而在现行财务管理中，从表面上看劳动者都有权控制经营所需的物力资源并能够控制经营活动，但所有物力资源和经营活动的开展都最终受制于物力资本所有者委托的企业高层管理人员，所有的经营决策权都来自企业高层管理人员，其他人员都是被动地接受来自企业高层管理人员的行政指令，严重缺乏个人对价值创造行为的主导作用，主动性、积极性和创造性都受到了严重抑制，这样将阻碍财务管理价值保值增值属性的体现，最终将制约财务管理目标的顺利实现。为此，人本财务管理主张在资本经营环节制定并实施资本经营控制权分散管理体制，真正将资本经营控制权赋予价值创造人员，让他们在一定的规则下能够主导自己的价值创造行为，真正体现以人为价值创造根本的财务管理理念。

综上所述，为协调人本财务关系，需要构建相应的人本财务管理制度、体制与机制。具体来说，为确保财权共有关系的建立与有效执行，有必要构建二元产权资本结构下的财权制衡机制；为确保收益共享关系的建立与顺利实施，有必要构建外部性融入价值贡献评价和依价值贡献匹配价值回报制度；为确保价值创造过程中的委托/受托—自理关系的建立与顺利推行，有必要构建财务与业务协同的资本经营控制权分散管理体制。这样，人本财务管理制度体系也就表现为由二元产权资本结构下的财权制衡机制、外部性融入价值贡献评价与价值贡献和价值回报相匹配的价值分享制度、财务和业务协同的资本经营控制权分散管理体制等构成的基本框架。

4.4 二元产权资本机制下的财权制衡机制

4.4.1 一元产权向二元产权的演进

产权原本是个经济学概念，源于美国经济学家科斯首创的新制度经济学。科斯(1937)在探讨企业的性质时提出了交易成本理论，在探讨社会的成本时又提出了契约理论(1960)，前者重点探讨了企业存在的必要性，后者重点探讨了明确产权的必要性。其基本观点是，只要交易成本为零，产权无论归谁都将实现资源最优配置。换言之，现实世界不可能存在交易成本为零的情况，只要有交易费用存在，就会导致资源配置效率下降。因此，要想提高资源配置效率，就需要从产权界定入手，明确产权的归属。在此基础上，美国学者阿尔钦和德姆塞茨(1972)提出了团队生产理论。他们认为，正是由于企业对要素生产率和报酬的计量能力，以及对内部机会主义的监督能力优于市场，因此才能更加节约交易成本。美国学者詹森和麦克林(1976)认为，正是委托—代理关系的存在，才使得企业出现了“搭便车”等机会主义行为，由此增加的成本是代理成本。要想提高资源配置效率，就要降低代理成本，而要想降低代理成本，就需要界定产权。

在笔者看来，未必是市场交易成本的存在导致了企业的出现，团队生产的形式也未必就一定能节约交易成本。相反，对超标准在职消费、消极怠工、搭便车、投机取巧等机会主义行为的监管还会增加监管成本，而监管成本也是交易成本的重要组成部分。因此，机会主义行为的存在有可能导致交易成本增加，资源配置效率降低。这恰恰是代理成本理论的重要依据。由于产权具有激励和约束功能，因此，以公司制企业存在委托—代理关系为切入点，为了抑制甚至取消代理成本，有必要对产权进行界定，由此就形成了"委托—代理关系→机会主义行为→代理成本→产权界定"的内在逻辑。从这个逻辑看，把产权的出现认定为出于抑制或取消由委托—代理关系引发的机会主义行为所带来的代理成本似乎更为合理。因此，产权界定堪称协调产权利益相关者之间经济利益关系的一种最为根本的手段，它可以为人力资本所有者和物力资本所有者之间的权益纷争提供切实可行的制度依据，而且还可以为物力资本所有者之间、人力资本所有者之间在数量上进行权益分割提供切实可行的技术依据。

事实上，不管是交易成本还是代理成本，都把企业当作以交易契约为前提的经济组织。也就是说，经济学领域把企业当成是物力资本所有者购买劳动者的劳动力，劳动者为了得到工资报酬而出卖自己的劳动力，由此形成买和卖的契约关系。买和卖本身就意味着身份性质上的不对等，何况物力资本所有者在向劳动者支付报酬的时候处于主导定价的位置上，劳动者没有讨价还价的资质和能力。由此，劳动者对这种身份性质上的不对等及物力资本所有者强势地决定他们的劳动报酬的状况极为不满，于是他们回馈给物力资本所有者的就是消极怠工、"搭便车"、投机取巧等机会主义行为带来的显性成本或者隐性成本的增加，降低价值创造行为的品质和效率。虽然科斯、阿尔钦和德姆塞茨、詹森和麦克林等经济学家已经发现了问题的根源所在，并着手从产权角度积极探寻解决之道，但这毕竟不仅仅是经济学一门学科的责任，成本、效率和收益也都是财务管理所不能回避的问题。让人感觉有些遗憾的是，财务学家们迟迟没有从财务领域找出解决问题的有效办法。虽然自财务管理作为一门独立学科诞生以来，财务管理环境已经发生了历史性巨变，但财务管理的资本中一直体现的产权资本却仅有物力资本，所有的财务管理活动也一直主要是为物力资本所有者获取经济利益服务，具有价值创造功能的劳动力一直未能以人力资本所有者获得人力资本产权。因此，现行财务管理体现的是一元产权机制。

在产权理论方兴未艾之时，人力资本理论也如雨后春笋般快速成长起来。美国经济学家舒尔茨(1960)率先给出人力资本的定义，之后，贝克尔、罗默、詹森和麦克林、卢卡斯等人分别将制度经济学与人力资本相融合形成了人力资本产权理论，我国学者孔令锋和黄乾对人力资本产权进行了较为系统的研究，我国学者魏杰和赵俊超(2001)也提出允许运用资产的人以其自身的人力资本折作股份拥有一部分产权的构想。这为我们构建物力资本和人力资本二元产权机制提供了重要理论依据。20世纪末，美国财务学家梅耶斯和津盖尔斯提出了"财务资本与人力资本共同组成投资组合"的财务管理观念，我国会计学者阎达五和徐国君(1996)提出在会计中确认人力资本并在企业中确认人力资本所有者产权地位的建议；徐国君(1997)进一步构建了包含人力资本在内的劳动者权益会计体系；徐国君、马广林和樊培银(2002)首次在承认物力资本产权的基础上，从承认和确立人力资本的产权地位角度提出建立二元产权机制，实现企业产权主体的双维化；马广林和徐国君(2006)继续坚持建立二元产权机制的基本主张。随后，二元产权机制在徐国君教授指导的博士、硕士学位论文中都不断进行研究，为在财务管理中建立物力资本和人力资本二元产权机制奠定了坚实的理论基础。

很显然，在财务管理中构建二元产权机制就是确立物力资本产权与人力资本产权共融共生的财务管理机制，这意味着一种身份上平等地位的确立，出资者与劳动者之间不再是买和卖的交易契约关系，而是分别以物力资本所有者和人力资本所有者身份平等地合作、共商契约关系。此时的企业就像是为实现两者共同的财务目标而合伙种植的一颗果树，物力资本所有者出钱买土地、树苗，以及提供果树后期培植所需的肥料、水、各种管理工具的费用，人力资本所有者负责运树、种树，以及对果树负责施肥、浇水、剪枝、除草、捉虫、采摘果实等业务活动。双方共同努力，确保在外在环境不发生意外(如冰雹、霜冻等)的情况下，收获比任何一方单独努力更为丰硕的果实。这对双方都提出了为得到预期果实而应尽的责任。首先，需要物力资本所有者提供的树苗品质优良，土地肥沃，肥料和水源充足，管理工具适宜；其次，需要人力资本所有者精心栽种树苗，确保成活，施肥与浇水适量，剪枝恰当，除草和捉虫及时，呵护果实成长，选择适宜的时间和方法采摘，确保果实成色和不受损害。可是，果实丰收之后，如何让已承担责任、付出代价者分享成果，才能确保参与者后续的积极性呢？知识经济和信息技术的蓬勃发展促使企业不得不从价值创造的源头上寻求解决办法，同时确认人力资本产权和物力资本产权，由此形成二元产权。这既是知识经济社会发展的必然要求，也是实现劳资双方合作共赢的有效机制。

4.4.2 二元产权资本机制下的财权制衡机制构建

由于产权的所有权性质决定着企业财权的配置模式，因此，从一元产权资本机制到二元产权资本机制的演变，必然预示着现行物本财务管理中物力资本所有者单方面拥有企业财权模式的从此终结，取而代之的将是人力资本所有者和物力资本所有者共同拥有企业财权模式，这就需要将企业财权在包括人力资本所有者和物力资本所有者在内的所有产权利益相关者之间进行重新配置。

要想对企业财权进行合理有效配置，就有必要对财权的内涵进行合理界定。当前财务学者对财权的认识并不一致，以张敦力(2002)为代表的观点认为财权就是企业所有权，具体表现为对剩余索取权和剩余控制权的对称分配；以卢太平(2004)为代表的观点认为财权是产权的组成部分，法人产权主体因拥有占有、使用和处置权而拥有财权；以陈铁锋(2001)、雷光勇(2002)、曾繁英(2003)和杨淑娥(2004)等为代表的观点认为财权就是财务治理权，但具体内容有所不同。陈铁锋(2001)认为财权包括对财务活动的决策权、执行权、监督权和控制权；雷光勇(2002)认为财权包括对财务活动的决策权、控制权和监督权；曾繁英(2003)和杨淑娥(2004)的观点一致，都认为财权包括决策权、执行权和监督权。此外，张维迎(1996)从制度经济学角度提出财权包括剩余索取权和剩余控制权的观点，在理论界有着广泛的认可度。

笔者认为，对财权的内涵界定必须明确以下四个问题：其一，财权不同于产权。财权因企业合作契约的产生而产生，因企业合作契约的存续而存续，其产生和存续的基础是产权。产权就是财产所有权，跟企业合作契约的产生与存续无关。即使没有企业合作契约的产生和存续，只要产权的原始所有者——物力资本产权所有者和人力资本产权所有者存在，与物力或人力相关的产权就会存在。一旦物力资本产权所有者和人力资本产权所有者因合作需要而签订合作契约，他们将成为以企业为经营组织的产权利益相关者，此时，企业作为承载产权利益相关者经济利益的实现载体，其存续与发展的质量和未来走势将成为产权利益相关者共同关注的问题。而财权则是企业在产权利益相关者之间进行配置是否合理有效，从而决定企业存续和发展质量及未来走势的关键问题。其二，财权不等于财务治理权。由于对财权进行配置是财务治理的基本内容，因此，如果把财权等同于财务治理权，就相当于承认“对财务治理权进行配置是财务治理的基本内容”的说法是正确的。然而这种说法却是经不起推敲的。如果说对财权进行配置也是一种权力，这种权力就应该用“财权配置权”来描述，“财权配置权”显然不可能等于财权。由此可以证明财权不能等同于财务治理权。其三，财权表现为财务管理权力，而不是财务权利或财务管理权利。为实现产权价值增值率最大化的财务管理目标，有必要赋予财务管理主体与其责任相匹配的财务管理权力，财务管理权力表现为整合并利用财务资源以实现价值增值财务属性和产权价值增值率最大化的财务管理目标所必须具有的权力，这正符合权责利相匹配原则的基本要求。权力的赋予和运用具有明确的目的性——实现价值增值和使产权价值增值率最大化，通过制度设计对不同的财务管理主体分别赋予不同的财务管理权力，并对财务管理权力运用中系统体现人本思想予以规范和引导，是确保财务管理主体履行价值增值责任、实现产权价值增值率最大化财务管理目标的制度保障。值得强调的是，财权不是财务权利或财务管理权利。财务权利表现为因财务管理创造价值贡献应获得剩余收益的权利，这是通过财务管理制度赋予财务管理主体与其责任相匹配的财务管理权力并得以规范化运行后的财务结果。人本财务管理作为一项以价值管理为核心的管理活动，是运用系统化的以人为本的财务管理手段整合财务资源以创造最大化价值的动态过程，财务管理过程中根本找不到任何一种权利具有这样的功能。由此可见，财权也不是财务管理权利。因此，财权既不是财务权利，也不是财务管理权利，而是财务管理权力。这也同时印证了现行财务管理中将财权等同于财务权利或者财务管理权利的做法是缺乏严谨性的。其四，财权不能流动。财权作为一种财务管理权力，只具有质的属性，不具有量的属性。从质的属性来看，财权可以表现为不同的财务管理权力类型，如资本结构配置权、资本经营控制权和资本回报处置权。从量的属性来看，财权只是表现为以产权为基础确定的资本结构比例的大小，不具有随理财事务流动的数量特征。因此，以财权流动为基础研究财权配置是缺乏合理性的，但以产权为依据将财权在产权利益相关者之间进行不同比例结构的配置是完全可行的。

由以上分析可知，财权就是为实现产权利益相关者共同追求的最大化的共有价值而赋予产权利益相关者作为财务管理主体在财务管理活动中相应的财务管理权力。财务管理权力一定要依附于资金筹集、资金投放、资金运营、资金回收与分配等具体的财务活动，从资金的所有权性质角度来看，资金筹集、资金投放、资金运营这三项财务活动可以概括为资本经营活动，资金回收与分配活动可以表示为资本回报处置活动。其实，在资本经营活动之前还有一项资本结构配置活动，它是决定资金筹集的根本活动，是资本经营活动得以运行的前提和基础，与资本经营活动和资本回报处置活动共同构成企业的财务活动过程。对这些财务活动的管理就需要相应的权力，分别表现为资本结构配置权、资本经营控制权和资本回报处置权。在文献中学者们提及的决策权、执行权、监督权和控制权从性质上都属于财务管理权力范畴，都可以被囊括在资本结构配置权、资本经营控制权和资本回报处置权这三项财务管理权力之中。只有拥有资本结构配置权、资本经营控制权和资本回报处置权的人，才能拥有资本结构配置、资本经营控制和资本回报处置等财务活动的决策权、执行权、监督权和控制权。另外，由于决策权、执行权、监督权和控制权这四项权力在资本结构配置、资本经营控制和资本回报处置活动中可能存在交叉使用的情况，不便与财务管理活动相对应，由此可能造成不便于在资本所有者之间的有效配置，因此，可以将资本结构配置权、资本经营控制权和资本回报处置权看作财务管理的基本权力，将决策权、执行权、监督权和控制权看作配合三项基本权力实施的附属权力，同时，三项基本权力的实施将不同程度地依赖于四项附属权力。

由于财权主要表现为资本结构配置权、资本经营控制权和资本回报处置权这三项基本权力，因此可以理解为财权配置也就是对资本结构配置权、资本经营控制权和资本回报处置权这三项财务管理基本权力在产权所有者之间的配置。

在我国财务学界，财权配置被公认为是财务治理的核心内容。伍中信(2005)认为，国外学者尚没有系统、明确地提出财务治理这一概念范畴，目前在国内研究财务治理的学者对财务治理的认识也还没有达成一致。冯巧根(2000)认为，财务治理结构就是这样一种契约制度，它通过一定的财务治理手段，合理配置剩余索取权和控制权，以形成科学的自我约束机制和相互制衡机制，目的是协调利益相关者之间的利益和权责关系，促进他们长期合作，以保证企业的决策效率。杨淑娥(2002)认为，财务治理是通过财权在利益相关者之间的不同配置，从而调整利益相关者在财务体制中的地位，提高公司治理效率的一系列动态制度安排。张敦力(2002)认为，财务治理是界定与协调各利益相关主体在财权流动和分割中所处地位和作用，最终实现各主体在财权上相互约束、相互制衡关系，促使企业提高资源配置效率和效果的公司治理。衣龙新(2002)根据所有权安排逻辑构建了财权配置框架体系，以财权配置为基础初步构建了以财务治理结构、财务治理机制和财务治理行为规范为内容的财务治理体系。饶晓秋(2003)认为，财务治理实质是一种财权划分与制衡的财务管理体制，是一种财务权限划分。伍中信(2005)认为，企业财务治理结构的核心是财权配置，而财权配置的更核心问题便是建立一套激励与约束相融的财务制度或者财务机制，其中激励对人的行为起到发动机的作用，约束则起到方向调节和刹车作用，两者缺一不可。

从上述学者们的观点看，财务治理大致可以分为契约观、效率观和财权配置观三种观点。契约观是指利益相关者签订合作契约的目的是为得到与自身承担的责任相匹配的权力或权利，为保障自身的权力和权利而需要制定激励、约束与制衡制度。效率观是指为了提高治理效率而制定的一系列激励与约束制度，这里的提高治理效率可以包括资源有效配置、杜绝提供虚假信息等众多含义。财权配置观是指由于产权资本结构所决定的财务管理权力配置，为有效配置权力需要制定一系列激励与约束机制。

笔者认为，将这三种观点综合起来表述财务治理将更加完整，即财务治理是以资本结构为基础，以财权配置为手段，以提高价值增值效率为目的的一系列关于激励、约束和制衡的动态化制度。首先，资本结构是财务治理的基础，说明资本结构决定着产权所有者的治理资质和权限。其次，财权配置是财务治理的手段，说明通过财权配置可以让产权所有者实现其对自身权力的运用。再次，提高价值创造效率是目的，说明治理的结果是提高价值增值效率，这既包括提高企业整体的价值增值效率，也包括提高每个产权所有者的价值增值效率，是对产权所有者因为承担责任而应该得到权益的根本保障，也是财务管理保值增值属性的基本要求。最后，财务治理表现为一系列关于激励、约束和制衡的动态化制度，也就是说，以资本结构为基础对财权进行配置之后，如何有效实施这些权力，不仅需要制定一些对价值创造行为具有激励积极性和创造性、对机会主义行为起到规范和约束、对超越权力和违规使用权力起到制衡作用的制度，而且还需要对制度在执行过程中可能出现的各种偏离轨道的情况及时发现和纠偏，以使其能及时回到对实现财务目标有利的方向上来。

由此可见，财权配置具有两层含义：其一，由产权资本结构和财务管理保值增值属性决定的对资本结构配置权、资本经营控制权和资本回报处置权在产权所有者之间的划分，确定财务管理权力的归属问题，这是对财务管理权力的静态配置；其二，在企业持续经营过程中各产权资本所有者的权益比例结构可能发生变化，更为重要的是各产权资本所有者在企业持续经营过程中一直处于相互博弈的状态之中，这将使资本结构配置权、资本经营控制权和资本回报处置权这三项财务管理的基本权力需要在动态配置中使各方权力相互制衡，这是对财务管理权力的动态配置。财务管理权力的静态配置和动态配置的有机结合，便可构成二元产权资本机制下的财权制衡机制。

从财务管理权力的归属角度来看，二元产权资本结构下的财权配置本质上就是将资本结构配置权、资本经营控制权和资本回报处置权分别赋予由人力资本所有者和产权性物力资本所有者等产权资本所有者构成的财务管理主体，这是财权从属性方面进行配置的静态表现。产权的所有权性质决定了资本结构配置权应由人力资本所有者和物力资本所有者所共有，与之相对应的资本结构配置活动也将由人力资本所有者和产权性物力资本所有者共同实施。行为具有直接创造价值的特性决定了只有提供价值创造行为的人力资本所有者独有资本经营权，产权性物力资本所有者通常不具有资本经营权，但当产权性物力资本所有者也提供价值创造行为参与创造价值，此时将具有双重身份，既是产权性物力资本所有者，又是人力资本所有者，将以人力资本所有者身份与其他人力资本所有者共有资本经营权。产权的所有权性质和行为直接创造价值的特性共同决定了资本回报处置权应由人力资本所有者和产权性物力资本所有者所共有，与之相对应的资本回报处置活动也将由人力资本所有者和产权性物力资本所有者共同实施。这种财权配置思路恰恰与人本财务关系形成了有机弥合与双向互动，资本结构配置权由人力资本所有者和物力资本所有者所共有，以及与之相对应的资本结构配置活动也由人力资本所有者和产权性物力资本所有者共同实施，充分体现了二元产权资本结构下人力资本所有者和物力资本所有者的财权共有关系;资本回报处置权由人力资本所有者和产权性物力资本所有者所共有,以及与之相对应的资本回报处置活动也由人力资本所有者和物力资本所有者共同实施,充分体现了二元产权资本结构下人力资本所有者和物力资本所有者的收益共享关系。行为的创造价值特性决定的人力资本所有者独享资本经营权,充分体现了价值创造过程中人力资本所有者和物力资本所有者之间的委托/受托一自理关系。

财权的动态配置缘起于企业在持续经营过程中各产权资本所有者的权益在企业权益总额中比重的变化,由此将进一步引出各产权资本所有者之间的相互博弈。产权资本的数量变化可能缘起于经营之需,但产权资本结构的最终确定一定是产权资本所有者相互博弈的结果,博弈的结果直接决定着各自占有产权总资本的比重。由于产权决定财权,因此,产权资本比重的大小将直接影响产权资本所有者占有企业财权的权重,二元产权资本结构的比例大小将通过其决定财务管理权力的大小而影响到各自在剩余收益处置活动中的最终权益。从价值创造的动因角度来看,如果不能让人力资本所有者得到其预期的收益,必将通过其价值创造行为影响价值创造的品质和效率。因此,企业必须充分了解二元产权资本结构的动态调整对人力资本所有者获取收益的影响,以及可能由此对其收益预期产生的影响,尽可能按照人力资本所有者能够接受的收益预期来动态调整产权资本结构。同时,在制度设计上不能出现矫枉过正的倾向,在充分考虑人力资本所有者收益预期的同时,还必须确保产权性物力资本所有者在权益处置中的权力能够足以与人力资本所有者相制衡,否则产权性物力资本所有者也将失去提供优质物力资源的动力。为此,企业需要建立二元产权资本结构下的财权动态制衡机制。

财权动态制衡机制就是基于二元产权资本结构的人力资本所有者和物力资本所有者共同财务治理机制,即构建一系列能够使人力资本所有者和物力资本所有者相互监督、相互制约、相互促进、共同受益的制度,且这些制度不是一成不变的,而是根据企业经营状况、财务状况、企业战略、财务治理情况在不断动态调整的。例如,财务战略规划权的配置方式是以资本结构为基础,经过人力资本所有者和物力资本所有者相互谈判决定分别赋予各方制定财务战略规划的权力大小。首先,资本结构的确定本身就需要以市场评估价值为基础由双方进行谈判决定;其次,由资本结构决定的财务战略规划权大小也需要谈判。谈判过程本身就是一个制约过程。它意味着权力不是由哪一方单独掌控的，这样既可以避免单独某一方做出伤害另一方权益的决策，又可以避免单独一方做出的决策有失偏颇而让另一方也要与之共同承担风险的不公平性。又如，虽然资本配置权与资本经营权属于与价值创造行为不可分割的权力已经赋予了作为价值创造主体的人力资本所有者，但是物力资本所有者也有权力参与监督，如监事会、审计监督委员会等机构的成员构成中就有物力资本所有者和人力资本所有者的派出代表，分别监督对方在运用权力时可能出现的违规情况。产权各方对正在执行中的权力发现不合适且认为必须调整时，将会与对方进行谈判，重新商定最有利于提高价值增值效率的权力配置方案，这也是财权动态制衡的重要内容。

综上所述，企业构建二元产权资本结构下的财权动态制衡机制，通过机制明确产权所有者的相关财务管理权力，并明确二元产权资本结构的动态调整规则和目的，使产权资本所有者清楚地知道并能恰当地行使其作为财务管理主体在财务管理活动中的权力，由此确保产权所有者在维护自身权益的同时也不能侵害其他产权所有者的权益，真正起到财权动态制衡作用。

4.5 外部性融入价值贡献评价和价值贡献匹配价值回报制度

4.5.1 外部性融入价值贡献评价制度

产权资本对新增价值的贡献是评价产权资本价值创造品质和效率的重要标志，也是产权资本所有者据此分享新增价值的重要依据。因此，客观、科学地评价各产权资本对新增价值的贡献意义重大。

在现行财务管理中，由于人力资本没有得到确认，人力资本所有者的价值创造行为也就没有被纳入财务管理对象。因此，人力资本所有者的价值创造行为可能产生的外部性效应也就游离于财务评价体系之外，由此造成的对资本价值共享的评价也就有失客观和科学。

在人本财务管理中，人力资本与物力资本一同得到确认，人力资本所有者的价值创造行为成为财务管理的对象，因此，人力资本所有者价值创造行为的外部性效应也就有必要作为财务评价内容的重要组成部分。如果行为效应为正的外部性，则将正外部性价值与账面上的期末产权权益价值合并；如果行为效应为负的外部性，则将负外部性价值抵减账面上的期末产权权益价值；如果外部性为零，则期末产权权益价值不增不减。虽然目前国家层面没有要求以企业为单位分别计算其各自企业员工行为外部性效应，但企业作为一个由多个价值创造行为中心构成的组织，为了鼓励价值创造行为中心的员工行为能自觉自愿、认真勤勉、尽职尽责地创造价值，减少甚至杜绝负的外部性，增加正的外部性，企业财务评价体系的设计可以将各价值创造行为中心的外部性效应连同其相应的期末账面产权权益一并计算，形成各价值创造行为中心的期末实际产权权益。

以此作为评价人力资本所有者的价值创造行为对当期新增价值做出贡献的重要依据，有利于引导人力资本所有者在实施自己的价值创造行为时必须有所顾及，不能只为了实现自己所在行为价值创造中心等个体或者小部分群体的利益而侵害企业内部其他价值创造行为中心的利益，或者只关注近期利益而置未来利益于不顾，而应该在关注自身利益和现实利益的同时，重视其他产权利益相关者的利益和所有产权利益相关者的未来利益。归根结底，企业应该通过建立外部性融入价值贡献评价机制来引导企业所有人力资本所有者形成合力，尽可能多地为企业的其他产权利益相关者创造正的外部性效应。一旦所有人力资本所有者都能在这种机制的引导下提供具有正的外部性行为的价值观，将使企业形成一个良性循环的价值创造系统，将为企业长久可持续发展提供持久动力源泉。

4.5.2 价值贡献匹配价值回报制度

人力资本所有者的行为增值与行为减值的差异，即行为净值，就是企业当期的新增价值。新增价值扣除补偿性分割和发展性分割价值后即为当期新增的剩余收益，可能会出现正值、零和负值三种情况，对这三种情况剩余收益的合理分割是人本财务管理主体行使资本回报处置权的基本使命。毋庸置疑，人力资本所有者和物力资本所有者共同分享剩余收益是产权的所有权性质所决定的必然要求，但如何实现共同分享却是由人力资本所有者和物力资本所有者共同行使财权中的资本价值回报处置权所应解决的问题，而建立价值贡献与价值回报相匹配的价值分享制度恰恰是最具公平性和公正性的价值处置导向，这也是人本财务管理的人本特征的重要体现。另外，产权激励是对人力资本所有者的终极激励，产生的正外部性效应将会使人力资本所有者格外努力地提高其自身的经济价值创造能力，自觉自愿、认真勤勉、尽职尽责地通过价值创造行为释放更多的经济价值，进而促进企业经济价值的实现和不断增长，更加有效地体现人的经济价值与企业的经济价值共同协调发展的财务目的，最终将实现人力资本所有者分享剩余收益的同时，促进物力资本所有者的收益增长的双赢结局。

价值贡献匹配价值回报制度本质上是依据资本对价值的贡献大小，来确定资本所有者对剩余收益分享比例与额度，实施的关键是合理确定各产权所有者的价值贡献。通常来说，要先分别确定物力资本的价值贡献总额和人力资本的价值贡献总额，然后再分别确定每个物力资本所有者和每个人力资本所有者的价值贡献。只要每个产权所有者的价值贡献得以确定，就可以以此为依据，确定每个产权所有者参与分享剩余收益的额度。当然，如果剩余收益为零，则意味着没有剩余收益可以分享。如剩余收益为负，不但没有剩余收益可以分享，且除物力资本所有者和人力资本所有者不同决策失误招致亏损外，其他的所有亏损还应该由人力资本所有者共同承担。也就是说，出现剩余收益为负值的情况，需要先通过财务分析和财务评价查找原因，如果是因双方共同财务决策失误所致，就应由双方参照前述分享剩余收益的做法对亏损进行分割。如果不是因决策失误所致，就意味着人力资本所有者经营失败，不但没有为物力资本所有者实现行为净值，而且还造成了价值亏损，其亏损部分应该由人力资本所有者共同承担。这种收益共享、风险共担的财务管理机制充分体现了人本财务管理在资本回报处置权的运用上所渗透的权责利相匹配原则和其中内含的公平和公正等人本特征。

4.6 财务与业务协同的资本经营控制权分散管理体制

4.6.1 财务与业务协同机制

财务管理的基本属性就是使价值保值增值，而价值增值一定离不开每个人力资本所有者的价值创造行为。现代公司制企业往往因分工精细而划分成若干个工作团队。从人本财务管理角度而言，可以将每个团队视同一个相对独立的价值创造行为中心。虽然不同的价值创造中心具有各自不同的目的性、自主性和能动性，但所有的价值创造行为中心都有一个共同的价值导向，即通过自身的价值创造行为使各自所经营的业务（通常表现为投资项目）实现产权价值增值率最大化的财务管理目标，在所有价值创造行为中心的共同努力下，最终实现企业价值最大化的财务目标。这恰恰也是人本财务管理中一切财务管理活动的基本价值导向。因此，从人本财务管理角度而言，业务与财务在价值导向上有着天然的一致性。而现行财务管理因劳动者不能拥有自身人力资本产权，无法与物力资本所有者共有企业财权，也无法与物力资本所有者共享新增价值，因此，不具备人本财务管理的业务与财务价值导向一致性的基本特征。

业务与财务在价值导向上的一致性决定了财务与业务融合的必要性。人力资本所有者通过业务活动具体实施其价值创造行为，行为是否有效甚至高效都需要财务管理活动协助预测和决策。也就是说，从项目的计划开始，就需要由专业的财务管理活动参与预测其与财务管理目标是否吻合。如果不能吻合，则证明项目不具有可行性；否则，便可做出可行性的决策结论，业务活动便可得到执行。在项目的具体执行过程中，也要有财务管理活动参与，协助对价值创造行为进行效率和效果分析与评价，对可能偏离财务目标的价值创造行为及时提出停止、调整等建设性意见，以便于价值创造行为中心做出纠偏决策。在业务活动的实施过程中，财务管理活动还要实时参与对业务活动的检测与控制，以避免各种可能偏离财务管理目标的风险发生。

财务与业务的有机协同可以通过两个渠道加以解决：其一，在每个价值创造行为中心配备专业的财务管理人员。这样可以确保其提供的财务管理活动更加专业，可靠性更强，通常来说更有利于促进价值创造活动更加接近于企业财务目标。但这种做法也有一定缺陷，当某些价值创造活动所生产的产品或服务过于专业，而财务管理人员不能精准地加以理解和描述，有可能导致其提供的预测和决策方案出现失误甚至错误，这将是对价值创造行为的根本性误导，经营风险将不可避免。其二，对价值创造行为中心的部分人力资本所有者进行财务管理知识培训。在正常情况下，都由这些既懂价值创造专业技术又能运用其掌握的财务管理技能的人力资本所有者提供预测和决策方案；遇到非正常情况时，可以向企业统一配备的财务管理中心的专业人员求援，由他们协助做出预测和决策。后一种情况虽然可能效率较高，但是企业对直接参与价值创造的人力资本所有者培训财务管理知识，可能会有较大难度，毕竟在专业领域存在一定隔阂，一旦掌握不准，必将影响到预测和决策的可信度与可行性。可见，当前还没有一种绝对有效的方法可供使用，只好在财务管理实践中进行探索。青岛海尔集团自 2001 年开始推行战略 SBU，尝试将财务处大量的财务管理人员派到各自主经营体协助预测和决策，到后来提升到自主经营体、自主共赢体、自组织经营模式，一直坚持将财务管理活动与经营业务活动有效协同。其基本做法是通过人单合一模式，运用战略利润表，借助全面预算体系，将以前月底结账以公司为单位核算利润的做法，改造成为把利润核算到每个人的员工个人利润表（见表 4-1），借以驱动每个 SBU 或员工个人始终以用户为中心，通过经营表外资产实现表内资产的增值。青岛海尔集团实施的战略 SBU 极大地增强了各价值创造中心的价值增值能力，极有成效地提高了企业的价值创造品质和效率。青岛海尔集团官方网站资料显示，在 2001 年推行战略 SBU 的当年，营业收入就达到 602 亿元，比 2000 年的 406 亿元增长 48.28%，之后的营业收入虽有波动但总体保持了增长趋势，到 2014 年达到 2 007 亿元，这从实践角度较为有力地证明了财务与业务协同促进价值增长的可行性。

表 4-1　员工个人利润表

利润项目	当日	增长率
①营业收入		
索赔		
②营业成本及费用		
损失		
支付报酬		
增值提成		
③利润额		
所得税		
④个人提成		

4.6.2 资本经营控制权分散管理体制

由于与资本经营相关的财务活动主要包括资金筹集、资金投放、资金运营，因此资本经营控制权也就可以分解为资金筹集控制权、资金投放控制权和资金运营控制权。这里的控制权，主要表现为企业经营层及其以下各层级价值创造行为中心的人力资本所有者在接受股东大会和董事会的授权后，于组织资本经营过程中对所需物力资产和人力资产的筹集决策权、对物力资产和人力资产的配置权、对人力资本所有者价值创造行为的监督与控制权等。这些权力都要与具体的经营业务密切结合在一起，方能发挥其引导价值创造行为的功能和促进价值实现的效应。考虑到具体经营业务分别存在于企业经营层及其以下各层级价值创造行为中心的现实情况，企业的资本经营控制权也必然要被分散到企业经营层及其以下各层级价值创造行为中心，以便为其价值创造职责的顺利完成提供权力保障。于是，便形成了资本经营控制权分散管理体制。

这种以价值创造中心为价值核算主体且权力和责任相匹配的财权分散管理制度，能够清晰界定每个价值创造行为中心的价值创造结果，可以计算出各价值创造行为中心直至每个人力资本所有者的价值创造行为对某一财务期间价值增值的贡献，一方面可以以此作为对人力资本所有者进行分享价值回报的直接依据，另一方面可以对员工价值创造积极性和创造性进行激励或警示，促进以后的价值创造行为努力提高价值创造效率和效果。同时，财权分散管理不仅可以增强中下层价值创造行为中心人力资本所有者的自觉性，而且可以减少资源配置和财务控制的协调成本，有利于更好地体现出以人为价值创造根本的核心理念。

5　人本财务管理的方法体系

5.1　人本财务管理方法体系的含义及构成

人本财务管理方法体系是为使人本财务管理制度得以落实并直接用于推动财务管理活动开展而设计的具有可操作性的一系列方法的总称，是人本财务管理的手段、路径、措施的具体体现，能够保证价值创造品质和效率的实现。概括来说，人本财务管理方法体系包括一般性综合管理方法和针对资产、行为、权益三个人本财务管理要素的具体管理方法。

本书认可徐国君等(2013)关于财务管理的核心是价值管理、价值管理的核心是价值创造管理、价值创造管理应以人为本等人本思想。照此逻辑可以认为，任何经济活动都必然有价值流动，价值流动的预期结果是以人为中心创造新增价值，创造新增价值的经济活动过程和结果都反映着产权利益相关者的价值关系。因此，人本财务管理的一般性综合管理方法可以统一概括为：以人主导下的经济活动的价值形态为主要对象，以人为中心、为根本来组织价值活动、处理价值关系的系统的价值管理方法。同时，徐国君等(2013)已经从价值形态的流程角度提出了行为价值发现与策划、行为价值决策与规划、行为价值驱动与激发、行为价值沟通与指导、行为价值诊断与调控、行为价值分析与评价、行为价值分配与分享七项管理内容，但是并未对每项管理内容展开方法研究。在此，笔者将针对这七项内容尝试构建人本财务管理的一般性综合管理方法。

另外，不管经济活动的价值形态如何流动和呈现，都必须依附于价值形态的载体，即资产、行为和权益这三个人本财务管理要素。因此，人本财务管理的具体管理方法，也就必然要求渗透于对资产、行为和权益这三项人本财务管理要素进行管理的具体活动中。具体来说，对资产要素管理的核心是解决资源配置效率问题，管理的重点包括人力资产这个核心资产要素，已经外化形态的专利、品牌、商誉等的人力资产，以及人力资产与其他物力资产的匹配与结构配置。对行为要素管理的核心是解决行为价值管理的方法问题，管理的重点包括基于价值视角的行为者心理与行为管理成为财务管理的新的重要领域，其中最为关键的是行为价值增值的品质与效率，具体包括行为增值管理、行为减值管理和行为净值管理。对权益要素的管理核心是解决财务治理与权利分享问题，管理的重点包括人本财务治理、劳动者权益要素管理，以及劳动者权益要素与其他权益要素的结构配置。

5.2 人本财务管理方法体系的一般性综合管理方法

1) 行为价值发现与策划方法

在徐国君(2013)看来，行为价值发现，就是通过商业及相关信息的分析，找寻挖掘商业领域里能够通过行为附加释放出价值产出的商业机会。其基本依据是人的经营行为可以有多种选择，而且任何价值最终都是通过行为来实现的，因此，发现行为价值创造的商业机会，就具有战略意义。所谓行为价值策划，就是在行为价值发现的基础上，运用超常思维和智慧，围绕行为价值问题所作的谋划与安排。行为价值策划本质上是一种针对行为价值的智谋性的思维活动，它使行为价值创造成为系统的商业咨询方案。①

在笔者看来，人本财务管理需要针对行为价值发现和策划解决以下两个问题：其一是对通过行为附加释放出价值产出的商业机会进行界定；其二是针对行为价值发现的商业机会从行为价值角度确定商业策划方案。为方便说明问题，笔者引入日本三菱重工财团信息专家通过我国公开的照片及新闻发现商业机会的案例。

1964 年，《中国画报》的封面刊出这样一张照片：大庆油田的“铁人”王进喜头戴大狗皮帽，身穿厚棉袄，顶着鹅毛大雪，手握钻机刹把，眺望远方，在他背景远处错落地矗立着星星点点的高大井架。几乎同时，《人民中国》杂志撰文报道说，以王进喜为代表的中国工人阶级，为粉碎国外反对势力对我国的经济封锁和石油禁运，在极端困难的条件下，发扬“一不怕苦，二不怕死”的精

① 徐国君，等. 行为价值管理研究[M]. 大连：东北财经大学出版社，2013：20.

神，抢时间，争速度，不等马拉车拖，硬是用肩膀将几百吨采油设备扛到了工地。不久，《人民日报》报道了第三届全国人民代表大会开幕的消息，其中提到王进喜光荣地出席了大会。

当时，由于各种原因，大庆油田的具体情况是保密的。然而，上述几则由官方对外公开播发的极其普通的旨在宣传中国工人阶级伟大精神的照片和新闻，在日本三菱重工财团信息专家的手里变成了极为重要的经济信息，揭开了大庆油田的秘密：①根据对照片和新闻报道的分析，可以断定大庆油田的大致位置在中国东北的北部，且离铁路线不远。其依据是，唯有中国东北的北部寒冷区，采油工人才需戴这种大狗皮帽和穿厚棉袄；唯有油田离铁路线不远，王进喜等大庆油田的采油工人们才能用肩膀将百吨设备运到油田。因此，只需找一张中国地图，就可轻而易举地标出大庆油田的大致方位。②根据对照片和有关新闻报道的分析，可以推断出大庆油田的大致储量和产量，并可确定是否已开始出油。其依据是：首先从照片中王进喜所站的钻台上握手柄的架式，推算出油井的直径是多少；其次从王进喜所站的钻台油井与他背后隐露的油井之间的距离和密度，又可以推算出油田的大致储量和产量；再次从王进喜出席了全国第三届人民代表大会，可以肯定大庆油田出油了，不然王进喜是不会当代表的。③根据中国当时的技术水准和能力及中国对石油的需求，中国必定要大量引进采油设备。

于是，日本三菱重工财团迅速集中有关专家和人员，在对所获信息进行剖析和处理之后，全面设计出了适合中国大庆油田的采油设备，做好充分的夺标准备。果然，不久中国政府就向世界市场寻求石油开采设备。三菱重工财团以最快的速度和最符合中国所要求的设计设备获得中国巨额订货，赚了一笔巨额利润。而此时，西方石油大国却只能目瞪口呆，还未回过神来呢！

通过上述案例可以认为，对行为附加释放出价值产出的商业机会的界定未必需要或者未必能找到直接证据，佐证证据往往成为判断商业机会的主要证据，并且佐证证据也未必是定量的，这将导致企业对商业机会的判断和认定难以完全、确定地达到量化要求。因此，针对行为价值发现的商业机会界定，往往是通过直觉判断、逻辑推理、专家论证等方法来完成。

另外，通过该案例，我们还可以对行为价值发现的商业机会从行为价值角度确定的商业策划方案中得到借鉴。笔者认为，较为可行的操作方法是找专家对发现的商业机会进行论证，针对商业机会可能出现的各种情况进行预测，并在专家指导下或者委托专家单独针对商业机会制订多个可操作方案，以备员工或者行为价值中心进行选择。

2）行为价值决策与规划方法

行为价值决策是指对行为价值策划的多个方案进行优化选择、做出决定的过程。这成为实际执行的前提。行为价值规划则是在行为价值决策的基础上，按照实施步骤分经营阶段（如年度、季度、月度）做出具体可操作性的统筹设计，它为实际执行提供了具体行动指南。[①]

从价值增值角度考虑来选择方案，是决定某种通过价值发现行为提供的商业机会是否可行的基本前提。前述案例中虽未透露日本三菱重工财团获利的额度，但“巨额利润”一定不仅是利润数量巨大，通过这个机会所获得的利润率想必也会大大超出了当时企业规定的利润率标准。据此案例，同时考虑可比性和企业发展目标等因素，笔者认为，适合行为价值决策活动的首选方法是投资额确定的价值增值率比较法。即在投资额相同或者相近的多个商业机会中，分别估算每个商业机会的价值增值率，然后与企业财务管理目标确定的产权价值增值率进行比较，除去客观条件受限等因素外，价值增值率最高者对应的商业机会便可为首选。当然，对企业来说，仅考虑某个商业机会的价值增值率是不够的。因为有时虽然某个商业机会的价值增值率最高，但价值增值额度偏小也是不可取的。可是，也不能仅仅为了追求价值增值额而完全忽视价值增值率的水平，因为过低的价值增值率不仅是企业自身未来发展的障碍，同时也是不符合行业竞争规则要求的。因此，笔者认为，可供行为价值决策活动使用的补充方法则是价值增值率不低于行业平均水平的价值增值额最大法。即首先同时计算多个备选方案的价值增值率，将价值增值率低于行业平均增值率的方案淘汰；其次再计算剩余方案的价值增值额，从中选择价值增值额最大者。

因不同商业机会项目的具体内容和实施步骤有所不同，行为价值规划方案的具体设计内容也将有所不同，但其基本内容应该包括项目名称、实施时间、实施地点、人力资产需要量、物力资产需要量、无形资产需要量、价值创造流程、预期行为价值（包括预期行为增值、预期行为减值、预期行为净值）等。

---

① 徐国君，等．行为价值管理研究[M]．大连：东北财经大学出版社，2013：20.

3）行为价值驱动与激发方法

所谓行为价值驱动与激发，就是以行为价值优化为目的，通过机制设计、制度安排和动态行为管理，实现行为者的价值创造导向的自发性内在驱动和激发性外在推动。其中确认人力资本产权是根本问题。[①] 笔者认为，行为价值驱动与激发方法的关键在于通过确认人力资本产权，来保障劳动者在企业价值创造过程中的主导地位和在价值分享过程中的主体地位，为此，以未来收益现时价值为基础的博弈法较为适宜。

顾名思义，以未来收益现时价值为基础的博弈法就是指以未来收益的现时价值作为配置资本结构的基础，但资本结构最终的配置结果还要取决于各财务管理主体以其产权资本所有者身份所具有的博弈能力。

博弈有合作博弈和非合作博弈之分。根据"经济人"假设及行为科学理论可知，作为价值创造主体的劳动者在价值创造过程中并不是出于对其他合作者价值最大化的集体理性来考量，更多的可能是为追求自身利益最大化的个人理性行为。因此，出资者要想实现自身追求价值最大化的财务目标，就必须主动将其利益与劳动者融合在一起，以使劳动者在追求自身价值最大化的同时，同步为出资者带来最大化的价值。然而，现行财务管理的资本结构，只是由物力资本和负债组成的资本结构，人力资本产权没有得到体现，劳动者也就因此不能以人力资本所有者身份，获得由产权派生的全面的财务管理权力和参与分享剩余收益的权利，这就导致了出资者和劳动者之间实质上处于非合作状态，劳动者在价值创造过程中经常出现的"搭便车"、以次充好、偷工减料等机会主义行为及出资者在财务管理中将劳动者薪酬作为成本，并将降低人工成本作为增加自身利润等做法就是非合作博弈的基本佐证。非合作博弈虽然不一定具有完全的纳什均衡倾向，但现行财务管理中不包含人力资本产权的资本结构，从而导致出资者和劳动者的财务目标不一致，并由此引发的利益纷争弱化了企业价值的提升能力。基于此，本书主张将人力资本纳入财务管理，在资本结构中包含产权资本与负债，其中产权资本又包含人力资本和物力资本，由此形成包含人力资本、物力资本和负债在内的二元三

① 徐国君，等. 行为价值管理研究[M]. 大连：东北财经大学出版社，2013：20-21.

源资本结构(马广林和徐国君,2006)。[①] 由于经评估确定的资产未来收益现时价值仍存在一定的主观性,同时出于让人力资本所有者和物力资本所有者从实质到形式都能实现真正的合作考虑,本书认为不宜直接用经评估确定的资产未来收益现时价值作为产权资本结构配置的直接依据。但可以在财务期间开始时对资本进行评估确定的资本未来收益现时价值为基础,分别由物力资本所有者和人力资本所有者经过充分博弈最终确定资本结构。具体做法是,在股东大会中分别设置物力资本所有者和人力资本所有者代表机构,或者根据企业章程直接按股权比例派出双方代表进行商讨。商讨的内容包括在人本企业战略与人本企业目标指导下的人本财务战略和人本财务目标,以及为贯彻人本财务战略和实现人本财务目标所需要的资本总额,进一步确定产权资本总额和负债总额,并商定产权资本中人力资本和物力资本的比例。

采用未来收益现时价值为基础的博弈法确定产权资本结构的最终配置方案,既能有效避免历史时期与财务运行期间因环境变化可能带来的价值不符,又可以避免博弈各方缺乏根据地随意估值,同时还让产权资本所有者各方都能充分博弈,在博弈过程中体现各自的价值实现意志。最终的产权资本结构配置方案体现了产权所有者各方共同商定决策的平等地位,有利于增强产权资产所有者各方对财务管理的认同感,进而有利于人力资本所有者提高价值创造行为的品质和效率。因此,采用未来收益现时价值为基础的博弈法确定产权资本结构的最终配置方案,应当是行为价值驱动与激发的较为理想的现实方法选择。

4) 行为价值沟通与指导方法

所谓行为价值沟通,是指组织中人与人之间围绕价值进行思想信息、情感、态度、评价等交流的互动过程。所谓行为价值指导,是主导方就价值导向对接受方进行指引影响的过程。[②]

组织中人与人之间的行为价值沟通主要包括制定协调一致的财务目标

---

① 所谓“二元”,是指在传统只承认物力资本产权的基础上,承认和确立人力资本的产权地位,即建立“二元产权机制”。所谓“三源”,是指在二元产权机制下,企业的资本来源于三个性质不同的方向:物力资本所有者、债权人和人力资本所有者。引见:马广林,徐国君.试论二元三源资本结构[J].中国海洋大学学报(社会科学版),2006(4):26-29.

② 徐国君,等.行为价值管理研究[M].大连:东北财经大学出版社,2013:21.

和价值创造过程中实时公布价值创造信息两项内容。其中，协调一致的财务目标包括组织财务目标和对组织财务目标分解后的个人财务目标；价值创造过程中实时公布价值创造信息是指运用三维会计技术与现代信息和计算机技术，能让组织中的人随时了解行为增值、行为减值和行为净值情况，不同的人都能利用这些实时信息对价值创造行为带来的价值品质和效率做出基本一致的评价，由此明确价值创造行为是否需要调整以及明确调整方向。行为价值指导可以分为常规指导和非常规指导两种情况。所谓常规指导，是指在行为价值开始实施之前就以财务目标或财务管理目标及行为价值预算为指导；所谓非常规指导，是指如果通过实时的三维会计信息发现价值创造行为偏离了正常轨道，由专门的财务管理人员或者价值创造行为中心负责人在充分沟通的前提下引导相关价值创造人员修正自身的价值创造行为，使其回归到促进财务目标实现的轨道上来。因此，从人本财务管理视角来看，适合行为价值沟通的方法主要是附加值实时呈现法，适合行为价值指导的方法可以是目标和行为价值预算引领法。

附加值实时呈现法是指充分利用互联网现代信息技术和计算机技术，将三维会计系统核算的行为价值增值、行为价值减值和行为价值净值（行为附加值）实时地发布到价值创造人员所在工作场所的电子屏幕上，对于工作场所不固定的人员，可以将上述信息实时推送到这些价值创造人员随身携带的手机上的方法。同时，上述信息还要实时提供给对行为价值负有管理责任的工作人员，这样能促进管理人员采取措施实时进行引导。

目标和行为价值预算引领法就是运用人本财务管理目标和行为价值预算，引领价值创造人员规范自身价值创造行为，努力提升价值创造的品质和效率的方法。

之所以说人本财务管理目标具有引领价值创造行为的功能，是因为人本财务管理目标是落实人本企业目标的具体指标，而人本企业目标根本上就表现为实现企业的人本使命，人本使命的实现必将使企业的产权利益相关者得到包括物质和精神上的相关实惠。进一步说，财务管理目标是价值创造行为的基本价值导向，财务管理目标的定位必须具有人本特征，而财务管理毕竟只是企业管理的核心环节，财务管理目标是否具有人本特征不是财务管理系统自身所能决定的，归根结底还要取决于企业战略是否具有人本特征。因此，人本财务管理目标是人本企业战略在价值创造与管理方面的集中体现。

人本财务目标和人本财务管理目标都可以通过行为价值预算的制定和实施得到体现。行为价值预算就是在企业财务战略引导下，由价值创造行为中心根据自身价值创造能力和财务目标及财务管理目标所编制的能够反映该中心价值创造行为所带来的价值增值额与价值增值率的预算。其中，价值增值额预算数就是该中心的财务目标，所有价值创造行为中心的价值增值额预算数之和构成企业的财务目标；价值增值率预算数就是该中心的财务管理目标，每个价值创造中心的价值增值率预算数不能低于企业的财务管理目标确定的产权价值增值率，否则就无法保证财务管理目标的正常实现，进而影响到财务目标和企业目标的顺利实现。

在现行财务管理实践中，财务目标和财务预算的结合通常通过以下程序得以体现：

(1) 企业决策机构根据长期规划，利用本量利分析等工具，提出企业一定时期的总目标，并下达规划指标。

(2) 最基层成本控制人员自行草编预算，使预算能较为可靠、较为符合实际。

(3) 各部门汇总部门预算，并初步协调本部门预算，编制出销售、生产、财务等预算。

(4) 预算委员会审查、平衡各预算，汇总出公司的总预算。

(5) 经过总经理批准，审议机构通过或者驳回修改预算。

(6) 主要预算指标报告给董事会或上级主管单位，讨论通过或者驳回修改。

(7) 批准后的预算下达给各部门执行。

以上程序虽然也体现了员工享有参与财务预算编制的权力，但是从财务目标的提出和财务预算的决定权来看，财务目标制定和财务预算的编制程序具有很明显的自上而下的痕迹，这说明财务目标制定和财务预算编制的主导权掌握在物力资本所有者手中。倘若物力资本所有者不仅仅是出资者，同时也以劳动者身份从事价值创造活动，这似乎无可厚非，可是如果物力资本所有者仅仅是出资者而不从事价值创造活动，这显然是剥夺了事实上掌握着经营控制权的员工本该享有的权力，背离了权责匹配的客观要求。为此，本书主张采取自下而上的财务目标制定和财务预算编制程序。其基本做法如下：

其一，以基层价值创造行为中心为财务目标制定和财务预算编制的基础单位，中心负责人充分征求每位员工意见，或者由员工在企业战略和财务战略的指引下，根据自身价值创造能力和价值创造追求，提出自身价值创造行为附加值目标，由中心负责人根据员工价值创造行为附加值的历史资料和员工价值创造能力的现实情况，对其认为需要调整的，应征询当事人意见后进行调整并汇总，然后上报上一层级价值创造行为中心。

其二，经过层层上报，最终汇总到企业财务管理部门。企业财务管理部门对各价值创造行为中心制定的财务目标的可行性与适当性进行分析，提出调整意见，报请财务分管领导，并由财务分管领导组织财务管理委员会成员[①]进行论证。

其三，财务管理部门将经过财务管理委员会论证的财务目标结果根据层级依次反馈给各价值创造行为中心，各价值创造行为中心据此编制本价值创造行为中心行为价值预算，并将其汇总至财务管理部门。

其四，财务管理部门对各行为中心的行为价值预算进行分析，提出调整意见，报请财务分管领导，并由财务分管领导组织财务管理委员会成员进行论证。

其五，财务管理部门将经过财务管理委员会论证的财务预算根据层级依次反馈给各价值创造行为中心，并允许各价值创造行为中心在一定弹性范围内执行行为价值预算。

5）行为价值诊断与调控方法

所谓行为价值诊断，是指调整、分析企业的行为价值经营过程和行为价值管理活动的实际状态，判断其问题、特点及其程度，并提出合理化改进方案的活动。行为价值诊断的本质是发现企业行为价值运动及其管理中的问题，核心是判断价值增值的品质与效率。

所谓行为价值调控，是指根据行为价值诊断的结果和改进方案，对行为价值经营过程的偏差进行监督、调整、指导、干预、控制等的活动。它保证了价值规划的顺利实施。[②]

---

① 财务管理委员会成员由物力资本所有者代表和人力资本所有者代表构成，从决策权力均衡来看，有必要各占50%。

② 徐国君，等. 行为价值管理研究[M]. 大连：东北财经大学出版社，2013：21.

系统地看，行为价值诊断与调控工作分为获取行为价值运动与管理信息、诊断行为价值运动与管理中存在的问题和根据诊断结果提出改进方案三个阶段。因此，行为价值诊断与调控就可以针对这三个阶段工作内容和特点分别确定适合的管理方法。

关于适合获取行为价值运动与管理信息的方法，笔者认为可以采用问卷调查法、个别访谈法、现场观察法和调阅资料法等。

关于适合诊断行为价值运动与管理中存在的问题的方法，笔者认为可以采用定性诊断和定量诊断两类，其中定量诊断又可以采用比较诊断、比率诊断、综合诊断等方法。

关于适合根据诊断结果提出改进方案的方法，应根据诊断结果的具体情况而定。笔者认为，行为价值诊断报告可以包括价值创造行为中心名称与基本情况、价值运动与管理信息、行为价值运动与管理中存在的问题、行为价值运动与管理诊断结果、行为价值运动与管理改进方案等内容。不同行为中心的诊断结果可能会有所不同，如从价值创造效率是否有效可以分为有效和无效两个等级，其中有效又可以分为高效、中效和低效三个等级；从价值创造品质的高低可以分为高品质、中等品质和低品质三个等级。如果诊断结果为高效和高品质，则改进方案可以采用"防患于未然式"，即虽然当前不存在明显问题，但要有危机和忧患意识，提醒行为中心在后续的价值创造行为中防范可能出现的问题；如果诊断结果为中效和中等品质，则应该采取"防微杜渐式"，即指出存在的问题，分析出现问题的原因，尤其要提醒行为中心在后续的价值创造行为中杜绝已经出现的问题；如果诊断结果为低效和低品质，则改进方案应该采取"悬崖勒马式"，即果断提醒行为中心终止目前的价值创造行为，尝试其他可行的价值创造行为。当然，效率与品质的组合还会出现很多种诊断结果，这将由诊断人员视情况而确定改进方案的方式。

6）行为价值分析与评价方法

行为价值分析是利用行为价值核算信息及其他相关资料，运用比较、推理、联想、判断等方法，弄清过去和现在的行为价值状况、价值增值的品质与效率及其原因，揭示企业未来的价值创造潜力和趋势。[①] 由于价值增值的品

① 徐国君，等. 行为价值管理研究[M]. 大连：东北财经大学出版社，2013：21.

质和效率的属性不同，因此应分别对行为价值增值的品质和效率进行分析。分析行为价值增值的品质适合采用定性方法，分析行为价值增值的效率则适合采用定量方法，并且定量方法应与财务目标和财务管理目标相对接，即选用价值增值额和产权价值增值率这两个指标。

行为价值评价是对企业行为价值产出的结果、价值增值的品质与效率的好坏优劣所做的判断性结论。[①] 行为价值评价跟行为价值诊断在时间上有所不同，行为价值诊断往往是在价值创造过程中，而行为价值评价通常是在财务期末，及本期的价值创造行为已经结束之时。行为价值评价既是对价值创造行为中心在某财务期间价值产出结果、价值增值品质和效率做出的总结，又是为行为中心的每位员工分享新增价值提供价值贡献的依据。判断性结论既可以采用定性方法，又可以采用定量方法，还可以定性与定量相结合，即用产权价值增值额和产权价值增值率的具体数字来强化结论的可靠性。

7）行为价值分配与分享方法

行为价值分配是指在行为价值经营活动结束时，经营管理者作为管理主体，在对物力资本的转移价值进行补偿性分配的同时，对人力资本的消耗进行补偿性分配（通过计算应付职工薪酬来实现），对向政府缴纳的税费等进行财政性分配。行为价值分享则是基于物力资本与人力资本平等拥有企业产权的地位，对分配后的盈余价值进行平等的博弈分享。价值分享既是经营成果的新的分割形式，更是彻底的产权激励机制。[②]

在现行财务管理中，由于没有确认人力资本，新增价值都被人为地看成是物力资本所创造的，因此资本增值率也只被用来反映物力资本的价值增值情况。在人本财务管理中，由于人力资本与物力资本一同得到确认，因此人本财务管理中的产权资本增值率指标反映的是产权总资本价值增值情况。要想能够分别评价人力资本和物力资本对新增价值的贡献，就必须对产权总资本价值增值率进行分解，分别计算人力资本价值增值率和物力资本价值增值率。

经过企业员工的一系列价值创造行为，通过运用三维会计核算技术，企业每个价值创造行为中心所创造的新增价值都可以得到清晰呈现，由此构成

① 徐国君，等. 行为价值管理研究[M]. 大连：东北财经大学出版社，2013：21.
② 徐国君，等. 行为价值管理研究[M]. 大连：东北财经大学出版社，2013：22.

整个企业的新增价值。以制造业企业为例,新增价值构成的基本公式如下:

企业新增价值＝采购行为中心权益净增加额＋生产行为中心权益净增加额
＋销售行为中心权益净增加额＋……

如果新增价值为正数,则表示增值价值;如果新增价值是负数,则表示亏蚀价值。因此,财务管理应分别对增值价值和亏蚀价值进行处置。对增值价值的处置,实质上就是价值分割的过程。按价值分割程序可分为补偿性分割、财政性分割、发展性分割和分享性分割四个层次。前三个层次具有对价值增值额实施分配的共同特征,因此可视为行为价值分配;最后一个层次的基本特征是价值分享,因此可视为行为价值分享。补偿性分割表现为价值损耗补偿,包括债权人应得约定的利息补偿、人力资本所有者的人力资产消耗应得到的薪金补偿、物力资本所有者的物力资产消耗的转移价值补偿三部分;财政性分割即按照税法规定应由企业负担的消费税、城市维护建设税、教育费附加、所得税等税费义务,这些都应按照税法规定的比例上缴;发展性分割即为维持企业的扩大再生产与可持续发展,由人力资本所有者与物力资本所有者共同商定从价值增值额中预留的事业发展性基金;分享性分割即价值增值额扣除补偿性价值、财政性价值和发展性价值之后的余值,即为人力资本所有者和物力资本所有者有权共同分享的剩余收益。

由于企业是由人力资本所有者和物力资本所有者共同商定的不完全契约,如果在契约中已经约定工资及福利性待遇、利息及转移价值的支付办法,那就应该遵照契约执行,否则就应根据新增价值情况由利益相关者通过博弈补充商定。对于应该上缴的税费,企业责无旁贷,按照税法规定执行即可。对于预留事业发展基金而言,企业应设立由人力资本所有者和物力资本所有者代表组成的发展战略委员会,由该委员会全体成员遵照工作流程并充分考虑企业外部的国家宏观政治和经济政策、市场和行业变化以及企业内部的人力资本与物力资本结构优化、人力资本所有者的价值创造能力、发展潜力和培养目标等因素对资金的需求状况,同时还要考虑筹措债务性物力资本的能力和人力资本所有者的价值创造行为所能带来的财务杠杆效应,在此基础上共同商定预留发展性基金的比例及额度。分享性分割的思路见图 5-1。

从图 5-1 可以看出,企业剩余收益的分享要经过两次价值分割环节。第

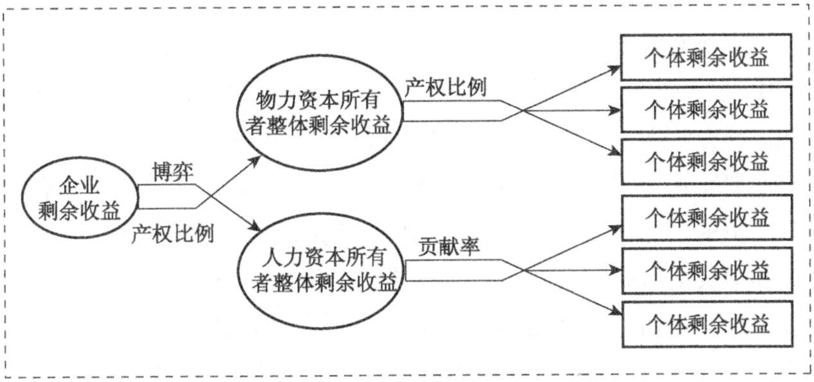

图 5-1　分享性分割思路

一次分割是在全体人力资本所有者和全体物力资本所有者之间进行，既可以简单地采用产权比例法进行分割，又可以采取以产权比例为基础，辅以物力资本所有者和人力资本所有者双方派出代表博弈的方式进行分割。所谓产权比例法，就是按照初始资本确定的人力资本和物力资本分别占企业总资本的比重对企业剩余收益在全体人力资本所有者和全体物力资本所有者之间进行分割。应该说，采用产权比例法进行分割相对比较合理。可是由于初始人力资本和物力资本的计量是通过评估取得，本身也不能保证绝对客观和真实，同时在价值创造和形成过程中，可能存在人力资本和物力资本的实际作用力交互变化等现实情况，如果直接确定采用产权比例作为分割剩余收益的依据，物力资本所有者和人力资本所有者都有可能觉得缺失公允。因此，在实际分割时，可以以产权比例为基础依据，同时允许双方各自阐明不认可的理由并提出具有可操作性的分割建议，经双方一致认可后执行。

经过第一次分割，全体物力资本所有者和全体人力资本所有者分别得到了可供第二次分割的整体剩余收益。对物力资本所有者而言，由于物力资本具有很强的同质性特征，因此，按照产权比例对属于全体物力资本所有者的剩余收益进行分割应该没有异议。然而，对人力资本所有者而言，由于人力资本具有很强的异质性特征，如果使用产权比例作为分割依据的话，初始人力资本计量使用的评估值是否客观和真实暂且不说，与价值创造过程脱节的分割必然会导致企业再次进入“搭便车”和机会主义等道德风险的陷阱。因此，使用由三维会计核算出来的每位人力资本所有者在价值创造过程中各自所创造的价值增值贡献额占企业价值增值总额的比例，即价值增值贡献率作为人力资本所有者个体分享剩余收益的依据是比较合理的。当然，在财务管理实践中，也可以首先以各价值创造行为中心为单位进行分割剩余收益，其次再用同样办法在该价值创造行为中心所有成员进行分割，其结果是一样的。

有必要特别说明的是，如果在某财务期间，企业不但没有新增价值，而且还出现了负的增加值，预示着企业在该财务期间是亏损的，不但没有盈利，而且还给物力资本所有者的物力资本造成了亏蚀。此时将不但没有补偿性分割和发展性分割，而且还将根据由三维会计核算技术计算出来的每位员工在价值创造过程中所创造的负的增加值占负的增加值总额的比例，分别计算出应由每位员工应该承担的价值损失赔偿额度。这意味着员工成为人力资本所有者之后不只是与物力资本所有者共享收益，还要在出现亏损时能够与物力资本所有者共担风险。

可见，相对于补偿性分割、财政性分割和发展性分割而言，分享性分割更能凸显出人本财务管理所主张的以人为价值创造根本的特征，不仅是因为分享性分割直接关系到人力资本所有者和物力资本所有者的现实利益，更重要的是人力资本所有者的价值贡献可以作为新增价值分享或新增价值亏蚀分担的重要依据，这将既有利于体现人的经济价值与企业的经济价值共同协调发展的财务管理目的，又能通过"回报"与"贡献"相匹配的价值分享逻辑在初次分配环节更好地体现出基于效率的根本性公平。

概括而言，行为价值分配都是按照事先约定或税法规定执行的，而行为价值分享却存在较大的弹性，并且分享结果将直接关系到产权所有者的经济利益，进而可能影响到产权利益相关者持续合作的积极性。有鉴于此，下面将重点梳理行为价值分享的方法。综合上述思路可以看出，行为价值分享的方法主要是产权比例法和价值贡献匹配价值回报法。

1）产权比例法

产权比例法是指分别根据人力资本产权和物力资本产权占产权总资本的比重对剩余收益进行分享的做法。它是产权参与价值分享的具体体现。其计算公式如下：

$$\text{人力资本所有者分享剩余收益比例} = \frac{\text{人力资本总额}}{\text{产权总资本}} \times 100\%$$

$$\text{物力资本所有者分享剩余收益比例} = \frac{\text{物力资本总额}}{\text{产权总资本}} \times 100\%$$

$$= 1 - \text{人力资本所有者分享剩余收益比例}$$

$$\text{全体人力资本所有者分享剩余收益额} = \text{可用于分享的企业剩余收益总额} \times \text{人力资本所有者分享剩余收益比例}$$

$$\text{全体物力资本所有者分享剩余收益额} = \text{可用于分享的企业剩余收益总额} \times \text{物力资本所有者分享剩余收益比例}$$

$$= \text{可用于分享的企业剩余收益总额} - \text{人力资本所有者分享剩余收益额}$$

2）价值贡献匹配价值回报法

价值贡献匹配价值回报法是指在根据产权比例分享剩余收益总额的基础上，根据个体对新增价值的贡献比例来确定个体分享剩余收益额度的做法。也就是说，由于在现代企业中，团队生产是创造价值的基本特征，直接根据个人人力资本产权计算出其应分享剩余收益额是不合理的，否则可能无法全面衡量人力资本所有者的价值创造行为所产生的价值贡献，因而产权比例法只能用于综合计算出全体人力资本所有者应该分享的剩余收益额度，要想计算出每个人力资本所有者参与分享剩余收益的额度，就必须再进一步计算出每个人力资本所有者对新增价值的贡献比例，并以此来确定个体人力资本所有者最终应分享的剩余收益额度。具体计算公式如下：

$$\text{个体人力资本所有者分享剩余收益比例} = \frac{\text{个体人力资本所有者贡献的新增价值}}{\text{企业本期新增价值总额}} \times 100\%$$

$$\text{个体人力资本所有者应分享剩余收益额} = \text{全体人力资本所有者分享剩余收益额} \times \text{个体人力资本所有者分享剩余收益比例}$$

个体人力资本所有者贡献的新增价值和企业本期新增价值总额两项指标值，都可以用三维会计技术对每个人力资本所有者的价值贡献进行计量获得。

由于物力资本具有较强的同质性特征，因此，个体物力资本所有者对新增价值的贡献比例不便于单独计算，笔者认为可以借用个体物力资本价值占全体物力资本价值总额的比例，以此作为计算个体物力资本所有者参与分享剩余收益的依据。具体计算公式如下：

$$\text{个体物力资本所有者分享剩余收益比例} = \frac{\text{个体物力资本价值}}{\text{全体物力资本价值总额}} \times 100\%$$

$$\text{个体物力资本所有者应分享剩余收益额} = \begin{matrix}\text{全体物力资本所有}\\\text{者分享剩余收益额}\end{matrix} \times \begin{matrix}\text{个体物力资本所有}\\\text{者分享剩余收益比例}\end{matrix}$$

5.3 人本财务管理方法体系的要素管理方法

5.3.1 资产要素管理方法

在人本财务管理中，资产的类型可以分为以货币形式、债权形式、投资形式和实物形式存在的实物资产，以劳动力形式存在的人力资产，以及已经外化为专利、品牌等无形资产和商誉等的人力资产等。财务管理的价值保值增值属性必然要求企业努力挖掘各类资产在价值创造中的品质与效率，为此，对资产要素管理的核心就是寻求各类资产所能提供资源的配置效率问题。由于以劳动力形式存在的人力资产是各类资产中唯独具有价值创造能力的资产，因此，人力资产应成为资产要素的核心要素，对资产要素的管理也就应该成为以人力资产为中心的管理。基于此，本部分将重点研究人力资产及其管理方法，已经外化形态的专利、品牌、商誉等的人力资产及其研究方法，以及人力资产与其他物力资产的匹配与配置方法三项内容。

1）人力资产及其管理方法

到目前为止，理论界尚未对人力资产形成统一的科学定义（孙玉甫和姚媛，2014），但韩传模（1997）关于"人力资产是指企业拥有或控制的，能以货币计量，并能为企业带来经济利益的劳动力资源"的定义还是在理论界得到了较为广泛的认同。可是，在孙玉甫和姚媛（2014）看来，这种对人力资产定义的思路是有问题的，其根本原因在于完全忽略了人力资源与物力资源的本质区别，简单地将人力资源视为像物力资源一样被会计主体拥有或控制，而人力资源所具有的自有性、能动性和可能出现的负能量等特殊性决定了其不可能像物力资源一样被会计主体拥有或控制。在此基础上，孙玉甫和姚媛（2014）还进一步借鉴 IASB（国际会计准则理事会）于 2013 年发布的《财务会计概念框架的复核（讨论稿）》中对"资产"给出的新定义"由过去的事项形成的，主体控制的现时经济资源"时，将经济资源解释为合同、法律或其他相似方法的强制性权利，并结合人力资源的特殊性，进而将人力资产定义为主体通过劳动合同获得未来劳务支配权所形成的资产，实际上把人力资产解释为企业因与员工签订劳动合同而获得的对员工未来的劳务支配权。在笔者看来，这确实是对人力资产进行定义的一个很大进步，但却没有改变劳动者在企业价值创造过程中被物主宰的被动地位，实质上仍是物本思维主导下的人力资产定义创新。毋庸置疑，由于当前企业基本上都是归出资者所有，因此，只要与人力资产相关的权利被企业拥有或控制，实质上就是出资者以企业之名掩盖其在与劳动者签订合同时所形成的“资本雇佣劳动”真相，劳动者就摆脱不了被出资者雇佣的事实。从人本财务管理角度看，人力资产的所有权和控制权都属于劳动者个人，企业仅是物力资本所有者和人力资本所有者以共赢共生为价值取向所形成的产权契约的组织形式，只是劳资双方借以聚散价值的平台，不具备拥有劳动者的所有权和控制权的动机和资质，因此也就不可能拥有对劳动者未来劳务的支配权。由此可见，企业作为会计主体只能聚集劳资双方通过合同约定并规范使用劳动者释放出来的可以用于创造价值的那一部分劳动能力，这一部分劳动能力就是企业作为会计主体所需核算的人力资产。因此可将人力资产定义为：企业作为会计主体所能聚集劳资双方通过合同约定并规范使用劳动者释放出来的可以用于创造价值的那一部分劳动能力。在这个定义中，笔者坚持认为人力资产表现为劳动者的劳动能力，劳动能力本身就是一种资源，企业作为聚散资源的契约平台，无法具备拥有资源的权利。虽然孙玉甫和姚媛(2014)基于用经济资源表述资产的定义是只针对物力资源范畴的单一逻辑而力挺IASB将经济资源表述为经济权利的最新解释，但在笔者看来，仅以此就不承认使用人力资产创造价值所表现为劳动力资源，甚至偏要用经济权利来取代劳动力资源，就难免有些牵强了。另外，笔者所认为的劳动者释放出来的可以用于创造价值的那一部分劳动能力，与孙玉甫和姚媛(2014)所主张的“因签订合同而取得的，而不是表现为全部的……”在对人力资产的数量认定上是一致的。同时，笔者除认同孙玉甫和姚媛(2014)提出的人力资产具有自有性、能动性和负能量性等特征外，还认为人力资产具有区别于物力资产耗费后的实体灭失与无形资产因不断使用而价值不断耗尽的明显特征，在合同有效期内只要使用得当并且维护到位，人力资产不但实体不会灭失，其价值也将随着不断使用而发生增值。

基于上述分析，笔者认为对人力资产的管理应主要集中在对人力资产的价值认定和对人力资产的价值增值管理两个方面，对人力资产的管理方法也就相应针对这两项内容分别予以确定。

第一，人力资产的价值认定方法。

目前理论界不但对人力资产的定义没有形成共识，对人力资产的价值认定，也缺乏较为一致的通行方法。理论界提出的方法包括成本投入法（如历史成本法、重置成本法等）和未来收益法，笔者认为是缺乏科学性的。众所周知，投入成本只是在人力资源增长过程中投入的物力资源，这部分物力资源只有被劳动者完全吸收和转化后才能成为人力资产价值，其吸收和转化的程度既受到外在因素的影响，又受到劳动者内在因素的影响。例如，企业投入10万元经费对企业员工培训某项专业技能，由于组织者并未讲清楚培训的重要性、聘请专家技术水平不高、企业制度管理不到位等原因，员工普遍没有掌握所需技能，这就是外在因素使人力资产价值没有得到提升。可是，个别员工如果受到培训内容的启发，而对该项技能产生兴趣，从而借助于网络信息技术加强自学并很熟练地掌握了这项技能，自身的人力资产价值大为增值，价值创造能力得到极大提升，这就是内在因素起到了决定性作用。可见，如果将10万元投入成本平均分配到每位员工并作为其人力资产价值的话，显然是不合理的。

相比较而言，如果用对劳动者预期劳务的未来收益来计量其人力资产整体价值，类似于对物力资产整体价值的评估方法，用未来收益现值作为现时人力资产价值，以此作为财务年度开始时企业可用人力资产的整体价值，在目前来看应当是最为可行的。

根据总资产和单项资产计算的先后顺序不同，可以对单项物力资产和人力资产的计量方法进一步分为“分—总”和“总—分”计量两种方法。所谓“分—总”计量方法，就是先分别对单项物力资产和人力资产进行价值评估，然后汇总计算总资产的价值。同理，所谓“总—分”计量方法就是先综合计算总资产的价值，然后再分解计算单项物力资产和人力资产的价值。对“分—总”计量方法而言，可以借鉴美国学者斯提杰克（Strickek，1983）主张采用对单项资产进行价值评估的基础上加总确定全部资产价值的做法，只不过斯提杰克的价值评估仅限于全部物力资产，而本书则要将资产的范围扩展到包括物力资产和人力资产在内的全部资产。

目前对物力资产而言，通常采用的是针对某项物力资产的未来现金净流量，以社会平均资金利润率（无风险报酬率）作为折现率折算为现金净流量的现值，以此作为某项物力资产的现时价值。其基本计算公式如下：

$$PV=\sum_{t=1}^{t=n}\frac{NE}{(1+i)^t}$$

其中 PV(present value)——现值；NE(net earning)——净收益；i——折现率；t——时间；1——第一期；n——第 n 期。

对人力资产而言，可以参照物力资产计算现时价值的基本思路，但必须充分考虑人力资产的自身特点，其与物力资产的不同主要表现在净收益的确定上。物力资产的净收益通常用税后利润加折旧来计算，而人力资产的净收益则应该包括支付给劳动者的薪酬和参与分享的剩余收益。由于支付给劳动者的薪酬相对固定按月支付，本书认定其按年金性质折算现值，而分享的剩余收益通常发生在年末且一次性支付，本书认定其按复利折算现值。于是人力资产的现值计算可采用计算公式如下：

$$PV=CAW\cdot\frac{1-(1+i)^{-t}}{i}+\sum_{t=1}^{t=n}\frac{RI}{(1+i)^t}$$

其中 CAW(compensation and welfare)——薪酬；RI (residual income)——剩余收益。

对“总—分”计量方法而言，可以借鉴国内青年学者马广林(2011)提出的连续割差法。他认为当前理论界对成本投入法（包括历史成本法、重置成本法等）和未来收益法进行深化的未来工资报酬折现法、未来收益或未来工资折现法、随机报偿价值模型法、调整后的随机报偿价值模型法、完全价值法、当期价值法、调整后的完全价值法和灰色分析法都已经陷入“绝对价值”和“静态计量”误区，并在“相对价值”和“动态计量”观念指导下设计了一套较为严谨且具有一定可操作性的连续割差法。其基本原理是：首先用未来收益法评估企业整体价值，第一次割差是将企业有形物力资产价值从整体价值中分离出去；其次再用层次分析法（AHP）将无形物力资产价值进行第二次割差，余下的就是人力资产整体价值；最后利用系数法（各岗位点数占企业所有岗位点数总和的比例）得到每个人力资产价值。

很显然，“总—分”计量方法的实质是先对物力资产和人力资产进行捆绑式价值评估，然后才逐次进行分解。笔者认为，当企业不发生人员流动，尤其是没有员工流出和外来员工加入时，这种方法无疑是切实可行的。但是如果企业在某一财务期间开始之初发生重大人事变动，如总经理、财务经理、关键岗位的技术人员等重要岗位发生人员内部调换、离职、引进新人等情况，极有可能会引发企业即将开始的财务期间的整体价值产生较大波动，此时仍然将物力资产和人力资产进行捆绑式评估可能难度较大，即使能够评估，评估价值与真实价值之间的偏离程度也可能会超出可接受范围，从而最终导致评估价值失去可信性。有鉴于此，建议对连续割差法予以完善，增加“与前一个财务期间相比，人员没有发生变化或者变化不大”作为前提条件。很显然，与前一个财务期间相比，一旦重要岗位人员发生重大变化，则宜将人力资产价值和物力资产价值分开，单独采用未来收益法，分类确定人力资产整体价值和物力资产整体价值，在此基础上再进一步分解确定单个物力资产和人力资产价值。

第二，人力资产的价值增值管理。

众所周知，任何价值都离不开一定的价值载体，如物力资产的价值载体通常是实物，无形资产的价值载体通常是权利，人力资产的价值载体就是人。既然人力资产表现为劳动者的劳动能力，人力资产的价值增值就应该具体体现在提升劳动者的劳动能力上，因此，人力资产的价值增值管理实质上就是企业对提升劳动者创造价值的劳动能力的管理。由于劳动能力又主要表现为体力和智力两个方面，因此，人力资产的价值增值管理也就应该立足于提升劳动者的体力和智力两个方面的价值创造能力进行管理。

提升劳动者体力方面的价值创造能力，关键在于设计一系列管理方法确保劳动者在价值创造过程中身体体质不被伤害，能以持续的健康状态从事价值创造活动。为此，从人本财务管理视角适合企业采取的管理方法可以包括为员工创建健康安全的工作场所、为员工购买健康安全保险、为员工提供必要的心理咨询、鼓励员工以价值增值目标为导向的业务协同创新、确保员工合法的休假权益保障、开展与价值创造活动相关的趣味运动会等。与这些管理方法相关的管理活动都可以由企业相关部门统一组织开展，也可以根据活动特点授权各行为价值中心组织开展，发生的相关费用根据受益时间分摊或者一次性计入行为价值中心的价值核算系统，作为行为减值项目在计算行为净值时一并扣除。

提升劳动者智力方面的价值创造能力，关键在于设计一系列管理方法促进劳动者在价值创造过程中不仅能从智力上正确理解和贯彻企业的财务战略,自我指挥其价值创造行为有效开展价值创造活动,而且还能自主创新工作方法和有效改造价值创造流程,甚至将价值创造与技术研发有机结合起来,即在价值创造过程中研发新技术,实现技术创新,进而靠新技术不断推进价值创造过程的持续优化。为此,从人本财务管理视角,适合企业的管理方法可以包括为员工提供适度的专业技术、管理方法和创新思维等主题的专项培训,组织技术专家进行技术创新鉴定并对创新技术积极推广,面向员工开展技术创新、方法创新和思维创新论坛等。同样,与这些管理方法相关的管理活动都可以由企业相关部门统一组织开展,也可以根据活动特点授权各行为价值中心组织开展,发生的相关费用根据受益时间分摊或者一次性计入行为价值中心的价值核算系统,作为行为减值项目在计算行为净值时一并扣除,与之相关的收入作为相关价值创造行为中心的行为增值,作为计算行为净值时的加项。

2) 外化形态的人力资产及管理方法

追根溯源,除可以直接从自然界取得的空气、阳光等自然资源和由劳动者提供的人力资源外,企业的其他资源都来自员工的劳动创造,这些资源在企业里分别表现为以货币、债权、投资、实物等形式存在的物力资产,以商标权、专利权、著作权(版权)、非专利技术等形式存在的无形资产和虽然无形但不具可辨认性特征的商誉。我国《企业会计准则》将无形资产定义为企业拥有或者控制的没有实物形态的可辨认非货币性资产,包括商标权、专利权、著作权(版权)、非专利技术、特许权、土地使用权。根据是否具有知识性特征,可以将无形资产的内容分为两类:商标权、专利权、著作权(版权)、非专利技术和特许权都属于知识性无形资产;土地使用权属于非知识性无形资产。由于土地使用权的形成只需要物力资产投资而不需要人力资产投资,对土地使用权的使用也不像知识性资产那样依赖于员工的知识和技能,因此,非知识性无形资产可以与物力资产一样采用历史成本法进行计量。

知识性无形资产又可以分为自创知识性无形资产和购入知识性无形资产。自创知识性无形资产在创造过程中需要物力资产和人力资产共同投资;购入知识性无形资产虽然在购入时主要是物力资产投资,但在使用过程中与自创知识性无形资产一样都离不开员工的知识和技术。商誉主要表现为企业的全体员工通过向客户提供优质的产品和服务而形成良好的社会美誉度，与知识性无形资产不同的是，员工创造商誉的过程，也就是使用商誉创造价值的过程，即越是向客户提供优质的产品和服务，越能得到客户的信任，也就越能提升价值创造能力，从而实现更多的行为增值。综合而言，无论是知识性无形资产的现时价值来源和未来价值产出，还是商誉价值的形成与使用，都离不开员工提供人力资产的直接作用，为此可以将知识性无形资产和商誉合并称为外化形态的人力资产。

由于知识性无形资产与商誉分别具有不同的特征，各自不同的特征也就决定了不同的管理内容和管理方法。

对于知识性无形资产而言，管理内容主要包括资产初始价值认定和资产初始价值摊销两个方面。现行财务管理对自创知识性无形资产中的非专利技术一般不作账务处理，而是将研发支出直接计入当期管理费用，因此也就不存在初始价值认定问题。特许权则是在取得特许权之日起将取得价格和支付的相关费用作为入账价值，计入“无形资产”。专利权、商标权、著作权要根据购进和自创分别处理，购进的专利权、商标权和著作权与特许权一样，也是自取得专利权、商标权和著作权之日起将取得价格和支付的相关费用作为入账价值，计入“无形资产”。对于自创的专利权、商标权和著作权要先将研发支出区分为费用性支出和资本性支出分别计入“研发支出——费用性支出”和“研发支出——资本性支出”，期末将费用性支出转入“管理费用”，待符合无形资产条件时将资本性支出转入“无形资产”，于是就有必要探讨其初始价值认定的合理性。《企业财务通则》(财政部令第 41 号，2006)第二十八条规定，企业通过自创、购买、接受投资等方式取得的无形资产，应当依法明确权属。由于现行法律制度缺乏对人力资本产权的认定，因此，会计准则制定者和企业管理者的潜在意识都认为知识性无形资产的产权也就应理所当然地归于出资方，而直接提供其知识和技术创造无形资产的劳动者却不能享有与自身劳动贡献相关的资产产权，这就导致了现行财务管理中对这一部分资产价值的认定仅以物力资本所有者所提供的物力资产现值为限，而忽视了员工作为自创知识性无形资产的创造者与自创和购入知识性无形资产的使用者潜在的价值创造能力。概括而言，现行财务管理对知识性无形资产的价值认定至少存在以下两个不足：其一，价值核算范围仅限于物力资产出资价值而忽视了人力资产投资价值；其二，价值核算时间仅局限于静态地反映物力资产出资的历史成本而忽视了员工使用知识性无形资产可能创造的超额收益。有鉴于此，笔者主张从人本财务管理视角用未来收益现值法来确认包括专利权、商标权、著作权和特许权在内的知识性无形资产的初始价值，同时考虑到与这些知识性无形资产相关的物力资产和人力资产投资口径的统一要求，应该包括以物力资产出资的未来收益现值，以人力资产投资的未来收益现值和员工使用知识性无形资产所带来的超额收益现值等内容。由于自创和购入知识性无形资产的投资方式不同，因此其基本构成公式也有所不同，其中自创知识性无形资产的初始价值计算公式如下：

$$\text{自创知识性无形资产初始价值}=\text{以物力资产出资的未来收益现值}+\text{以人力资产投资的未来收益现值}+\text{员工使用知识性无形资产所带来的超额收益现值}$$

$$\text{购入知识性无形资产初始价值}=\text{以物力资产出资的未来收益现值}+\text{员工使用知识性无形资产所带来的超额收益现值}$$

这种确认知识性无形资产初始价值的做法，既比较客观地体现了其价值构成中分别属于“物”和“人”的价值部分，又可以为核算与知识性无形资产相关的物力资本产权和人力资本产权提供依据。

需要说明的是，目前非专利技术与商誉都不作账务处理，也就未纳入现行财务管理系统，本书将与商誉共同探讨。

现行《企业财务通则》(财政部令第 41 号，2006)没有对无形资产的初始价值摊销方法做出规定，《企业会计准则第 6 号——无形资产》的规定为：使用寿命有限的无形资产，其应摊销金额应当在使用寿命内系统合理摊销。企业选择的无形资产摊销方法，应当反映企业预期消耗该项无形资产所产生的未来经济利益的方式。无法可靠确定消耗方式的，应当采用直线法摊销。事实上，在财务管理实践中企业通常采用的摊销方法主要有直线法和工作量法，相对应的摊销标准分别是使用年限和摊销期内提供的工作量。从人本财务管理视角看，这两种摊销方法都存在一个共同的缺陷，即没有将成本摊销额直接关联到每位员工使用无形资产所产生的收益，无法可靠判断员工使用无形资产的有效性及有效程度，既不便于了解无形资产在创造价值中的作用发挥情况，也不利于激发员工充分利用无形资产创造价值的积极性和创造性。为此，本书主张对现行的直线法和工作量法进行延伸，在运用直线法和工作量法计算出一定时期或一定工作量条件下所应摊销的知识性无形资产初始价值的基础上，将这些摊销价值以每位员工的工作时间和工作量为标准，摊销到每位员工身上，作为每位员工行为减值的构成内容，从其行为增值中作为减项扣除，从而使该员工的行为净值更为科学和可靠。由于对员工来说，以工作时间或现行的工作量为标准来衡量其工作完成情况，本质上都是工作量，因此，笔者将延伸之后的方法称为员工工作量摊销法。其基本计算公式如下：

$$\text{某财务期间应摊销的知识性无形资产价值}=\frac{\text{该无形资产初始价值}}{\text{该无形资产寿命期内可用财务期间数}}$$

或

$$=\frac{\text{该无形资产初始价值}}{\text{该无形资产寿命期内可用工作量}}\times\text{本财务期间已用工作量}$$

$$\text{某员工某财务期间应摊销的知识性无形资产}=\frac{\text{该财务期间应摊销的知识性无形资产初始价值}}{\text{该无形资产为该财务期间提供的工作时数或工作量数}}\times\text{该员工在该财务期间的工作时数或工作量数}$$

通过公式可以看出，如果某位员工使用知识性无形资产的工作时数或工作量越多，他分摊的知识性无形资产的初始价值就越多，如果其使用该知识性无形资产的收益是确定的，那么该员工在使用该项知识性无形资产的效率就偏低；相反，如果某位员工使用知识性无形资产的工作时数或工作量越少，其分摊的知识性无形资产的初始价值就越少，如果其使用该知识性无形资产的收益是确定的，那么该员工在使用该项知识性无形资产的效率就偏高。可见，这样做有利于鼓励员工在同等使用知识性无形资产的情况下，尽可能创造出更多的价值收益。

3）人力资产与物力资产的匹配与配置方法

人力资产与物力资产的匹配是指人力资产与物力资产之间的有效配置。所谓有效，就是通过人力资产与物力资产的配置能够促进员工高品质和高效率地创造价值，以确保企业财务管理目标的顺利实现，否则就是低效或无效。进一步说，如果有效，就说明人力资产与物力资产的匹配程度相对较高；如果低效或无效，则说明人力资产和物力资产之间的匹配程度不高。由此看来，要想达到人力资产与物力资产之间较高程度的匹配效果，就有必要探讨能够适合人力资产与物力资产之间有效配置的具体做法。

首先，是人力资产与物力资产之间的配置程序。在现行财务管理中，资产配置的程序都是以“物”定“人”，创造价值的大多数人基本上没有权力自主决定资产配置数量、结构、方法和必要的配置调整，真正掌握资产配置权力的往往是物力资产出资者和代表他们利益的职业经理人,物力资产出资者以物力资本所有者身份根据自身出资的价值追求聘用职业经理人,职业经理人再根据物力资产出资者的价值追求目标进一步聘用从事管理、研发、采购、生产、销售、服务等岗位的员工。这个层层聘用人员的源头就是物力资产出资者,整个聘用流程反映的是“人受雇于物,物主导人”的价值管理思维模式,“物”成为“人”的主宰,“人”成为“物”的附庸。当然,这里的“物”不是指实物本身,而是物力资产出资者的物性反映,本质上反映的是物力资产出资者与受雇于物力资产出资者的职业经理人和普通员工等劳动者之间的生产关系。应该看到,这种生产关系正在随着外在环境的变化而潜移默化地发生变化,目前正方兴未艾的风险投资①公司,虽然看上去仍然是物力资产出资者仰仗传统生产关系积累的资财广揽英才,但其投资对象主要集中在高新技术领域。众所周知,高新技术掌握在“人”手中,技术开发和应用都绝对不可能脱离“人”而独立存在。由此来看,风险投资本质上就不单纯是物力资产出资者以物博人,同时也是人力资产掌控者以人博物,双方为了共同的价值追求而自主选择合作伙伴。这个双向选择的过程充分证明,这一部分有能力与物力资产出资者公平洽谈并能自主决定是否合作的人在价值追求过程中的地位已经开始有了较大转变,他们已经不再是被物力资产出资者根据自己的意志决定如何配置的类同于物的资源。这不是靠制度约束的结果,而是因为自身在价值创造中的能力与物力资产相比较而言,其提供的人力资源与物力资源相对稀缺程度发生了转换。尤其是高科技领域,人力资源的稀缺程度已经开始超越了物力资源,“人”回归到主导价值创造地位的时机已经到来。由此推之,不仅是高科技企业在资产配置上转换为“人”主导“物”,其他非高科技企业也是“人”创造价值,“物”本身不能创造价值,单靠物力资产出资者的出资行为也无法实现其追求价值增值的目标。因此,应将“人”主导“物”的资产配置程序推广到所有企业,甚至延伸到企业的所有与价值创造相关的业务范围。

---

① 风险投资(venture capital,VC)在中国是一个约定俗成的具有特定内涵的概念,其实把它翻译成创业投资更为妥当。“风险投资”这一词语及其行为,通常认为起源于美国,是20世纪六七十年代后,一些愿意以高风险换取高回报的投资人发明的,这种投资方式与以往抵押贷款的方式有本质上的不同。风险投资不需要抵押,也不需要偿还。如果投资成功,投资人将获得几倍、几十倍甚至上百倍的回报;如果失败,投进去的钱就算打水漂了。对创业者来讲,使用风险投资创业的最大好处在于即使失败,也不会背上债务。这样就使得在知识经济条件下掌握高科技和专业技能的年轻人创业成为可能。

其次，是资产的配置模式。在现行财务管理中，资产的配置模式都是物主导人，即物力资产出资者以物力资本所有者身份主导劳动者，劳动者只是充当创造价值的劳动力，其具有的劳动力资源未作为人力资产纳入财务管理系统。本书主张在人本财务管理中，劳动者不再充当创造价值的工具，而是作为人力资本所有者获得自身人力资本产权，其具有的劳动力资源作为人力资产纳入财务管理系统。这样在人本财务管理中，资产配置就可以包括人力资产之间的配置、人力资产与物力资产之间的配置、物力资产之间的配置三项内容，其中人力资产与物力资产之间的配置模式表现为人主导物，这是人本财务管理相对于现行财务管理在资产配置模式上的巨大创新。人主导物的资产配置模式，就是一个价值创造中心的人力资产与物力资产的数量、类型、结构、使用时间，甚至来源渠道等要素都由该价值创造行为中心的全体人员共同商定，不再是由物力资产出资者以其具有物力资本所有者身份实施直接管理或者委托职业经理人和各级管理人员进行决策和控制。这样，在企业从事价值创造活动的所有"人"，都将成为资产配置活动的主导者。这里的"人"，从管理层次来说，包括企业高层管理人员、中层管理人员、基层管理人员、普通员工；从岗位性质来说，包括管理人员、技术研发人员、经营人员（供应人员、生产人员、销售人员）和后勤服务人员等。有必要说明的是，人力资产之间的配置可以采取价值创造行为中心全体人员共同商定法，当然，如果价值创造行为中心只有一个人，就不存在人力资产之间的配置；如果由多人组成一个团队，虽然采取团队成员共同商定法决定人力资产之间的配置，但作为一个组织还必须有组织召集人，这个召集人的职责将包括管理和业务两个领域，其中管理的内容就是召集团队成员共同商定人力资产之间的配置。具体做法包括根据本价值创造行为中心的业务需要决定人力资产的类型（如专业、技能、年龄、性别、性格、爱好、特长等）和数量的配置。此外，物力资产之间的配置将由具体实施经营权的员工在人本财务管理制度的规范和引导之下自主决定物力资产的数量、类型等组合。

最后，是资产的配置导向和目标。应该说，人本财务管理强调员工价值创造行为的自主性，由此将导致资产配置没有绝对统一的标准，但这并不等于员工在资产配置活动中可以为所欲为，在财务管理中为员工确定资产的配置目标作为资产配置活动的基本方向还是非常有必要的。人力资本所有者和物力资本所有者共有价值最大化的财务目标是企业在寿命周期内财务管理活动的价值追求导向，产权价值增值率最大化的财务管理目标是企业在某一特定财务期间财务管理活动的价值追求的指标化，资产配置作为企业基本的财务管理活动之一，必然应该以人力资本所有者和物力资本所有者共有价值最大化为资产配置的基本价值导向，以某财务期间产权价值增值率最大化为资产配置的总目标，这就要求资产配置的具体目标应该有助于促进产权价值增值率财务管理目标的顺利实现。基于此，资产配置的品质和效率就成为确定资产配置具体目标的首要因素，促进员工高品质和高效率地创造价值就应该成为资产配置的具体目标。

5.3.2 行为要素管理方法

行为有广义和狭义之分，广义上的行为是指人类有意识地采取各种动作的抽象概括；狭义上的行为是特指在经济活动过程中人类为了增加价值的有意识的劳动，具有主体性、目的性、因果性、责任性、动态性和空间性等特征。主体性强调人是支配自己行为的主体；目的性强调人的目的支配自己的行为，并且行为目的分为利己和利他，这两者相互冲突，而管理就在于协调两者使之共生；因果性强调一定行为带来特定的结果；责任性强调行为和结果之间具有关联性，因而需明确行为者的责任（包括有利的方面）；动态性强调行为是一个活动的过程；空间性强调行为必须在三维立体空间中进行，因而要从环境和现实的角度来把握和理解。①

从财务管理角度看，行为是一切经济价值产生的动因，行为价值②的增减引起资产价值和权益价值的等额增减变动。由于财务管理的基本属性是促进价值增值，考虑到行为的上述特征及其对资产和权益价值增减变动的动因作用，本书将从行为者心理与行为管理角度探讨能够提升行为价值增值的品质与效率的方法。同时，由于行为价值又分为行为增值、行为减值和行为净值三个子要素，因此既要从行为者心理与行为管理角度综合探讨提升行为价值品质和效率的方法，又要顾及行为增值管理、行为减值管理和行为净值管

① 徐国君．三维会计研究[M]．北京：中国财政经济出版社，2003：207-209.

② 行为价值的计量方法详见：徐国君．三维会计研究[M]．北京：中国财政经济出版社，2003：270-318.

理三个子要素管理的具体方法。

从行为者心理角度来看，员工取得人力资本所有者身份前后的心理感受一定是不一样的，之前是以受雇于物力资本所有者身份从事价值创造活动，价值创造的品质好坏和效率高低与自己劳动所得到的工资虽有一定关系，但更多的劳动剩余却跟自己无关，由此产生的心理失衡必然导致价值创造行为消极。之后是以人力资本所有者身份从事价值创造活动，虽然仍然会领到补偿自身劳动力消耗的薪金，但劳动剩余的多少跟自己有着密切的关系。为能分享到更多的剩余收益，通常来说，员工应该以积极主动的行为从事价值创造活动，努力提高价值创造的品质和效率。然而，由于现代企业采取的基本都是团队生产模式，只要不能精确核算每个人的行为增值、行为减值和行为净值，偷懒、“搭便车”等投机行为就会不同程度地存在，这将降低价值创造的品质和效率，最终将会影响到包括全体物力资本所有者和人力资本所有者的剩余收益分享。为此，要想寻求提升人力资本所有者价值创造的品质和效率的方法，就有必要想办法将每个人的行为增值、行为减值和行为净值核算清楚。而这除了使用三维会计技术和现代信息技术外，还有必要确定核算行为增值和行为净值的计量方法，因此合理确定各个行为中心之间的内部转移价格至关重要。内部转移价格是指企业内部各价值创造行为中心的产品或服务流转时的内部结算价格，为确保内部结算价格能发挥提升价值创造的品质和效率的应有功效，有必要遵循全局性、公平性、自主性、重要性①等原则制定内部结算价格。其中，全局性就是各价值创造行为中心要服从于企业整体利益、局部利益与企业全局利益协调统一；公平性就是要遵循等价原则来制定内部转移价格，优质优价，低质低价，以免价格不合理而影响到行为中心员工的积极性；自主性就是各价值创造行为中心有制定内部转移价格的自主权，其他人员不应干预；重要性原则就是要分清重点，不要让众多价低量小的产品或服务占用管理人员过多的时间和精力而忽视了价高量大的产品和服务。笔者认为，全局性、公平性、重要性原则会通过影响员工的情绪，主要影响行为价值创造的品质；自主性会通过影响员工的情绪，主要影响行为价值创造的效率。因此，笔者主张将全局性、公平性和重要性作为基本前提，因为没有品质的效率是不足以提倡的。在价值创造的品质有保障的前提下，赋予价值

① 来自亚财百科，网址：http://www.asiafinance.cn/wiki/index.php? doc-view-5187.htm。

创造行为中心的人员较为充分的定价自主权。同时，只有能为接受产品或服务的行为中心所接受的价格，才是适宜的内部转移价格。可见，真正促进产品或服务转移的内部转移价格，实质上就是内部结算价格。本书认为，用内部结算价格更能有效地强化各行为中心在保障价值创造品质的前提下努力提高价值创造效率。因此，本书主张将“自主制定内部结算价格法”作为促进价值创造的品质和效率提高的基本方法。

自主制定内部结算价格法可以参照目前企业制定内部转移价格的市场价格、以价格为基础的协商价格、变动成本加固定费用和成本加成等定价方法，可是出于全局性和公平性原则的考虑，笔者认为统一采用企业内部各价值创造行为中心之间的公允价值法更为科学合理。

关于行为增值、行为减值和行为净值的管理方法，笔者认为可以通过编制行为价值预算来综合体现。由于员工是实施价值创造行为的主体，行为价值预算的编制目的在于引导员工规范并创造性地实施自身价值创造行为以实现企业财务目标和财务管理目标，因此，行为价值预算的起点应当是价值创造行为中心全体员工的财务目标和财务管理目标。

行为主体财务目标与财务管理目标明细表（见表 5-1）可以清晰地反映出经过自下而上程序制定的每位员工的财务目标和财务管理目标。这两项指标将引领员工作为行为主体有针对性地实施自己的价值创造行为，有序开展价值创造活动。为了体现行为主体价值创造行为对财务目标和财务管理目标的有效性，有必要以价值创造行为中心为单位编制行为价值预算表（见表 5-2）。

表 5-1　××价值创造行为中心行为主体财务目标与财务管理目标明细表

行为类别：　　　　2016 年××月××日至 2016 年××月××日

行为主体	财务目标（价值增值额）	财务管理目标（价值增值率）	备　注
员工一			
员工二			
员工三			
员工四			
员工五			
……			
合　计			

表 5-2　××价值创造行为中心行为价值预算表

行为类别：　　　　2016年××月××日至2016年××月××日

<table>
<tr><td colspan="2">行为增值
①</td><td colspan="2">行为减值
②</td><td colspan="2">行为净值
③=①−②</td><td colspan="2">价值增值额
④=③</td><td colspan="2">价值增值率
⑤=④÷②</td></tr>
<tr><td>数量</td><td></td><td>数量</td><td></td><td>数量</td><td></td><td colspan="2"></td><td colspan="2"></td></tr>
<tr><td>单价</td><td></td><td>单价</td><td></td><td>单价</td><td></td><td>其中：
劳动报酬⑥</td><td></td><td rowspan="2">其中：
剩余收益率
⑧=(④−⑥−⑦)÷②</td><td rowspan="2"></td></tr>
<tr><td>金额</td><td></td><td>金额</td><td></td><td>金额</td><td></td><td>利息⑦</td><td></td></tr>
</table>

注：本书提供剩余收益率是为了与现行财务管理的做法相呼应。

每个价值创造行为中心编制的行为价值预算表，从格式上来说都是一样的，对不同的价值创造行为的价值衡量都要用到行为增值、行为减值和行为净值这三个要素。同时，为了使行为增值、行为减值和行为净值三个要素的价值计量具有可信度，还需要提供三个要素价值的支持数据，如行为净值为10 000元，支持数据为数量50个，单价为200元，这样就使行为净值的数据更为可信。另外需要说明的是，人力资本所有者按月领取的劳动报酬和债权人按月领取的利息也都需要反映在行为价值预算表中，只不过在人本财务管理中都不计入费用，而是作为对行为净值的一种价值分享而已。

行为增值是按照企业内部价值链上的交易双方相互协商确定的交易价格与交易数量的乘积计算出的内部销售总额，即某价值创造中心在某段时间内形成的产出价值。行为减值就是为生产产品所发生的物料消耗、固定资产折旧、无形资产摊销和应由该价值创造行为中心承担的辅助生产成本等物力资产的转移价值，即某价值创造中心为获得价值增值而发生的投入价值。行为净值就是行为增值与行为减值的差额。领取价值就是人力资本所有者和债务性物力资本所有者分别从行为净值中领取的劳动报酬和利息之和。价值增值额就是行为净值与领取价值之间的差额，即经济增加值(EVA)。价值增值率就是价值增值额(经济增加值，EVA)与行为净值(投入价值)的比率。

由于行为增值、行为减值和行为净值是构成行为价值预算的基本项目，因此有必要进一步分别编制各个项目的预算明细表。

行为增值预算明细表(见表5-3)中行为增值的合计数据，如果是直接对外销售行为，将可以直接从对外销售的原始数据获得；否则，将是某价值创造行为的公允价值。为能清晰核算每位员工的行为增值，有必要将该行为中心的行为增值分解到每位员工名下。增值项目可能是各种入库的半成品、提供的具体服务名称，或者是直接对外销售的产品名称。

表 5-3　××价值创造行为中心行为增值预算明细表

行为类别：　　　　2016 年××月××日至 2016 年××月××日

行为主体	行为增值项目	价值增值额	备　注
员工一			
员工二			
员工三			
员工四			
员工五			
……			
合　计			

行为减值预算明细表（见表 5-4）中的价值减值额，来源于每位员工的价值创造行为所发生的各种成本之和。减值项目可以包括领用原材料、机物料消耗、计提固定资产折旧费、无形资产摊销、分配辅助生产成本等，每位员工发生的实际成本都可以从三维会计系统中直接获得或者是分配获得，以便于预算成本相比较。

表 5-4　××价值创造行为中心行为减值预算明细表

行为类别：　　　　2016 年××月××日至 2016 年××月××日

行为主体	行为减值项目	价值减值额	备　注
员工一			
员工二			
员工三			
员工四			
员工五			
……			
合　计			

行为净值预算明细表（见表 5-5）中的行为增值、行为减值数据分别来自行为增值预算明细表（见表 5-3）和行为减值预算明细表（见表 5-4）；行为净

值的数据可以用“行为增值－行为减值＝行为净值”公式计算获得；价值增值额就是行为净值；价值增值率是价值增值额与行为减值的比率。

有必要说明的是，对于同一价值创造行为而言，表 5-5 中的合计数据都要与表 5-2 中的数据相一致，表 5-5 中的数据是明细，表 5-2 中的数据是汇总。

表 5-5　××价值创造行为中心行为净值预算明细表

行为类别：　　　　2016 年××月××日至 2016 年××月××日

行为主体	行为增值 ①	行为减值 ②	行为净值 ③＝①－②	价值增值额 ④＝③	价值增值率 ⑤＝④÷②
员工一					
员工二					
员工三					
员工四					
员工五					
……					
合　计					

由于行为价值预算体系已经分别将所有价值创造行为中心和每个价值创造主体的行为增值、行为减值、行为净值、价值增值额和价值增值率分别编制预算，因此，在以企业为单位编制行为价值增值预算表时，直接将全部价值创造行为中心的行为价值预算表中的预期价值增值额进行加总即可得出整个企业的预期价值增值额，将全部价值创造行为中心的行为价值预算表中的预期价值增值率加权平均即可得出整个企业的预期价值增值率。企业层面的行为价值增值预算总表见表 5-6。

表 5-6　企业行为价值增值预算总表

2016 年××月××日至 2016 年××月××日

价值创造 行为中心	行为增值	行为减值	行为净值	价值增值额	价值增值率
投资行为					
人力投资行为					
物力投资行为					
借贷投资行为					

（续表）

价值创造行为中心	行为增值	行为减值	行为净值	价值增值额	价值增值率
投资行为合计					
采购行为					
采购管理行为					
生产行为					
基本生产行为					
辅助生产行为					
生产行为合计					
生产管理行为					
销售行为					
销售管理行为					
研究开发行为					
经营管理行为					
税务代理行为					
……					
合　计					

除了通过自主制定内部结算价格法和编制行为价值预算法来引导行为主体的价值创造，提高价值创造的品质和效率外，还有必要采用“动态分析价值创造行为法”来实时引导行为主体的价值创造行为不偏离轨道。

从相关文献来看，截至目前财务理论界对财务分析的认识不尽相同，美国南加州大学教授 Water B. Meigs 认为，财务分析的本质是搜集与企业财务决策有关的各种财务信息，并加以分析、解释与评价的一种技术。美国纽约市立大学教授 Leopold A. Bernstein 认为，财务分析是一种判断的过程，旨在评估企业现在或过去的财务状况和经营成果，其主要目的在于对企业未来的状况和经营业绩进行最佳预测。台湾政治大学教授洪国赐认为，财务分析以审慎选择财务信息为起点，作为探讨的根据；以分析信息为重心，以揭示其相关性；以研究财务信息的相关性为手段来评价财务结果。较多的学者认为，财务分析是以会计核算和报表资料与其他相关资料为依据，采用一系列专门的分析技术和方法，对企业等经济组织过去和现在的有关筹资活动、投资活动、经营活动、分配活动在偿债能力、盈利能力、营运能力和价值增长能力等方面进行分析与评价的经济管理活动。财务分析对象是会计核算和报表资料及其他相关资料，财务分析内容是盈利能力、营运能力、偿债能力和增长能力，财务分析的最终目的是为财务信息使用者未来做出财务决策提供可靠的依据，具体表现为评价过去的经营业绩、衡量现在的财务状况、预测未来的发展趋势。综合上述财务学者的观点可以看出，现行财务管理对财务分析的做法存在三个问题：第一，财务分析只对会计核算和报表资料及其他相关资料进行分析，资料只是对财务活动过程和结果所进行的描述载体，不能等同于财务活动，因此，现行财务管理中的财务分析属于典型的事后静态分析，与财务活动脱节，没有真正贯彻财务管理将资金运动作为其管理对象的真实意图。第二，财务分析活动仅集中在企业财务管理部门，因财务分析的专业特性决定了财务管理部门独自拥有对企业财务活动进行财务分析的全部权限，真正主导价值创造的劳动者却没有机会实施财务分析，也就不能有针对性地改进财务分析所发现的问题，极大地弱化了财务分析应有的应用价值。第三，财务分析的目的过于狭隘，分析结果只具有评价功能，只能用于对未来财务期间财务决策的应用，而忽视了财务分析结果对本期价值创造行为应有的引导作用，背离了财务管理的本质属性。

由于人本财务管理主要是人力资本所有者对其自身价值创造行为的自我管理，财务管理主体不应只局限于现行财务管理中认定的财务管理部门，财务管理权限应分散在各个价值创造行为中心。因此，财务分析主体也就必然呈现出多层次和多元化特征。由于人力资本所有者的价值创造行为是价值创造的本原和动因，因此，财务管理客体也就是人力资本所有者的价值创造行为和记录价值创造行为过程和结果的会计核算和报表资料及其他相关资料。除了企业财务管理部门从企业整体视角动态分析价值创造行为的品质和效率情况外，各价值创造行为中心和每位员工作为行为主体都有必要动态分析自身价值创造行为创造价值的品质和效率。这样企业将至少形成财务管理部门、价值创造行为中心和员工三个层次的动态分析数据。财务管理部门分析产权价值增值率的目的在于实时、动态地向各价值创造行为中心提供产权增值率实现情况，并与产权价值增值率目标相比较，进而从企业整体层面分析人力资本所有者的心理活动，以及财务管理环境变化对人力资本所有者实施价值创造行为可能产生的各种影响等。各价值创造行为中心可以通过财务管理部门提供的产权增值率实现差异，对自身价值创造行为进行分析，以便发现自身价值创造行为可能存在的问题并由此寻找规避问题的措施，尽早纠偏和回归正常轨道。每位员工根据企业财务部门和所在价值创造行为中心实时提供的数据，通过对比、比率法等控制和规范自身的价值创造行为，以便始终保持与财务目标和财务管理目标的同向性。概括来说，动态财务分析的基本做法可以是事前算赢、事中纠偏和事后真实呈现。

事前算赢就是借助于全面预算中的行为价值预算在价值创造行为实施之前所做的价值增值筹划。其基本做法是，在某价值创造行为开始之前，要先预测财务活动的产权价值增值率，算赢不是要求产权价值增值率大于0，而是要求预测的产权价值增值率大于或等于企业财务管理目标确定的产权价值增值率。

事中纠偏是指在价值创造行为实施过程中，企业财务管理部门和每个价值创造行为中心都能随时就其价值创造行为对价值的影响可能与行为价值增值预算产生的偏差进行分析。其基本做法是，将已经实现的产权价值增值率与财务管理目标确定的产权价值增值率相比较，如果是正向偏差，即说明价值创造行为有效，此时自然不存在纠偏问题；如出现负向偏差，即说明价值创造行为无效，则必须及时告知价值创造行为中心负责人，以便价值创造中心及时研究对策并付诸实施，予以纠偏。

事后真实呈现则是运用三维会计核算技术对每个价值创造行为中心和每个实施价值创造行为的人力资本所有者所产生的行为增值、行为减值、行为净值及产权价值增值率进行如实反映，用价值指标反映出对每个价值创造主体在某一财务期间价值创造行为的真实状况。需要说明的是，虽然有事中纠偏环节，但是现实中仍然可能出现最终实现的产权价值增值率与财务管理目标确定的产权价值增值率不相一致的情况，财务分析的重点是找出不一致的真实原因。第一种情况是实际产权价值增值率大于目标产权价值增值率，这种情况要通过财务分析，明确是行为价值预算做得过于保守，还是经营环境向顺境转化所致，抑或是企业的财务激励政策发生了关键作用，也有可能是该行为价值创造中心人力资本所有者具有自我激励与约束的超凡能力等。第二种情况是实际产权价值增值率小于目标产权价值增值率，这种情况要通过财务分析，明确是目标产权价值增值率做得过于激进，还是经营环境向逆境转化所致，抑或是企业的财务激励政策没有发生应有的激励作用，再或者是该行为价值创造中心人力资本所有者本身天然地缺乏任何可能的被激励与约束的基本素质等。通过财务分析明确具体原因之后，在下一个财务期间从全面预算就开始有针对性地做出必要的应对，以确保在企业财务目标和财务管理目标顺利实现的基础上保持企业良好的发展前景。

5.3.3 权益要素管理方法

在人本财务管理中，权益要素具体包括债权人权益、物力资本所有者权益和人力资本所有者权益三项内容，这三项内容分别代表着债权人、物力资本所有者和人力资本所有者三方在企业权益中的利益。由于债权人的权益基本都是通过事先的借贷合同约定而相对固定，同时由于债权人权益在企业中都是以负债形式反映，这就决定了债权人不具备参与企业内部财务治理和权利分享的资质。因此，权益要素管理的核心问题，即解决人力资本所有者和物力资本所有者之间的财务治理与权利分享问题，主要表现为人本财务治理、人力资本所有者权益要素管理，以及人力资本所有者权益要素与物力资本所有者权益要素的结构配置三个具体问题。

1）人本财务治理[①]

关于财务治理的本质，国内学者从不同角度进行研究，分别阐释了不同的认识。衣龙新(2003)在对以往研究文献进行综述的基础上提出，财务治理就是基于股东财产所有权，在公司财务管理层面之上，由公司股东、董事会等治理层决策，经理层实施，以财权配置为中心，对公司重大财务事项做出决策的一系列制度安排，主要包括财务治理结构、机制与行为规范三方面内容。以宋献中(2002)为代表的财务契约理论强调财务治理的契约属性。以伍中信(2006)为代表的财权配置论认为，财务治理是以财权流为主要逻辑线索，研究如何通过财权在公司内部的合理配置，形成一组联系各利益相关主体的

① 传统财务治理理论通常认为财务治理在财务管理之上。在笔者看来，当人力资本产权得到确认，人力资本所有者与物力资本所有者同时成为财务治理主体，作为财务治理主体参与财务治理的一切行为都是价值创造行为，而价值创造行为又是人本财务管理的核心。因此，人本财务治理是人本财务管理的一部分，不具有居于财务管理之上的地位。

正式和非正式的制度安排，以期达到维护投资者利益的根本目的。应该说，到目前为止，财务界一直没有对财务治理的本质形成统一的认识。相对而言，笔者更加认同伍中信(2006)的观点，财务治理本质上是均衡企业各产权利益相关者的一项事关财权配置的制度安排，但这里的财权仅包括财务资源配置权、财务资源经营权和财务资源处置权，这些都是与财务资源有关的权力制度安排，而财务权利则不包括在内，因为财务资源处置权将影响到财务权利，或者说财务权利受制于或服从于财务权力的制度安排。

追根溯源，财务治理产生的初衷就是为了解决因信息不对称而造成的物力资本所有者(股东和债权人)和人力资本所有者(高层管理人员和普通员工)之间的利益纷争问题。实务界的经典案例，如美国的安然和世界通信等公司高管人员联手欺骗投资者，中国的银广夏、东方电子等公司高管人员虚构业绩为自己牟取非法收益。这直接侵犯了投资者认为原本属于物力资本所有者的利益，公司高管人员之所以能够有机会违背契约规定的游戏规则，想方设法为人力资本所有者谋取利益，通常被认为是以公司高管人员为代表的人力资本所有者掌握公司财务信息，而物力资本所有者缺乏公司财务信息，人力资本所有者就利用信息不对称的漏洞蒙蔽物力资本所有者，实际上人力资本所有者是用自己的智力、体力和技能出资，但是博弈能力的悬殊使人力资本所有者只能在企业契约中规定以经营者身份参与利益分配，于是代人经营、替人赚钱的巨大落差使他们心理失衡，加之企业契约本身具有不完备性，因此，他们便利用其在财务信息方面占得先机的优势展开了背后的博弈。信息不对称不是背后博弈的理由，只是客观条件。这种博弈看似是利益之争，实则是人力资本所有者向物力资本所有者博取自身人权保障的抗争。公司的财富增长是靠人力资本所有者的智力、体力和技能创造的，但是他们只能按照补偿劳动力的标准由物力资本所有者决定其报酬。按照马克思主义政治经济学的观点，劳动力是商品，从经济发展的历史来看，作为商品的劳动力与物力资本所有者提供的生产资料相博弈一直处于劣势。但是在后资本主义社会，真正支配性的资源、有决定性的生产要素，既不是资本、土地，也不是劳动力，而是知识。在后资本主义社会①中，社会主导阶级不是资本家，

① 德鲁克认为，后资本主义社会即知识社会，自第二次世界大战后兴起，最根本的经济资源，不再是资本或自然资源，也不再是劳动力。无论现在或未来，最关键的经济资源一定是“知识”。

而是“知识工作者”与“服务工作者”(德鲁克,2009)。也就是说,作为后资本主义社会的人力资本所有者,已经成为主导财富增长的决定性力量,他们自然有资格以“人力资本”的身份向企业投资入股并以“人”的身份参与经营。由此看来,以公司高管为代表的人力资本所有者利用信息不对称为自身谋取利益的做法,仅仅是人力资本所有者内心深处因为物力资本所有者没有“把自己当人看”而实施的报复性行为。虽然这种报复性行为不值得提倡,但是人力资本所有者为自身人权利益①而觉醒并抗争的事实,迫使企业不得不从财权入手探索权力制衡配置和收益权利配置的有效途径,以缓解人力资本所有者为经济上的人权利益而抗争的矛盾。

在现行财务管理中,由于劳动者没有得到人力资本所有者的身份,因此,劳动者不能参与财务资源配置权、财务资源经营权、财务资源监督权和财务资源处置权等财权配置,这些权力都只是在物力资本所有者之间进行配置。而在人本财务管理中,劳动者原本就是财务资源经营权的控制者,在人力资本身份得到确认后,他们又将以人力资本所有者身份参与分享财务资源的配置权、财务资源处置权和财务资源监督权,这必将冲击到现行的财务治理模式。与现行的由物力资本所有者单边治理的财务治理模式相比较,人本财务管理将是由人力资本所有者和物力资本所有者共同参与的双边财务治理模式。有必要说明的是,由于财务治理理论根源来自公司治理,而公司治理又分为内部公司治理和外部公司治理,因此人们也惯性地认为财务治理也可以分为内部财务治理和外部财务治理。但限于本书对产权利益相关者财务目标和财务管理目标的界定,笔者在此仅对内部财务治理进行研究。下面将从内部财务治理角度提出由人力资本所有者和物力资本所有者双边财务治理模式下的权力配置(见图 5-2)。

笔者认为,企业财权主要包括财务资源配置权、财务资源经营权、财务资源监督权和财务资源处置权,这四项权力分别由企业的股东会、董事会与经理层、监事会和股东会控制,其中股东会、董事会和监事会都由人力资本所有者和物力资本所有者分别按照产权比例确定的人员比例构成。同时,为维持日常财务管理秩序的正常运行,企业还应设置财务管理委员会,该组织与财务管理部门不同。财务管理部门是日常财务管理活动的执行机构;财务管理

---

① 此处非政治上讲的人权,而是经济上体现的人权,表现为以人为本的经济利益。

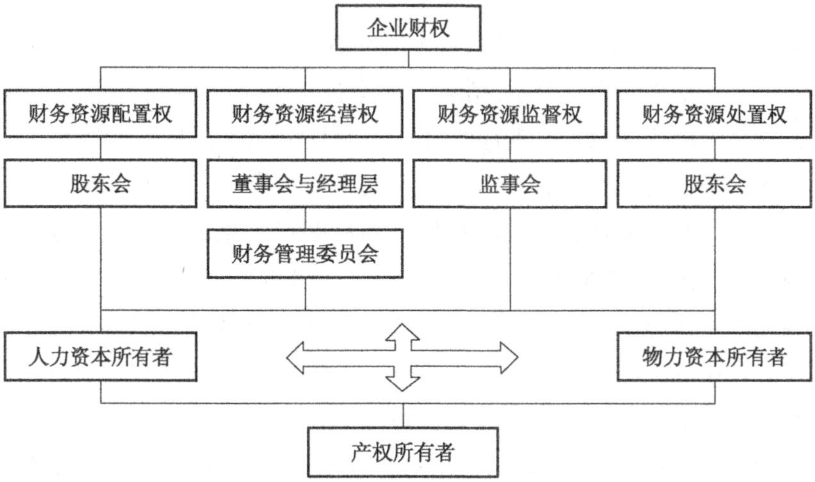

图 5-2 双边财务治理模式下的权力配置

委员会是日常财务管理活动的议事机构，如对各价值创造行为中心财务目标的制定是否合理、行为价值预算编制是否恰当等进行审议并提出合理化建议。由于财务资源经营权的运用过程既涉及人力资产和物力资产的使用是否合理规范，又直接决定或影响着人力资本所有者和物力资本所有者的共同收益，因此，财务管理委员会也需要分别由各占50%的成员代表所构成。这样，人力资本所有者和物力资本所有者都以产权所有者身份参与到企业财权的治理之中，形成了名副其实的双边财务治理模式。双边财务治理模式既有利于人力资本所有者和物力资本所有者之间，以及人力资本所有者相互之间和物力资本所有者相互之间的权力制衡，又有利于促进人力资本所有者和物力资本所有者之间，以及人力资本所有者相互之间和物力资本所有者相互之间共同努力，促进企业经济价值增长。

2) 人力资本所有者权益要素管理

在人本财务管理中，权益的三项内容在构成上与现行财务管理均有所不同。

首先是债权人权益。其在名称上虽然仍以负债相称，但实质上与现行财务管理中的负债在构成上有所不同，主要表现为现行财务管理中的“应付职工薪酬”在人本财务管理中不再具有负债性质，而是被视为人力资本所有者权益的组成部分。同样，现行财务管理中“应付股利”在人本财务管理中也不再具有负债性质，而是被视为物力资本所有者权益的组成部分。由于债权人与企业之间就仅存在借贷关系，剔除“应付职工薪酬”和“应付股利”后的债权人权益也就可以按照现行财务管理的相关办法实施管理，在此不赘述。

其次是物力资本所有者权益。由于使用物力资产占用资金可以与使用人力资产发生劳动损耗获得薪酬补偿一样而获得利息补偿，因此，在原有的权益内容中还需增加“物力资本所有者利息”，可以资产评估价为计息基础，以市场无风险报酬率为计息利率计算物力资本所有者应得利息额度。物力资本所有者权益中应付股利的多少取决于人力资本所有者和物力资本所有者在企业总资本中各自占有的资本比重及共同商定的股利分享政策。通常来说，资本比重或产权比例是计算股利分享额度的基础，但最终的结果则是博弈分享额度，即在股利分享额度的基础上双方代表进行博弈，最终得到的博弈分享额度即是最终的股利分享额度。其计算公式如下：

物力资本所有者比例分享额度 = 资本评估价值 × 资本比重

物力资本所有者博弈分享额度 = 物力资本所有者比例分享额度 ± 博弈调整额度

其中，博弈调整额度分为调增、调减和不调整三种情况，当人力资本所有者和物力资本所有者在博弈中势均力敌时，则不对比例分享额度进行调整，即博弈调整额度为零，此时比例分享额度等于博弈分享额度。

再次是人力资本所有者权益。人力资本所有者权益要素与物力资本所有者权益要素都分别代表着人力资本所有者和物力资本所有者拥有权益额度的大小与占权益比重的大小，都分别包含资本和收益两部分。人力资本所有者权益要素与物力资本所有者的根本不同在于其资本价值发挥价值创造能力的大小取决于人力资本所有者的个人意愿，具有较大弹性，其价值创造能力的发挥将直接影响到人力资本所有者和物力资本所有者的共同收益。因此，对人力资本所有者权益要素的管理重点是在尊重人力资本使用者作为“人”不同于“物”的属性的前提下，探讨如何激发人力资本所有者的积极性和创造性，同时保持人力资本价值与创造价值能力的可持续性。

3）人力资本所有者权益要素与物力资本所有者权益要素的结构配置

笔者认为，人力资本所有者权益与物力资本所有者权益的结构配置事实上就是产权结构配置，本质上必然是人力资本所有者和物力资本所有者之间的权益纷争，同时由于产权资本具有增值性、动态性特征，因此，人力资本所有者权益要素与物力资本所有者权益要素的结构配置应该采取以未来收益现时价值为基础的博弈法来解决问题。

顾名思义，以未来收益现时价值为基础的博弈法就是指以未来收益的现时价值作为配置资本结构基础的方法。但是，资本结构最终的配置结果还要取决于各财务管理主体以其产权资本所有者身份所具有的博弈能力。

博弈有合作博弈和非合作博弈之分。根据"经济人"假设及行为科学理论可知，作为价值创造主体的劳动者在价值创造过程中并不是出于对其他合作者价值最大化的集体理性来考量，更多的可能是为追求自身利益最大化的个人理性行为。因此，出资者要想实现自身追求的价值最大化的财务目标，就必须主动将其利益与劳动者融合在一起，以使劳动者在追求自身价值最大化的同时，同步为出资者带来最大化的价值。然而，现行财务管理的资本结构只是由产权性物力资本和债权性物力资本组成的物力资本结构，人力资本产权没有得到体现，人力资本所有者也就因此不能得到由产权派生的全面的财务管理权力和参与分享剩余收益的权利，这导致了出资者和劳动者之间实质上处于非合作状态，劳动者在价值创造过程中经常出现的"搭便车"、以次充好、偷工减料等机会主义行为和出资者在财务管理中将劳动者薪酬作为成本并将降低人工成本作为增加自身利润等做法就是非合作博弈的基本佐证。非合作博弈虽然不一定具有完全的纳什均衡倾向，但现行财务管理中不包含人力资本产权的资本结构，从而导致出资者和劳动者的财务目标不一致，并由此引发的利益纷争弱化了企业价值的提升能力。基于此，人本财务管理主张将人力资本纳入财务管理，在资本结构中包含产权资本与债权资本，其中产权资本又包含人力资本和产权性物力资本，由此形成产权资本结构。由于经评估确定的资产未来收益现时价值仍存在一定的主观性，同时出于让人力资本所有者和产权性物力资本所有者从实质到形式都能实现真正的合作考虑，本书认为不宜直接用经评估确定的资产未来收益现时价值作为产权资本结构配置的直接依据，但可以以在财务期间开始时对资本进行评估确定的资本未来收益现时价值为基础，分别由产权性物力资本所有者和人力资本所有者经过充分博弈最终确定产权资本结构。具体做法为：在股东大会中分别设置产权性物力资本所有者和人力资本所有者代表机构，或者根据企业章程直接按股权比例派出双方代表进行商讨。商讨的内容包括在人本企业战略与人本企业目标指导下的人本财务战略和人本财务目标，以及为贯彻人本财务战略和实现人本财务目标所需要的资本总额，进一步确定产权资本和债权资本，以及产权资本中人力资本和产权性物力资本的比例等。

可见，采用未来收益现时价值为基础的博弈法确定产权资本结构的最终配置方案，既有效避免了历史时期与财务运行期间因环境变化可能带来的价值不符，又避免了博弈各方缺乏根据地随意估值，同时还让产权资本所有者各方都能充分博弈，在博弈过程中体现各自的价值实现意志。最终的产权资本结构配置方案体现了产权所有者各方共同商定决策的平等地位，有利于增强产权资产所有者各方对财务管理的认同感，进而有利于人力资本所有者提高价值创造行为的品质和效率。因此，采用未来收益现时价值为基础的博弈法来确定产权资本结构的最终配置方案，应当是比较理想的现实选择。

6 人本财务管理的内在保障

6.1 人本财务管理内在保障的含义及内容

人本财务管理是企业为适应知识经济环境所带来的冲击而对财务管理进行的变革，同时，政治、文化、法律和社会等宏观环境也都为人本财务管理的实施提供了有利条件。另外，从中观环境来看，当前企业已进入越来越激烈的市场竞争阶段，企业为增强在行业中的竞争力也已经意识到必须高度重视人力资源在企业价值创造中的重要性。综合来看，当前企业所处的宏观环境和中观环境既对企业实施人本财务管理提出了迫切要求，又为企业实施人本财务管理营造了较为有利的外部氛围。然而，外部环境的成熟毕竟都只是实施人本财务管理的外部条件，最终起决定性作用的还是企业内部条件。俗话说，橘生淮南则为橘，橘生淮北则为枳。人本财务管理能否得到顺利推行，一定离不开企业内部环境的保障程度。基于此，本部分将重点研究这样一个问题：在外部环境已较为必要和成熟的条件下，企业应该从内部环境上如何做出应对，以便为人本财务管理的顺利实施提供与之相适应的内部条件。

理论界通常把企业内部环境定义为企业内部的资源、组织结构、企业文化等因素的总和。笔者认为，其中的资源包括物力资源和人力资源，物力资源是价值创造的条件，人力资源是价值创造的源泉，这两者的有效配置有助于人力资本所有者充分利用两种资源提高产权价值增值率，以便为人力资本所有者和物力资本所有者创造出最大化的共有价值。人力资源与物力资源的不同配置模式将有助于形成不同的组织结构模式；同时，不同的组织结构模式，即使使用同样的资源，也将产生不同的价值增值率。如果遵循人本财务管理理念设置组织结构，使人本财务管理制度体系得到顺利实施，并使人本财务管理方法体系得到顺利推行，则将有利于促进人力资源与物力资源的优化配置，从而使人力资源和物力资源都能充分发挥其在价值形成过程中的最大效应，进而促进产权价值增值率的提高。看来，要想使组织结构模式适应人本财务管理的需要，就应注重对当前的组织结构模式做出相应变革，以便为人本财务管理的顺利实施提供高效的组织结构保障。当然，组织结构模式的变革仅能从资源优化配置角度为提高产权及产权价值增值率提供保障，而产权价值增值率的所有实现环节都离不开人的价值创造行为，人又是有血有肉、有情感、有理想、有抱负的资源载体，人的价值创造行为无时无刻不受到其内在心理感受的影响。人的心理感受最终将影响到其在价值创造过程中的情绪，而情绪的好坏最终将通过影响劳动生产率而影响到价值增值率。人的情绪有好坏之分，好的情绪有利于提高劳动者的价值创造积极性和创造性，有助于提高劳动生产率，从而促进价值增值率的提高；反之，坏的情绪则容易引发劳动者的偷懒、怠工等消极行为，将导致劳动生产率的下降，从而使价值增值率也相应下降。根据马斯洛的需求层次论可知，在市场经济充分发展的知识经济时代，仅靠通过确认人力资本产权而使劳动者以人力资本所有者身份拥有财务管理权，并获得与其价值贡献相匹配的价值回报还不够，企业还必须从精神层面构建能真正体现人本财务管理目的的企业文化，即通过构建人本财务管理文化来营造和谐的价值创造氛围，以便引导人力资本所有者在价值创造过程中自觉抑制和克服消极情绪，努力培养积极情绪，进而提高其价值创造行为的品质和效率，以提高产权价值增值率，并最终实现人力资本所有者和物力资本所有者共有价值的最大化。可见，人本财务管理的顺利实施，也离不开人本财务管理文化的必要保障。

总之，要想使人力资源和物力资源这两种财务要素发挥出在价值创造中的最大效应，就有必要使在人本财务管理理念指导下建立的制度和确定的方法，都同样能在具有人本财务管理理念的组织结构中得到顺利实施和推行，并同时需要构建能全面体现人本财务管理理念的财务管理文化，来引导人力资本所有者自觉规范自己的价值创造行为，使人本财务管理制度和方法能得到高效的实施和推行。由此可见，企业的组织结构模式变革和财务管理文化创新便成为在企业内部环境视角上确保人本财务管理得以顺利实施的两大保障因素。

6.2 人本财务管理下的组织结构模式变革

1）组织结构模式的含义及功能

组织结构模式也称组织结构形式或形态，通常认为是为构建组织中纵向的等级关系及其沟通关系，横向的分工协作关系及其沟通关系而形成的一种组织构架。从财务管理来看，组织结构模式体现的是企业为实现价值增值而构建的人与人之间在价值创造过程中的一种分工与协作关系。

组织结构模式的基本功能是通过一定形式的组织架构来实现企业管理者的管理意志。从财务管理角度来说，无论构建什么样的组织结构模式，管理者的管理意志都是一样的，即表现为促进价值增值，这是财务管理的本质属性所决定的。为促进价值增值，组织结构需要具备以下具体功能：其一是构建和谐的人际关系；其二是确保信息沟通顺畅；其三是提高资源利用效率；其四是提高价值增值率。在价值创造过程中，这四项功能具有极为紧密的内在关联性。构建和谐的人际关系有助于促进信息沟通顺畅，这将有利于促进劳动者的价值创造行为，努力提高资源利用效率，进而促进价值增值率的提高。

2）现行财务管理下的组织结构模式及其特征

企业以组织形式出现以来，因其业务发展需要主要经历了直线式、职能式、直线职能式、事业部式、矩阵式、多维结构式等多种组织结构形式。随着知识经济和现代信息技术时代的快速发展，企业出于节约成本、提高效率角度考虑，组织结构开始出现扁平化和网络化的趋势。但从企业对财务组织的变革来看，不但没有扁平化，反而出现了所有者财务、职业经理财务和财务经理财务分层强化管理的趋势。

从现行财务管理下的财权配置来看，不管企业组织结构在形式上如何变化，其突出特征都表现为出资者高高在上的金字塔形状，企业的众多劳动者都是处于出资者下层的价值创造者。出资者牢牢控制着企业财权，劳动者就像物力资源一样被牢牢地控制在代表物力资本所有者利益的股东大会或者董事会手中，职业经理人、高级技术人员等极少数劳动者只拥有部分创造价值的组织设计与变革权限，企业中层及以下的劳动者就像是机器等劳动工具一样，不但基本上没有任何参与设置组织结构的权力，而且一直都是被物力资本所有者根据自身意志或者由物力资本所有者授权并代表物力资本所有者意志的职业经理人所随意安置，并且必须服从，否则就要被扣罚工资、奖金，降级，甚至被剥夺继续工作的权利。即使是劳工保护比较健全的美国，在遭遇经济危机时，中层及以下的员工也是优先被降级、降职、降工资，甚至被要求优先离职。这种金字塔式的组织结构不但严重制约了员工价值创造过程中的自主性，而且更为严重的是仅仅简单地把"人"作为资源加以利用，物力资本所有者利用自身掌握充裕的物力资源所处的强势地位，单方面剥夺了员工作为"人"应该被尊重、被关心、被培养和被激励的基本权利。虽然物力资本所有者掌控企业财权的金字塔型组织结构，其本身不应为此承担责任，但这样的组织结构模式反映了物力资本所有者和劳动者不对等的契约关系，不仅违背了劳动者作为企业员工应有的财权，也违背了员工作为劳动者的行为意志，直接导致契约的协商一致精神扭曲。这种组织结构模式的直接后果将是企业员工体现在劳动过程中的消极应付，虽然得不到自身人力资本所有者应得的权益，但迫于生计不得不放下尊严，放弃利益，当然也就放松了对自我的那份本应恪尽职守、尽职尽责的严格自律。

当前，随着现代信息技术的蓬勃发展，尤其是"互联网＋"时代的到来，现代企业的组织结构已经出现了多变的趋势，而不再是传统的拘泥于一种模式保持长久不变。由于信息技术的使用可以减少信息传递的中间环节，因此企业的组织结构越来越呈现出扁平化特征。组织结构变化的出发点是为了增强企业的适应能力，保持企业在行业竞争中的活力和优势地位，以便能为出资者获取更多或者更为稳定的价值回报。然而，当前企业组织结构的变化并没有从根本上体现出"人"在价值创造过程中的主导地位，劳动者仍然只是可供出资者支配或控制的生产要素，其区别于其他生产要素的主观能动性特征在价值创造过程中仍不能得到根本性体现。因此，尽管"互联网＋"时代并没有促使企业从人本角度进行组织结构模式变革，金字塔式的组织结构形式依然存在。这充分反映了出资者对企业财权的固守与劳动者在财权配置上的无奈，由此将进一步加剧劳资双方财务管理目标冲突，劳动者不能充分发挥其价值创造积极性和创造性，企业价值增值能力不可持续等诸多矛盾，这实质上就是对财务管理价值增值属性的严重背离。

3）人本财务管理下的组织结构模式要求及变革趋势

人驱动物实现价值增值是人本财务管理的基本理念之一，这与现行财务管理沿袭已久的物驱动人的理念和做法有着本质不同。像海尔集团这种充满智慧的企业已经意识到现行财务管理引发矛盾的严重性并且已经开始转变思维模式，自2010年开始实施的自主经营体模式就将企业高层管理人员高高在上的金字塔型组织结构改为倒金字塔型。其基本做法是将与经营权有关的财权交给员工，企业的董事长、总经理等传统的高层领导仅仅是企业财务战略的决策者，在价值创造环节都不再是高高在上的指挥家，而是充当为员工提供制度保障、资金支持和技术协助的服务员，员工可以在企业财务战略和财务目标引导下自主寻找价值创造项目，自主决定经营方式，收益与业绩直接挂钩，多劳多得。尤其是在人本财务管理主张的财务与业务协同机制下，将价值创造环节的主动权交给人力资本所有者，可以给人力资本所有者一个自主组织价值创造行为中心的空间，尤其是与市场联系较为密切的采购部门和销售部门，其组织的构成可以随市场的变化而随时做出结构性调整，对于不需要的部门可以随时撤销，对于需要合并或分拆的部门则随时做出调整。这样做的好处是充分利用组织结构的快速应变这把“双刃剑”，一方面是让人力资本所有者充分感受到自身拥有经营环节的财务管理权力所带来的受尊重感，享受到价值创造过程中不被捆绑和束缚的满足感；另一方面是在转移财务管理权力的同时，也把承担经营决策权的责任和风险随之转给了人力资本所有者。这种权力、责任、权益或风险相捆绑的做法，是对权责利相匹配原则及其相关人本财务管理制度的贯彻和落实。人力资本所有者作为价值创造的主体，除非意外，在一般情况下都一定有能力控制自己的价值创造行为，权责利相匹配的组织结构将有效引导人力资本所有者自觉消除无效行为，避免低效行为，主动并创造性地增加高效行为，这正是以人为价值创造中心和根本的人本财务管理理念的具体体现。

人本财务管理主张构建人驱动物的价值创造系统，不但要求企业对当前组织结构进行变革，而且为了适应员工不断变化的内在需求，还要求企业的组织结构必须发生经常性变革。笔者认为，在人本财务管理下，对当前组织结构进行变革的重点不在于组织结构层级的多寡，关键在于组织结构的设计是否能够有利于促进人力资本所有者提高价值创造的品质和效率。基于对人力资本所有者在价值创造过程中实施权责利相匹配原则及其相关人本财务管理制度的综合考虑，当前组织结构变革的基本方向应当是取消内部各部门的行政级别，取消对员工人为的直接任命，取消由企业自上而下行政指令的组织设置，变成以内部价值链为线索，由员工根据企业财务战略自主确定个人财务目标，由此汇总形成企业的财务目标。员工在个人财务目标引导下，可以根据企业的业务特点和自己的岗位特点相互选择自己认可的合作伙伴，自主形成以价值创造为目的的组织单位。此时，每个组织单位都有自己明确的财务目标。需要说明的是，这里强调的是财务目标而不是财务管理目标，是从人力资本所有者的价值创造行为角度而言的，更多的是强调以财务活动（理财事务）为主要表现形式，其实质离不开价值在业务系统的循环，这是财务与业务相辅相成的有机融合。为了实现其财务目标，每个组织单位都将成为一个价值创造行为中心，财务管理的基本任务就是引导人力资本所有者的一切行为都能围绕财务目标开展，这是人本财务管理理念下财务与业务协同发展的必然要求。但与现行财务管理不同的是，企业的每个价值创造行为中心都要为其价值链下游的价值创造行为中心负责，企业的高层价值创造

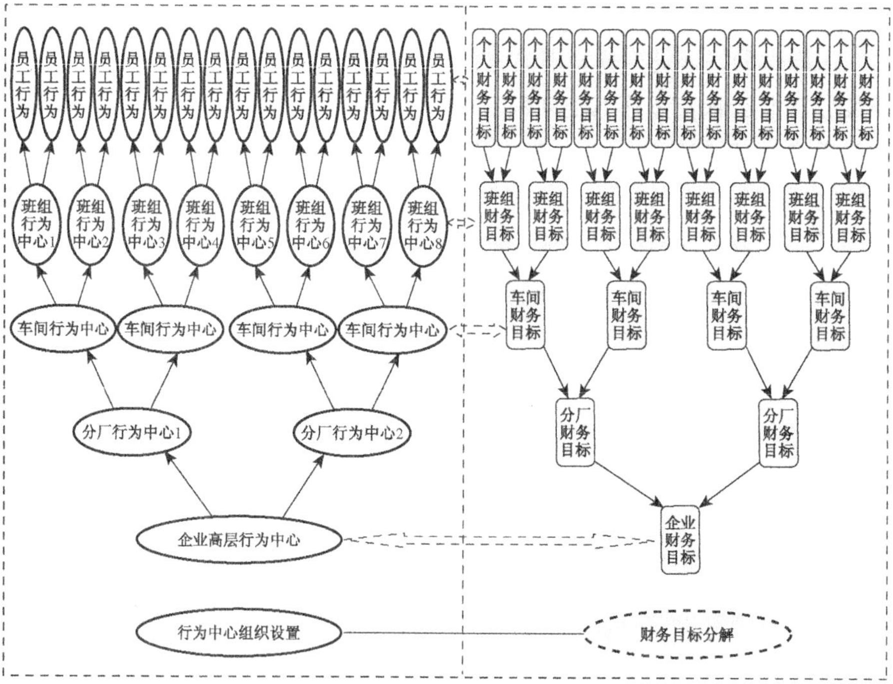

图 6-1　倒金字塔型的企业组织结构模式

行为中心成为为全体价值创造行为中心负责的组织单位，这样就形成倒金字塔型的企业组织结构模式(见图 6-1)。在这种组织结构模式下，财务管理的基本职责也就成为引导所有价值创造行为中心共同实现依据财务目标确定的产权价值增值率，以便最终确保企业财务目标的顺利完成。

6.3 人本财务管理下的财务管理文化创新

6.3.1 人本财务管理文化的内涵及意义

人本财务管理文化既不是企业文化，也不同于传统的财务文化，而是将人本财务管理运用于财务管理活动中以引导全体员工在价值创造过程中共同形成的价值观念、思维方式和财务行为规范等精神财富的总和。所谓价值观念，就是人们对某种事物内在价值的基本立场、态度或取向。关于人本财务管理的价值观念就是指企业全体物力资本所有者和人力资本所有者统一对人本财务管理理念所形成的一致认可的态度。前已述及，人本财务管理的基本理念主要包括企业是人力资本所有者和物力资本所有者共赢共生的产权契约、知识经济时代的企业财务管理是人驱动物的价值创造循环系统、企业的所有员工都是人力资本所有者并据此享有人力资本产权、人力资本所有者依其价值贡献比重参与企业剩余收益分享四个方面，人本财务管理文化的基本功能就是通过文化渗透和滋养让人力资本所有者认识到其在价值创造中的重要作用，并能自觉地在价值创造过程中发挥主导作用。同时，让物力资本所有者能意识到知识经济时代已经到来，继续固守传统的“物驱动人”的财务管理模式一定是死路一条，最终导致双输结局。因此，出资者和劳动者都必须转变观念，形成物力资本所有者与人力资本所有者合作共赢共生的价值观念。思维方式是指人们大脑活动的内在程式，它对人们的言行举止起决定性作用。思维方式与文化密切相关，思维方式的差异，正是造成文化差异的一个重要原因。因此，人本财务管理要求企业管理层须正视以人为价值创造根本的思维方式对人本财务管理文化养成的重要作用。财务行为规范是指与企业有关的所有物力资本所有者和人力资本所有者在参与财务活动中需要遵守的具有一般约束力的行为标准。例如，管理人员在改造工作环境条件时，首先要考虑劳动者是否会产生满意的心理感受和愉悦的情绪，其次才可以考虑为此付出的财务成本。又如，采购人员在采购材料和固定资产时，应先考虑如何以最低廉的价格将最优质的材料提供给生产环节；车间生产人员在生产产品时，应先考虑如何为下一个生产环节提供成本最低和质量最优的半成品。企业根据以人为价值创造根本的基本思维方式分别对管理行为、采购行为、生产行为等制定行为规范，这样就让行为的具体实施者有章可循。

由前述可知，人本财务管理文化的基本结构包括人本财务管理观念文化、人本财务管理思维文化（精神文化）和人本财务管理行为文化。这些财务文化具有融合精神、引领方向、凝聚力量、强化目标等重要功能，只要人本财务管理理念和保障机制等相关制度能得到人力资本所有者认可并渗透到其精神层面，则人本财务管理模式将得到顺利推行，有助于人本财务管理职能和目标的顺利实现。

6.3.2 人本财务管理文化的塑造

基于上述分析，笔者认为可以分别从以下三个方面塑造企业的人本财务管理文化。

1）以敬天爱人思想塑造人本财务管理观念文化

在人本财务管理的四个基本理念中，前两个理念对物力资本所有者的触动很大，这几乎是对人类自经济活动产生以来价值观念的彻底颠覆。自所有权与经营权分离以来，虽然物力资本所有者的财富来源离不开劳动者，但在其潜意识里可能就从来没有想过劳动者的作用居然可以决定其价值存亡，通常他们习惯于把员工的不努力看成是员工素质不高而采取“胡萝卜加大棒”政策，即使采取员工持股、股票期权、年薪制等创新性财务激励政策，也仍然是把员工看成是协助其创造财富无限增值的工具，只不过这个工具不同于机器设备等生产工具而已。可想而知，长期形成的“物驱动人”的价值观念坚如磐石，要想让物力资本所有者全然接受“人驱动物”的价值观念是极其困难的。这就需要人力资本所有者利用其在价值创造过程中的各种机会，促使物力资本所有者增强对人力资本所有者在价值创造中的重要作用。当然，“搭便车”、消极怠工等以增加道德风险的做法不可取，最为可行的做法应当是借鉴稻盛和夫已经在日本京瓷公司成功推行的敬天爱人思想，在企业内部所有价值创造行为中广泛推行，让敬天爱人成为一种无时不在、无处不在的价值观支配人们的价值创造活动。正如日本京瓷公司创始人稻盛和夫所言，“敬天爱人”中的“天”就是道理，合乎道理即为“敬天”；“人”都是自己的同胞，以仁慈之心关爱众人就是“爱人”。对企业经营者来说，最重要的就是做人应该做正确的事情，也就是一定要把对员工的人权尊重和权益保护放在企业经营和财务管理的首位。

有鉴于此，人本财务管理就要求财务战略规划与财务决策人员要时刻牢记劳动者是人力资本所有者，他们的价值创造行为是价值创造的本原和动因。为此，企业管理人员有责任首先努力营造关爱员工、培养员工、激励员工的良好氛围，尤其要在制定财务战略规划时就要将对员工的关爱、培养和激励作为重要内容加以体现，并将工作环境和人际关系的氛围营造、培养员工成长、员工工作业绩激励等需要的资金投入明确列入年初的财务预算，以利于董事会成员在审核财务战略和财务预算时对此加以重视并能从思想认识上加以认可和接受。此外，在财务分析和财务评价时，也要将员工对价值创造的贡献，尤其要将对员工实施关爱、培养和激励行动之后给价值增长带来的变化，呈献给董事会，以强化董事会成员对以员工为价值创造根本理念的认识。长期坚持下来，以人为价值创造根本将会成为产权性物力资本所有者和人力资本所有者的共识。这样，将有利于促进人本财务管理价值观的尽快形成并长期保持。

2）以价值本原意识塑造人本财务思维文化

本书主要将人本财务管理文化定位于人本财务管理的精神文化，从精神层面引导员工在财务管理实践中形成大体一致的以人为价值创造根本的思维方式。承认人的价值创造行为是价值创造的本原，使这种价值创造本原意识在日常财务管理获得者中时时处处都能得到体现。例如，在对价值创造行为中心进行组织设置及人员配置时，要通过制度引领而赋予员工较大的自主决定和选择空间；在对物力资产的配置和使用方面，不要干预价值创造行为中心所做出的行为选择，要让价值创造行为中心的员工在财务目标引领下自主决定；在对外开拓市场时，要让员工自主确定营销渠道和实施方案；在业绩评价时，要细化到每位员工，并将其业绩贡献同价值回报结合起来，真正体现贡献与回报之间的因果关系。也就是说，企业财务管理的一项重要职责就是对任何管理活动都要先想到“人是价值创造的本原”，并将这种理念想象成血液在人的体内流动一样，只要有价值流动的地方，就一定要体现“人是价值创造的本原”这种理念。这种理念的全面渗透，不但可以让企业的经营者与管理者自觉养成“人是价值创造的本原”的思维习惯，而且还可以使员工在实施自己的价值创造行为时，会在这种理念的引导下习惯性地、自觉地发挥自身在价值创造中的主导作用。一旦现有员工都已经形成“人是价值创造的本原”的思维方式，这就相当于在企业内部已经形成了统一意志的价值观，即使新来的员工，也会很快被这种价值观所感染和同化。

3）以人本制度引导塑造人本财务管理行为文化

财务管理实践证明，人的行为规范不能单纯靠价值观和思维方式，制度才是行为规范保障的因素。因此，要想在企业的财务活动中全面体现“人是价值创造的本原”的基本理念，就要将充分体现“人是价值创造的本原”理念的财务管理制度全面落到实处。二元产权资本结构下的财权制衡机制、外部性融入价值贡献评价和价值贡献与价值回报相匹配的价值分享制度、财务与业务协同的资本经营控制权分散管理体制等制度分别从产权认定、财权配置、价值处置、价值创造等多个方面体现了财务管理的人本特征，这些制度的全面实施将有效引导人们的价值创造行为。不管员工处于价值创造的哪个行为中心，都应受到“人是价值创造的本原”理念的引导和规范，久而久之，人们的任何价值创造行为都将成为“人是价值创造的本原”理念的外在体现，形成一种逐渐清晰的人本财务管理行为文化。

7 人本财务管理的未来展望

7.1 创新性与局限性

本书的研究沿袭徐国君教授《行为会计学》①《劳动者权益会计》②《三维会计研究》③和《行为价值管理研究》④等著作所主张的人是价值创造的根本与中心的创新思想与方法体系设计思路，对知识经济时代背景下以人为价值创造根本的必要性与可行性，以及对现行财务管理的物本特征所导致的出资者和劳动者双输结局进行分析论证的基础上，系统化地设计了人本财务管理的概念框架、制度体系和方法体系。通过查询文献发现，本书的研究在财务管理领域颇具开创性。同时，由于本书研究使用的人本思维模式与现行财务管理的物本思维模式有着根本不同，目前尚没有成熟的资料和案例可以直接借鉴，由此加大了本书研究的难度，因此也就决定了本书研究的创新性与局限性并存。

1）创新性

本书研究的创新性主要体现在以下三个方面：

一是在对“人本”内涵进行全面梳理的基础上，以人本财务关系为切入点构建人本财务管理概念框架。对人本财务管理中“人本”内涵的界定，既体现了财务管理上以价值创造者为本的理念，又融入了传统意义上人本主义的以人为本理念，这正是以人为本理念在财务管理活动中的系统化应用。根据“人本”内涵的范畴确定的人本财务关系，既考虑到了现行财务管理中物力资

---

① 徐国君．行为会计学[M]．海口：南海出版公司，1994.

② 徐国君．劳动者权益会计[M]．北京：中国财政经济出版社，1997.

③ 徐国君．三维会计研究[M]．北京：中国财政经济出版社，2003.

④ 徐国君，等．行为价值管理研究[M]．大连：东北财经大学出版社，2013.

本的条件性作用和基础地位，又凸显了人力资本的创造性作用和主导地位；通过人力资本产权化的制度设计，既扩大了人力资本所有者的经济利益，又有利于促进物力资本所有者经济利益的提高；通过价值创造过程中强化对人的价值创造行为的管理，有利于强化人力资本所有者的自我管理意识，既能增强人的自尊感，又能因此而降低对机会主义行为的监管成本。在人本财务关系的方向引领下确定的财务管理目的、目标、属性、本质、职能、主体、客体、制度和方法九个财务管理内生要素，共同构成了人本财务管理概念框架，并遵从人本财务关系的要求和系统、完整性要求，确定以人本财务管理目的为人本财务管理框架的逻辑起点和逻辑终点，这样既可以在物质上使主导价值创造的人的经济价值与企业的经济价值共同协调发展，又可以在精神上使主导价值创造的人充分获得幸福和快乐的满足感，全面融进了人本财务管理系统化的人本特征。

二是在行为价值管理、人本价值管理等主要研究价值创造行为理论的基础上，将财务管理要素扩展到资产、行为和权益。行为价值管理和人本价值管理是本书研究的重要理论基础，[①]但它们所涉及的范畴主要局限于人的价值创造行为领域。本书的研究则将范畴扩展到包括资产、行为和权益三个管理要素。从三维会计理论所确定的“资产＝行为＝权益”会计等式来看，行为价值是资产价值和权益价值变动的本原和动因；但从价值创造流程来看，资产价值又是行为价值的基础和前提，权益价值又是行为价值的回报和结果。因此，将资产、行为和权益要素共同纳入财务管理体系进行研究才具有系统性和完整性。由于行为是价值创造的本原和动因，因此，本书的研究一直强调并突出行为价值管理在人本财务管理中的核心地位，对资产和权益要素的研究，也都始终能看到强化价值创造行为的影子，如对人力资产管理的研究就充分考虑到提供人力资产的人在价值创造行为中自身价值的保值和增值问题。

三是开启从财务管理微观层面通过制度和方法设计来解决“资本与劳动的雇佣之争”和“效率与公平协调”等惯以依赖宏观制度解决社会难题的

---

① 行为价值管理以徐国君等著的《行为价值管理研究》(东北财经大学出版社 2013 年版)为代表，人本价值管理尚没有代表性专著，因此在理论基础中没有专门涉及，只在“专题 1　行为价值管理导论”的主要概念中作了简要介绍。

研究新视角。人本财务管理所内含的“人本”特征以及人本财务制度和方法的制定与执行，都是为了实现全体人力资本所有者和全体物力资本所有者共赢共生的财务结局。虽然资本雇佣劳动与劳动雇佣资本的争执各说各理，但最终谁也难以说服谁。从人本财务管理角度提出资本与劳动共赢共生的基本理念和做法，对双方来说将是皆大欢喜的万全之策。同时，效率与公平问题一直被认为是难以调和的社会难题，笔者从人本财务管理视角发现这两者本身就是相辅相成、相互促进的孪生兄弟。根据行为者的价值贡献分享价值回报，对正常行为能力人来说，这是最为根本性的公平，也正符合了按劳分配、多劳多得、少劳少得、不劳不得的社会主义分配价值观。同时，行为者为了更多地得到价值回报，将有可能创造出更多的价值贡献，这样将进一步促进价值创造效率的提高。因此，宏观问题未必不能从微观层面找到解决办法，本书的研究为从微观层面解决社会难题提供了新的研究视角。

2）局限性

本书研究的局限性主要体现在以下两个方面：

一是人本财务管理的全面性与系统性问题。本书只是在提出人本财务管理理念的基础上，初步构建了人本财务管理的理论体系。其中，对基础理论的构建仅从财务管理运行系统的内生角度设计了相关要素，此外并没有找到更有说服力的理论依据；对实践手段的设计仅从制度体系、方法体系两个方面展开设计和论述，对制度的设计仅限于从价值流转活动过程协调人本财务关系，至于是否还有其他方面需要考虑没有涉及。因此，本书研究的全面性和系统性尚显不够，还需在今后的研究中进一步探索。

二是人本财务管理的实证研究问题。由于现实中尚没有实质意义上的人本财务管理实践案例对本书的研究提供有效支撑，本书的研究也无法进行假设检验，因此，本书提出的应用理论尚没有在实践中得到验证，这在某种程度上削弱了理论的可信度。另外，由于现实企业财务管理中劳资双方之间的利益纷争和深入博弈不是本书研究的重点，因此本书没有对劳资双方博弈现状、后果及相关问题进行深入研究，这在一定程度上对人本财务管理在实践中应用的可行性可能会有些许削弱。

7.2 尚待研究的问题

由于本书的研究作为对人本财务管理的创始性研究仍具有较大程度上的局限性，因此必然会存在诸多目前尚未涉及或者尚未研究透彻的问题，这些问题对完善人本财务管理系统具有重要意义，这就需要在后续研究中继续进行深入且系统化的研究。

1）人本财务管理的实施与修正问题

人本财务管理在实施过程中可能会碰到各种各样的问题，在不同类型的企业、某一企业所处行业生命周期的不同阶段和某一企业自身生命周期的不同阶段，对人本财务管理的具体操作和实施力度可能不一样。如财务与业务协同的资本经营控制权分散管理体制在具体执行时，一定会受到企业经营人员和财务人员数量、知识水平、企业发展阶段等因素的制约。因此，企业在具体实施人本财务管理时，一定要根据自身情况对相关制度和方法进行修正。但一定要注意一个关键问题，无论如何修正，都不能使其弱化甚至丧失人本财务管理的人本特征，即确认劳动者的人力资本产权、对价值创造管理以人力资本所有者的价值创造行为为中心实现财务与业务协同、根据产权所有者的价值贡献分享新增价值（含人力资本所有者根据其价值贡献承担价值亏损）。人本财务管理的这些人本特征不但不能弱化甚至消失，而且必须得到强化，方能有效实现人本财务管理的应用价值。这就要求企业管理层在实施人本财务管理时，一定要牢固树立人本财务管理理念，不断强化人本财务管理特征，以推动人本财务管理的完善和发展。至于在实施人本财务管理中该如何对其进行修正并不断强化人本财务管理特征，则是人本财务管理后续研究的重要内容。

2）人本财务管理的启动与推广问题

从当前企业开展财务管理的状况来看，一方面是企业遇到了财务管理发展的诸多瓶颈，另一方面是企业的出资者不愿意对严重桎梏企业发展的企业产权制度进行变革，这就严重制约了企业的良性发展和竞争力的提升。随着知识经济和现代信息技术的快速发展，在企业全面推行人本财务管理已经呈现出一种不可阻挡之势，当企业不能主动选择人本财务管理实践，那就需要企业监管和财政部门（如国家和地方各级发改委、银监局、财政部和地方各级财政局等机构）以政策引导方式，引导和鼓励企业主动开展人本财务管理实践试点工作。在试点企业实施人本财务管理过程中，企业监管和财政部门应联手对其进行技术指导，以确保其实践效果。一旦有企业从尝试中受益，相关监管部门和财政部门应进一步出台政策，推动人本财务管理的广泛实施工作。可见，人本财务管理的启动和推广问题将直接关系到人本财务管理能否破土而出及其生命力是否长久，这需要在后续研究中进行深入探讨。

3）人本财务管理的实施对非产权利益相关者的影响问题

本书所涉及的人本财务管理主体是指企业的产权所有者，包括产权性物力资本所有者（出资者）和人力资本所有者（劳动者），其人本财务管理特征着重强调以人力资本所有者及其价值创造行为为根本，在此基础上与现行财务管理的物本特征相对应，开展以人为价值创造根本的财务管理研究。从利益相关者角度来看，本书的研究重点关注产权性物力资本所有者和人力资本所有者，其中人力资本所有者又包括现行财务管理中的职业经理人和普通员工等劳动者，本书将这些利益相关者统称为产权利益相关者。与产权利益相关者相对应的利益相关者群体因此就成为企业的非产权利益相关者，包括债权人、债务人、供应商、消费者、政府等与企业直接相关的非产权利益相关者和竞争对手、企业所在社区和社会公众等间接相关的非产权利益相关者。企业实施人本财务管理对这些非产权利益相关者是否会产生影响，影响可能有多大，如何应对这些影响，以及这些非产权利益相关者对企业实施人本财务管理可能会产生什么样的反应，反应程度如何，对企业实施人本财务管理将产生什么样的影响，企业该如何应对这些反应等问题，在本书的研究中没有涉及，需要在后续研究中深入且系统化地进行探讨。

4）人本财务管理的实施对社会经济的影响问题

人本财务管理虽然是对企业微观层面的财务管理变革，但只要能以行政政策面向全社会层面引导企业广泛实施人本财务管理，必将对整个国家的社会经济产生重大影响。目前来看，首先受到影响的是因确认人力资本产权而引发的产权制度改革，以及因实施根据产权所有者的价值贡献分享新增价值（含人力资本所有者根据其价值贡献承担价值亏损）制度而引发的收入分配机制改革。其次是因确认人力资本产权在某种程度上相对限制了人员流动，由此也将给现行的社会保障制度和做法带来一定程度的影响。再次是随着人力资本所有者自我管理力度的加强和效果的提升，企业对社会就业、员工福利、环境保护和能源节约与开发等社会责任的重视程度将得到空前加强。最后是随着人力资本所有者在企业价值创造过程中积极性和创造性的不断加强，人力资本所有者对消费者需求的研究将使企业成为引导产业结构调整和升级的重要阵地，对政府引导产业结构升级和调整的依赖程度将可能会有所降低。综合而言，实施人本财务管理可能对社会经济产生的这些影响也须在后续研究中进行深入探讨。

参考文献

[1] 郭复初.企业应认真树立人力资本理财观[J].财务与会计(理财版),2011(1).

[2] 李琦.人力资本产权研究综述[J].北京劳动保障职业学院学报,2007(3).

[3] 周其仁.市场里的企业:一个人力资本与非人力资本的特别合约[J].经济研究,1996(6).

[4] 赵珍.人力资本产权化的经济效应分析[J].山西财经大学学报,2006(1).

[5] 张维迎.所有制、治理结构及委托—代理关系——兼评崔之元和周其仁的一些观点[J].经济研究,1996(9).

[6] 杨瑞龙,周业安.交易费用与企业所有权分配合约的选择[J].经济研究,1998(9).

[7] 何承金,唐志红.论人力资本产权[J].四川大学学报,2000(3).

[8] 方竹兰.人力资本产权主体拥有企业所有权是一个趋势[J].经济研究,1997(6).

[9] 伍中信,张荣武.人力资本观念变革与财务理论体系创新[J].财贸研究,2005(2).

[10] 阎达五,徐国君.关于人力资源会计的框架——以劳动者权益会计为中心[J].会计研究,1996(11).

[11] 阎达五,徐国君.论劳动者权益会计——重构会计等式的理论与方法[J].中国工会财会,1996(5).

[12] 阎达五,徐国君.人力资本的保值增值与劳动者权益的确立[J].会计研究,1999(6).

[13] 徐国君,夏虹.论人力资本与个人收入的分配机制[J].青岛海洋大学学报(社会科学版),1999(1).

[14] 徐国君，马广林，樊培银. 二元产权机制与会计创新：劳动者权益会计[J]. 四川会计，2002(8).
[15] 刘启亮. 人力资本经营者财务论[J]. 经济管理，2002(11).
[16] 蒋琰，杨景岩. 论人力资本财务管理的基本前提[J]. 四川会计，1998(10).
[17] 张宏. 对人力资本财务研究方法的探讨[J]. 当代经济，2006(9).
[18] 颜雷，朱秋白. 论企业人力资本的特征及其财务制度安排[J]. 财经问题研究，2002(12).
[19] 刘启亮. 人力资本财务论[J]. 财经研究，2002(8).
[20] 朱明秀. 人力资本财务论[J]. 财会通讯(学术版)，2006(1).
[21] 陈晓兰，李茵，伍骏鹏. 人本财务的目标——物质资本与人力资本的利益均衡[J]. 科技情报开发与经济，2006(1).
[22] 邓小敏. 浅谈人力资产的特征及其计价[J]. 财会通讯，1995(12).
[23] 张惠忠，傅献昌. 基于企业战略的人力资本财务管理[J]. 嘉兴学院学报，2010(9).
[24] 赵曙明，沈群红. 论企业人力资源管理评估的功能与方法[J]. 生产力研究，1998(6).
[25] 黄晓波. 试论人本主义财务学[J]. 财会通讯(学术版)，2005(10).
[26] 马广林，徐国君. 试论二元三源资本结构[J]. 中国海洋大学学报(社会科学版)，2006(4).
[27] 徐国君. 行为价值管理论纲[J]. 财务与会计，2009(11).
[28] 徐国君，刘鑫. 行为财务管理探索——以价值管理为中心[J]. 中国海洋大学学报(社会科学版)，2004(3).
[29] 刘建中. 资本配置效率的理论基础[J]. 贵州财经学院学报，2010(2).
[30] 李心合. 利益相关者财务控制论(上)[J]. 财会通讯，2001(6).
[31] 孙承叔. 关于资本的哲学思考——读 1857—1858 经济学手稿[J]. 东南学术，2005(2).
[32] 田中禾，袁瑾. 基于价值链的虚拟企业成本控制体系研究[J]. 商业会计，2010(1).
[33] 杨昌辉，梁昌勇. 虚拟企业的构建与协调[J]. 合肥工业大学学报(自然科学版)，2003(8).

[34] 衣长军.国外虚拟企业理论研究综述[J].商业时代,2007(14).
[35] 韩传模.人力资产与无形资产[J].理论与现代化,1997(10).
[36] 蒋琰,杨景岩.论人力资本财务管理的基本前提[J].四川会计,1998(10).
[37] 张宏.对人力资本财务研究方法的探讨[J].当代经济,2006(9).
[38] 颜雷,朱秋白.论企业人力资本的特征及其财务制度安排[J].财经问题研究,2002(12).
[39] 朱明秀.人力资本财务论[J].财会通讯(学术版),2006(1).
[40] 周其仁.市场里的企业:一个人力资本与非人力资本的特别合约[J].经济研究,1996(6).
[41] 伍中信.资源配置与财权配置:现代财务的基本职能[J].财会学习,2009(12).
[42] 谢志华.出资者财务论[J].会计研究,1997(5).
[43] 徐国君.人本财务观主导下的行为价值管理框架[C].中国会计学会高等工科院校分会第十八届学术年会论文集,2011.
[44] 傅绍文,邓秋云.剩余控制权理论综述[J].经济学动态,2004(11).
[45] 方军雄.所有制、市场化进程与资本配置效率[J].管理世界,2007(11).
[46] 葛虹,孙慧.从人力资本角度探索劳动配置效率[J].商业研究,2009(2).
[47] 盛光华,于桂兰.人力资本谈判力的影响因素分析[J].管理评论,2003(7).
[48] 贾建军,李永丽.人力资本与物质资本参与收益分配的博弈[J].安徽工业大学学报(社会科学版),2006(11).
[49] 黄伟力.评现代西方人本思潮对科学主义的批判[J].上海交通大学学报(社会科学版),1998(2).
[50] 魏金生.现代西方人本主义思潮的由来与发展[J].中国人民大学学报,1994(4).
[51] 章建敏.现代西方人本主义哲学思潮评析[J].理论建设,2001(2).
[52] 刘燕."机会主义行为"内容与表现形式的理论分析[J].经济问题探索,2006(5).
[53] 孙玉甫,姚媛.论人力资产的概念[J].会计之友,2014(32).
[54] 梁美华,罗定提.虚拟企业的构建与运作[J].经济论坛,2001(5).

[55] 徐金发,程大涛. 虚拟企业的模型构建及价值链分析[J]. 技术经济研究,2003(2).
[56] 刘东. 虚拟企业的类型及性质[J]. 现代管理科学,2001(6).
[57] 王志涛. 虚拟企业:一种基于交易成本理论的分析[J]. 南开管理评论,2004(6).
[58] 金焱,王宇. 美国经济长疾[J]. 财经,2011(11).
[59] 丘昭琪,左璇. 为何占领华尔街[J]. 财经,2011(11).
[60] 谢贵兰. 2008 年国际金融危机产生的三大原因分析[J]. 湖南社会科学,2010(9).
[61] 刘建中. 资本配置效率的理论基础[J]. 贵州财经学院学报,2010(2).
[62] 王朝晖."资本雇佣劳动"与"劳动雇佣资本"[J]. 南开经济研究,2002(2).
[63] 时永顺. 资本雇佣劳动的根源[J]. 首都经济贸易大学学报,2005(3).
[64] 蒋传红. 对马克思异化理论的现代解读[J]. 黑龙江史志,2008(3).
[65] 孙永尧. 会计哲学研究:本质论[J]. 中国总会计师,2009(5).
[66] 谢志华. 会计的逻辑——以会计信息为基础整合企业信息体系[J]. 会计研究,2003(6).
[67] 杨雄胜. 会计本质再认识[J]. 会计研究,1996(11).
[68] 蔡祥,李志文,张卫国. 中国证券市场中的财务问题:实证研究述评[J]. 中国会计评论,2003(7).
[69] 张兆国,张庆,何威风. 企业财权安排的几个基本理论问题:基于利益相关者理论研究[J]. 会计研究,2007(11).
[70] 李心合. 财务管理学的困境与出路[J]. 会计研究,2006(7).
[71] 王斌,高晨. 论财务理论的贫困[J]. 首都经济贸易大学学报,1993(3).
[72] 李心合. 关于财务理论若干问题研究[J]. 财经研究,2001(1).
[73] 李心合. 中美企业财务控制权配置模式比较研究[J]. 财经科学,2001(2).
[74] 李心合. 财务理论范式革命与财务学的制度主义思考[J]. 会计研究,2002(7).
[75] 吴易风. 产权理论:马克思和科斯的比较[J]. 中国社会科学,2007(2).
[76] 徐国君. 行为会计学[M]. 海口:南海出版公司,1994.

[77] 徐国君.劳动者权益会计[M].北京:中国财政经济出版社,1997.
[78] 徐国君.三维会计研究[M].北京:中国财政经济出版社,2003.
[79] 徐国君,等.行为价值管理研究[M].大连:东北财经大学出版社,2013.
[80] 刘仲文.人力资源会计[M].北京:首都经济贸易大学出版社,2006.
[81] 彼得·德鲁克.后资本主义社会[M].张星岩,译.上海:上海译文出版社,1998.
[82] 萨缪尔森.经济学[M].18版.北京:人民邮电出版社,2008.
[83] 亨德里克森.会计理论[M].陈今池,等,译.上海:立信会计出版社,1987.
[84] 郭道杨.会计史研究:历史·现实·未来(第一卷、第二卷)[M].北京:中国财政经济出版社,2004.
[85] 张文贤.21世纪100个会计学难题[M].上海:立信会计出版社,2010.
[86] 谢德仁.企业剩余索取权:分享安排与剩余计量[M].上海:上海人民出版社,2001.
[87] 约翰·D·马丁,J·威廉姆·佩蒂.价值管理:公司对股东变革的反应[M].娄芳,译.上海:上海财经大学出版社,2005.
[88] 卡尔·马克思.资本论(第一卷、第二卷)[M].北京:人民出版社,2004.
[89] 郎咸平.公司治理[M].北京:社会科学文献出版社,2004.
[90] 亨利·I·沃尔克,詹姆斯·L·多德,米歇尔·G·迪尔尼.会计理论[M].陈艳,孙丽霞,译.大连:东北财经大学出版社,2005.
[91] 马贤明.会计迷局[M].大连:大连出版社,2005.
[92] 马贤明,郑朝晖.会计迷局·解[M].大连:大连出版社,2010.
[93] 斯蒂芬·P·罗宾斯.管理学[M].4版.北京:中国人民大学出版社,1996.
[94] 托马斯·E·科普兰,J·弗莱德·威斯顿.财务理论与公司政策[M].宋献中,主译.大连:东北财经大学出版社,2003.
[95] W·钱·金,勒妮·莫博涅.蓝海战略[M].吉宓,译.北京:商务印书馆,2005.
[96] 阮青.价值哲学[M].北京:中共中央党校出版社,2004.
[97] 罗福凯.财务学的边界[M].北京:经济管理出版社,2010.
[98] 董志勇.行为经济学[M].北京:北京大学出版社,2005.

[99] 钟放. 稻盛和夫的经营哲学[M]. 北京:商务印书馆,2007.
[100] 俞自由,李松涛,赵荣信. 风险投资理论与实践[M]. 上海:上海财经大学出版社,2001.
[101] 阿道夫·A·伯利,加德纳·C·米恩斯. 现代公司与私有财产[M]. 甘华明,罗锐韧,蔡如海,译. 北京:商务印书馆,2007.
[102] 刘贵生. 财务原理论纲[M]. 成都:西南财经大学出版社,1995.
[103] 马克思,恩格斯. 马克思恩格斯全集[M]. 北京:人民出版社,1995.
[104] 威茨曼. 用分享制代替工资制[M]. 北京:中国经济出版社,1986.
[105] 郎咸平. 产业链阴谋Ⅰ:从国际产业链分工看中国企业的悲剧[M]. 北京:东方出版社,2008.
[106] 尹志刚,等. 管理心理学[M]. 北京:北京出版社,2004.
[107] 斯蒂芬·P·罗宾斯. 组织行为学[M]. 孙建敏,李原,等,译. 北京:中国人民大学出版社,1997.
[108] 董志勇. 行为经济学[M]. 北京:北京大学出版社,2005.
[109] 刘放桐,等. 现代西方哲学[M]. 北京:人民出版社,1990.
[110] 杨汝梅. 无形资产论[M]. 施仁夫,译. 上海:立信会计出版社,1936.
[111] 向显湖,钟文. 试论企业经营者股权激励与人力资本产权收益[J]. 会计研究,2010(10).
[112] 董俊鹏. 人本财务治理研究[D]. 中国海洋大学硕士论文,2009.
[113] 胡春晖,徐国君. 以人为本、行为价值与人本管理会计机制研究[J]. 当代财经,2013(9).
[114] 刘鑫. 行为财务管理新论——以价值管理为中心[D]. 中国海洋大学硕士论文,2004.
[115] 付玲. 行为价值管理[D]. 中国海洋大学硕士论文,2005.
[116] 赵书东. 人本价值管理模式研究[D]. 中国海洋大学硕士论文,2010.
[117] 向显湖,钟文. 论人力资本产权收益[J]. 财经科学,2009(5).
[118] 王为一. 人力资本投资的收益分享问题研究[D]. 华中科技大学博士论文,2004.
[119] 王海兵. 以人为本的内部控制机制探讨[J]. 中国注册会计师,2011(3).
[120] 年志远. 二元产权交易研究[J]. 国有经济评论,2009(9).
[121] 衣龙新. 财务治理理论研究[D]. 西南财经大学博士论文,2004.

[122] 马广林. 基于二元产权的企业价值驱动机制设计[D]. 哈尔滨工业大学博士论文,2008.
[123] 王海兵,杨小龙. 以人为本的企业财务文化研究[J]. 会计之友,2012(3).
[124] 衣龙新. 财务治理内涵的再认识[J]. 会计之友,2010(2).
[125] 王海兵. 以人为本企业财务问题研究[D]. 西南财经大学博士论文,2011.
[126] 袁业虎. 中西方财务理论的演变及其面临的挑战[J]. 当代财经,2009(9).
[127] 张昭俊. "共同治理"逻辑下的企业剩余收益问题研究[J]. 科学管理研究,2011(6).
[128] 张荣武. 财务治理效率论纲[J]. 财经理论与实践,2009(7).
[129] 张荣武. 产权范式的企业收益分配问题研究[J]. 财经理论与实践,2012(4).
[130] 魏杰,赵俊超. 关于人力资本作为企业制度要素的思考[J]. 理论前沿,2001(10).
[131] 伍中信,朱焱,贺正强. 论以财权配置为核心的企业财务治理体系的构建[J]. 当代财经,2006(10).
[132] 衣龙新. 财务治理理论研究述评[J]. 财会通讯,2010(2).
[133] 张昭俊. 人力资本产权视角下的企业收入分配公平研究[D]. 武汉理工大学博士论文,2012.
[134] 夏芸芸. 我国企业劳资收入分配正义研究[D]. 华中师范大学博士论文,2012.
[135] 韩斌. 人本财务法律制度研究[D]. 中国海洋大学博士论文,2013.
[136] 袁业虎. 理财的逻辑——价值创造、契约与理财[J]. 财会月刊,2007(2).
[137] 衣龙新. 财权的经济学思考[J]. 深圳大学学报(人文社会科学版),2011(3).
[138] 姜毅. 人本审计理论体系研究[D]. 中国海洋大学博士论文,2013.
[139] 蔡颖,吴黎华. 中国股市 21 年融资 4.3 万亿　累计分红 0.54 万亿[N]. 经济参考报,2011-9-19.
[140] 张鑫. 惊,顾雏军实吞 34.85 亿元[N]. 华夏时报,2005-10-27.

[141] 黄晨. 越南取代中国成耐克鞋最大生产基地[EB/OL]. http://www.sina.com.cn,2011-6-29.

[142] 王静. 美国金融危机的根源及教训[N]. 文汇报,2008-9-25.

[143] 魏亮. 美国实体经济复苏更艰难[N]. 瞭望新闻周刊,2011-8-16.

[144] 徐洪才. 欧债危机最新进展及未来前景分析[EB/OL]. http://www.chinavalue.net,2011-11-17.

[145] 刘晓忠. 美救市方案不能阻止经济失衡[N]. 新京报,2008-10-8.

[146] 叶檀. 雷曼兄弟破产让金融市场回归保守[N]. 解放日报,2008-9-19.

[147] 郑联盛. 欧洲主权债务问题:演进、影响与启示[R]. 中国社会科学院世界经济与政治研究所国际金融研究中心内部研究报告,2010.

[148] 白勇. 企业维和:不得不说的国美黄陈之争[EB/OL]. http://finance.sina.com.cn,2010-9-30.

[149] 宋慧丽. 财务理论逻辑起点及理论体系初探[J]. 财会研究,2003(2).

[150] 张晓亮. 财务管理概念框架之批判反思[J]. 财会月刊,2014(13).

[151] 杨淑娥. 关于财务管理概念框架的几个问题探讨[J]. 上海立信会计学院学报,2011(3).

[152] 李心合. 论公司财务概念框架[J]. 会计研究,2010(7).

[153] 耿建新,朱友干. 人力资本:权益属性与会计选择[J]. 会计之友,2008(6下).

[154] 徐国君,赵书东. 基于人本价值管理的报告模式研究[J]. 中国海洋大学学报(社会科学版),2008(5).

[155] 徐国君,赵书东. 人本价值管理中作业成本法思想的应用[J]. 财会月刊,2009(1).

[156] 朱明伟,杨刚. 企业人力资本管理研究[J]. 南开管理评论,2001(5).

[157] 张文贤,周丽雯. 人力资本产权与所有者权益[J]. 上海市经济管理干部学院学报,2005(11).

[158] 陈靖宇,魏力伟. 劳动者权益会计理论述评[J]. 会计研究,2007(7).

[159] 徐国君. 论人力资源价值的科学计量——以会计计量的内容与本质为中心[J]. 会计之友,2015(6).

[160] Teemu Malmi, Seppo Ikäheimo. Value based management practices—some evidence from the field[J]. Management Accounting Research,

2003 (14).

[161] Stanley F. Slater, Eric M. Olson. A value-based management system [J]. Business Horizons, 1996(9-10).

[162] Will Seal. Managerial discourse and the link between theory and practice: from ROI to value-based management [J]. Management Accounting Research, 2010 (21).

[163] Christopher D. Ittner, David F. Larcker. Assessing empirical research in managerial accounting: a value-based management perspective[J]. Journal of Accounting and Economics, 2001 (32).

[164] Linda M. Lovata, Michael L. Costigan. Empirical analysis of adopters of economic value added [J]. Management Accounting Research, 2002(13).

[165] Mahmoud Ezzamel, Hugh Willmott, Frank Worthington. Manufacturing shareholder value: The role of accounting in organizational transformation [J]. Accounting, Organizations and Society, 2008 (33).

[166] Gary C. Biddle, Robert M. Bowen, James S. Wallace. Does EVAt beat earnings? Evidence on associations with stock returns andprm values[J]. Journal of Accounting and Economics, 1997 (24).

[167] Bryan A. Lukas, Gregory J. Whitwell, Peter Doyle. How can a shareholder value approach improve marketing's strategic influence? [J]. Journal of Business Research, 2005 (58).

[168] Gunther Friedl. Incentive properties of residual income when there is an option to wait[J]. Schmalenbach Business Review, 2005(57).

[169] Bartolom'e Dey'a Tortella, Sandro Brusco. The economic value added (eva): an analysis of market reaction[J]. Advances in Accounting, 2003(20).

[170] Christopher D. Ittner, David F. Larcker. Assessing empirical research in managerial accounting: a value-based management perspective[J]. Journal of Accounting and Economics, 2001(32).

[171] Rainer Lueg, Utz Sch affer. Assessing empirical research on value-

based management: Guidelines for improved hypothesis testing[J]. J Betriebswirtsch, 2010(60).

[172] Russell Lundholm, Terry O'keefe. Reconciling value estimates from the discounted cash flow model and the residual income model[J]. Contemporary Accounting Research, 2001(18).

[173] Miles B. Gietzmann, Adam Ostaszewski. Predicting firm value: the superiority of q-theory over residual income[J]. Accounting and Business Research, 2004(34).

[174] IAS B Discussion Paper. A review of the conceptual framework for financial reporting[S]. IFRE Foundation, 2013.

后　　记

本书是我的博士论文。下面将简要回顾在我读博期间的点滴感想，同时也藉以表达在我读博及在本书完成过程中给予我大力帮助、支持和理解的人们的一份真诚谢意。

我曾经很浅薄地认为"心想事成"这个成语是有点宿命的祝福用语，在切身经历了考博与读博的甘苦之后，我终于明白，梦想是万事之源。没有梦想，连要去哪里都不知道。但是，梦想必须付诸行动，否则它永远只是个梦想。于是，为了实现读博这个梦想，我坚持前行。单就考博成功来说，有了跟随徐国君教授从事人本会计和人本财务研究的机会，我应该是值得欣喜的；但从学术成长来说，目前不敢说梦已成真，只能说似有人在囧途之感。不过回望师从徐国君教授读博 4 年多的时间里，我在思想上还是有了些许蜕变。

依稀记得入校不久的一次见面，徐老师将"人本财务管理研究"这个题目交给我时，我有些百味杂陈。现在想来，当时的感受主要有两点：首先就是自感积累不够，担心研究不了；其次就是恐怕难以承受信任之重，辜负了徐老师的一片苦心。但不管怎么说，我还是在忐忑中认真地开启了人本财务管理研究之旅。大约报到 3 周的时候，接到徐老师的通知，10 月份带领我和李艳玲师姐到南京理工大学参加中国会计学会高等工科院校分会第十八届学术年会。按照会议要求需要提交论文，当时提交论文的时间已经结束，后来经过协调给了我 5 天时间。在这 5 天时间里，我心无旁骛地选题、确定论文结构到最后完稿，因时间特别紧都没来得及让徐老师过目就斗胆将论文发给了会议组。虽然在 2011 年 10 月参加会议交流时，徐老师认为我没有很好地把握住人本内涵，但我提交的《基于人本财务视角的传统财务管理误区》一文，还是以徐老师的人本思想作为重要支撑，获得了会议论文评审专家的认同，被评为 9 篇优秀论文之一。后来经过徐老师的指导进一步修改和完善，该论文以《基于人本财务视角的传统财务管理误区诊断与财务本质属性回归》为题在《中国注册会计师》2013 年第 9 期发表。我知道这不足以为喜，但却给了我满满的信心和动力。尽管如此，在以后的研究中，我还是出现了多次的动摇和犹豫，甚至在撰写论文纲要时因多次反复似有抑郁之感。当时就想，读博简直就是自讨苦吃，由此发誓读完博士就再也不跟科研沾边了。可是谁想，在读博期间还是不自觉地申请了3个省(厅)级课题。细细想来，这应该不是违背自己的意志，也许读博已经把我训练得将科研当成了一种习惯。诚如是，这或许是我读博的最大提升吧。

本书虽不尽如人意，但它却饱含着导师徐国君教授的智慧、心血和汗水。徐老师治学严谨，谦虚谨慎，为人朴实，在教学、科研和生活中都能严格贯彻其在学术中倡导的人本精神。徐老师不仅是我的学术导师，更是我的人生导师，作为徐老师的学生我深感荣幸。在此，我要向尊敬的徐老师，以及同样具有人本精神、跟徐老师一样关怀我成长的徐老师夫人——夏虹老师，表示深深的谢意！谢谢你们的真情付出，学生将铭记在心并一定努力做一个人本精神的践行者和传承者。

在读博期间，徐老师的研究团队成员李雪教授、樊培银副教授、刘秀丽副教授、马广林老师等都给了我很多无私的帮助。给我上课的老师王竹泉、罗福凯、张世兴、权锡鉴、王淼、李玲及开题时王元月、倪均援、房巧玲等教授也都对我的学术思维训练和博士论文写作提供了真知灼见。在此，也要对他们表示诚挚的谢意！

另外，在读博期间，我的同门刘玉栋、姜宏青、孙玉甫、韩斌、谢宜豪、杨智慧、胡春晖、王舰、姜毅、钞天虎、李晓辉、李艳玲、李永强、纪同臻、董俊鹏、赵艳等师哥、师姐、师弟、师妹也都给予了我很多真诚的帮助。尤其是在校期间，我经常得到韩斌、姜毅、王舰等师哥和姜宏青、李晓辉、李艳玲等师姐在学习和生活上的关照。在此，我也要向他们真诚地说声"谢谢"。

当然，在读博期间，我和蔡晓慧、永胜、岳杰、张帆、易平良、赵尔军等同班同学也结下了深厚的同学友谊，尤其是蔡晓慧博士给同学们提供了很多帮助。此外，还有在学习期间结识的其他专业的博士同学李永富、李冰强、陈丰、王佳、王新越、许方圆、董啸天、隋敏、王怀庭、王笑丹、秦楠等及一起上过公共课或选修课的硕士同学张嵘林、张一鸣、李帅、宓海军、赵金明、王燕、张解铃、丁一等，以及曾经与我一起分享徐国君教授人本会计课程的李广富、侯珊珊、王笑天等硕士生的师弟和师妹们，目前都已经奔赴了不同的工作岗位，我时时念起与大家相处的日子，有你们的陪伴，让我在读博期间的学习和生活更加丰富多彩。在此，我真诚地表示感谢，并祝愿大家今后的工作、学习和生活更加多姿多彩！

这里还要特别提及在我考博、读博路上一直给予我大力支持、鼓励和指导的学界前辈，他们是山东大学的傅永军教授和济南大学的王爱国教授，以及见证我博士成长的好朋友，他们是山东财经大学的博士（后）赵宝廷副教授、济南大学的博士（后）张守凤教授和博士朱孔来教授，及我的同事兼博友贾军、王桂东和温如凤老师，你们的信任、陪伴与帮助让我不断坚持和前进。在此说声“谢谢你们”。

最后要感谢我的家人。在读博期间，对于家人给我的支持我感动得无以言表。我的妻子袁培艳女士毫无怨言，默默地为家庭奉献着一切。我的女儿天硕曾经时常缠着让我陪她玩，考博前，我总是告诉她：“等我考上博士生就陪你玩啊”；等考上博士生之后，我又跟她说：“等我博士毕业就陪你玩啊”。可是，不曾想，这一等就是5年。这期间有很多事情发生，与女儿相关的两件事情可能使我终生难忘。第一件事是2011年国庆节后返校跟家人告别时，女儿依依不舍地看着我，问妈妈：“爸爸什么时候还来咱家?”由于我以前从未离家这么久，这次离家在学校就读一个多月，刚满5岁的孩子就不把我当自家人了！我顿时有种眩晕的感觉，记得这一次我是含着泪离开家的。第二件事是2012年5月27日，这是我烙印极为深刻的日子。那天晚上10点多，我正在阅读文献，手机响了，一直不说话，我就着急地问怎么回事，突然传来女儿的啜泣声。在我焦急的催问下，女儿放声哭了起来，央求我说：“爸爸，我想你了，你回来吧！”我拿导师不让走来遮挡，没想到她说：“你跟导师请假吧！”我忍住泪水安慰她好一阵子，又告诉她这个时间没车了，回不去。听着孩子越来越大的失望哭声，我再也无法抑制情感的闸门，一个人在电脑旁任泪水横流。现在看着正日渐长大已上小学五年级的女儿，随着课业的加重和业余辅导班的增多，几乎没有空闲再缠着我让我陪她玩了，我心底里经常泛起无限的歉疚！为了实现我的博士梦想，家人跟着我饱尝了太多辛酸！非常感谢你们的任劳任怨、大度包容和浓浓深情！这也将是我今后更加努力工作和关爱家人的无穷动力！真心祝福我们的未来更加美好！

邱兆学

2016年10月